U0948915

◎本书得到安徽省人文社科重点研究基地——安徽大学舆情与区域形象研究中心以及安徽大学舆情与区域发展协同创新中心专项出版基金资助

安徽舆情与社会发展年度报告
（2016）

主　　编　芮必峰
执行主编　刘　勇

合肥工业大学出版社

图书在版编目(CIP)数据

安徽舆情与社会发展年度报告.2016/芮必峰主编.—合肥:合肥工业大学出版社,2017.9
ISBN 978-7-5650-3606-4

Ⅰ.①安…　Ⅱ.①芮…　Ⅲ.①舆论—研究—安徽—2016②社会发展—研究报告—安徽—2016　Ⅳ.①C912.63②D675.4

中国版本图书馆CIP数据核字(2017)第246332号

安徽舆情与社会发展年度报告(2016)

主编　芮必峰　　　　责任编辑　张　慧

出　版	合肥工业大学出版社	版　次	2017年9月第1版
地　址	合肥市屯溪路193号	印　次	2017年10月第1次印刷
邮　编	230009	开　本	710毫米×1010毫米　1/16
电　话	人文编辑部:0551-62903205	印　张	17.5
	市场营销部:0551-62903198	字　数	308千字
网　址	www.hfutpress.com.cn	印　刷	安徽昶颉包装印务有限责任公司
E-mail	hfutpress@163.com	发　行	全国新华书店

ISBN 978-7-5650-3606-4　　　　定价:43.00元

《安徽舆情与社会发展年度报告（2016）》

编　委　会

总 序

芮必峰

当下中国的舆情研究已经进入一个新的时期，在这期间我们所做的研究是怎样的，以及我们的舆情研究还存在哪方面的问题，我想在这里提出几个问题，这既是我对当下中国舆情研究的几点思考，也希望能够抛砖引玉，以此激发后续的讨论。我这里有四个方面的问题，想提出来请教各位专家和在座的同学。

先谈第一个问题。大概近五年来，几乎每一所大学的新闻传播院系都有舆情研究或设立舆情所，舆论问题何以成为当今的热点问题？实际上在这之前，舆论学是从西方引进来的。西方的“舆论”和中国翻译过来的汉语“舆论”不是一个概念。中国古代也了解舆人之情、舆人之论，但是那样的了解是为了统治、得民心，为了统治者更受人爱戴。而今天的这个“舆论”问题成为社会热点，我认为，大致上有四个方面的原因：第一，改革开放以后，利益开始多元。在过去，实际上只有几本舆论书，其中有几本是翻译过来的，还有几本是拼拼凑凑的。没有像今天这样大规模地、细致地尤其是定量地分析。过去，利益是一元化的，一元化的利益造成了对这些方面不够关注。第二，中国在经历改革开放以后，中产阶级的力量相对壮大。他们在社会上产生了一定的作用，这部分人力量的壮大带动了社会其他方面力量的崛起。第三，社会急剧转型带来的各种各样的社会矛盾。因为前面所说的这些变化，加上这些矛盾，各种利益诉求和观点针对社会上的矛盾就要有一个表达的渠道。第四，在这三个前提下，恰恰新媒体开始在中国普及。它的普及也就十来年的时间，而西方也从20世纪90年代中后期才开始兴起，到我们中国就更晚了。这四个条件综合到一起，舆论就受到人们的关注，舆论开始成为问

作者系安徽省人文社科重点研究基地——安徽大学舆情与区域形象研究中心主任；安徽大学舆情与区域发展协同创新中心主任；安徽大学新闻传播学院教授，博士生导师；安徽大学江淮学院院长。

题。随着这四个条件的转换，我们的舆论研究和舆论变化，可能还会出现与我们今天所看到的情况不一样的东西。

第二个问题，现在的舆论、舆情、民意等，我们到底怎样看待这些概念，或者说我们现在研究的到底是什么，绝大多数的研究报告研究的到底是什么。其实，我认为，它研究的不是舆论，而是民间的情绪。这种研究有点类似于下述情况：两个人在发生观点争论，我们没有研究这两个人的观点在谈些什么，而是研究旁边的起哄者，看起哄的人谁声音大，占多大的比例。这样来说，我们到底是在研究舆人之情即舆人的情绪，还是舆人之论？如果要研究舆人之情，该怎么研究？这个研究到底有什么意义？无非是谁的嗓门大一些，无非是哪边的人多一些。嗓门大、说的人多，自然它能产生压力，产生一些影响。我们现在究竟在研究什么，舆情是否代表民意，这些问题，我认为还有思考的必要。这里不是死抠概念，我不清楚包括我们现在的舆情中心到底是在研究什么。我看到的一些报告，基本上是民间情绪，我们通过电话访谈，问受访者怎么看，然后比例出来，是怎样的情况；最多，加一点所谓的原因分析。这完全是研究民间情绪，我们似乎还没有达到真正的舆论研究的程度，更不要说在舆论研究中上升到民意的推断。

第三个问题，我们为什么要进行舆情研究？我现在有个担忧，也许这样说不合时宜，当然，高校的应用学科要为社会服务，但是高校为社会服务，到底怎么服务？我发现现在多数的舆情研究或者舆论研究，基本上是在充当“绍兴师爷”的角色——摇摇扇子，帮主子出谋划策。这是不是高校服务社会的主要功能，我们到底应该充当现代化军队里的“参谋长”，还是当古代社会的“绍兴师爷”？因为存在这样一个问题，我们现在整个的社会研究一头倒在行政研究上，缺少批判研究；正是存在这样的原因，我们现在的研究一头倒在实证研究上，而在实证研究上，更重要的是倒在量化研究上。现在的质化研究少，量化研究多，凡是转化成数量的东西，基本上取得的是最大的交换值。它把事物最丰富的内涵全部掏空，给你一个简单的数据，其实这数据后面还有很多复杂的东西，我们没有去关照。没有质化研究，更别说在量化和质化基础上的批判研究。因此，现在得到的大量数据和报告，却没有人沉下心来对它们去做更高层次的理论研究，并在这个基础上，形成一些流传下来的社会科学的著作。

最后一个问题，我们整个舆情或者舆论研究是重描述轻规范。描述解决“是什么”问题，这当然是首先需要弄清楚的问题。但是，仅仅停留在这个问题上还远不够。在这基础上还应该进一步研究为什么是这样，还可能有什么样态，应该怎么样等，在“描述”的基础上还需加强“规范”。只有在了解了这些情况后，才对我们国家的社会经济的发展、和谐社会的构建有更大意义。

这四个问题，也正是我在主持我们的研究所工作的过程当中，不断在感受和思考的问题。我的这些问题也希望能给读者带来一些思考。

是为序。

[本文系芮必峰教授在“舆情与社会发展论坛”（2013）开幕式上的主题发言]

目 录

一、特稿

二、舆情调查

三、专题研究

一、特稿

2016 年度安徽省政务舆情回应指数评估报告

编者按：2016 年年末，安徽大学舆情与区域形象研究中心与新华社安徽分社、中国经济信息社安徽经济研究中心联合开展研究，共同撰写发布《2016 年度安徽省政务舆情回应指数评估报告》。本报告共挑选安徽省 2016 年 160 件政务舆情事件，借助科学客观的参考数据，力图呈现安徽政务舆情的特点，分析研判安徽政务舆情回应工作中的利弊得失。需要指出的是，这些事件未必都是 2016 年安徽年度最热的事件，但它们的指向都与政府的社会治理相关，在一定程度上能对政府提高舆情回应能力、提升社会治理水平提供借鉴与参考。

过去的 2016 年，涉皖舆情事件数量较多，既有备受全国舆论关注的焦点，也有许多让群众关心的大情小事，这些事件折射出安徽改革发展、转型前进中的脉络轨迹。近些年来，随着以微博、微信为代表的自媒体的高速发展，新式传播方式不断涌现，舆情事件的生成、演变、扩散相比于传统媒介环境下有很大不同，做好新形势下政务舆情回应工作已成为提升政府治理能力建设的内在要求。从舆情处置情况上看，2016 年安徽政务舆情整体可控，各级政府在处理相关舆情事件中展现了不错的应对能力，但是一些地方和部门仍存在较大问题，表现在部分地区重大舆情事件频发、舆情处置不积极、舆情回应不专业、舆情回应效果不理想、舆情回应机制不健全等方面。

样本来源是《安徽舆情》周刊和中国经济信息社党政客户端舆情频道所重点监测的舆情事件，从中筛选出各地市排名前十的政务舆情事件，在舆情事件、舆情处置、平台建设等三个一级指标，事件级别、舆论场影响度、舆情回应及时性、舆情回应责任主体、舆情回应适当性（专业性）、处置效果、政务“两微”影响力、“两微一端”覆盖面等八个二级指标上进行评估、赋值、研判。（表 1）最终结果排名如图 1 所示。

表 1 政务舆情回应指数指标体系

一级指标	二级指标
舆情事件	事件级别
	舆论场影响度
舆情处置	舆情回应及时性
	舆情回应责任主体
	舆情回应适当性（专业性）
	处置效果
平台建设	政务“两微”影响力
	“两微一端”覆盖面

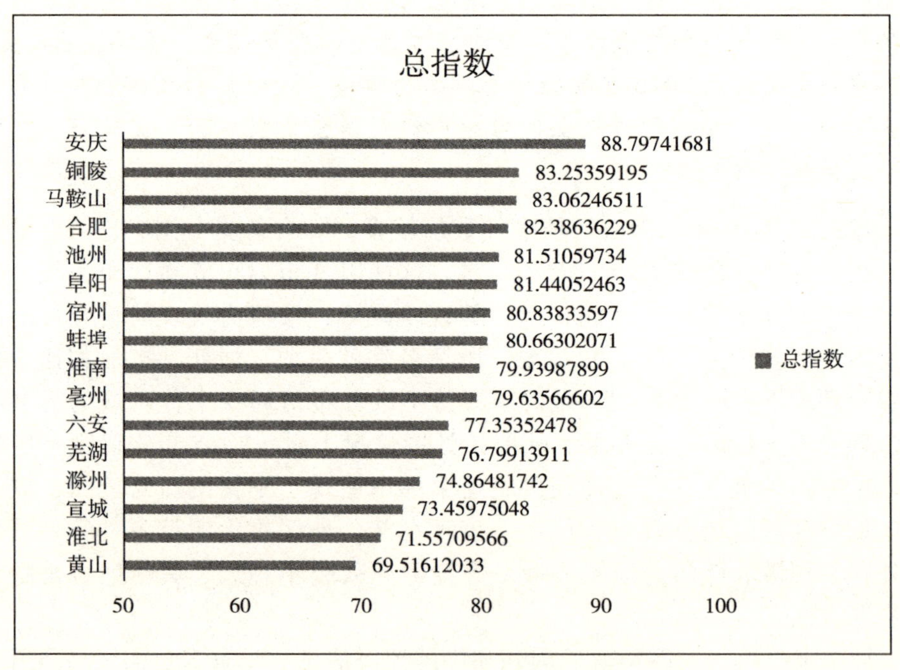

图 1 2016 年安徽政务舆情回应指数排名

在 2016 年安徽政务舆情回应上排名前十的城市是安庆、铜陵、马鞍山、合肥、池州、阜阳、宿州、蚌埠、淮南、亳州。

一、2016 年安徽政务舆情事件总体特点

（一）省会城市政务舆情事件级别高

2016 年，安徽省各地级市政务舆情热点事件按级别（舆情事件影响恶劣程度）分布如图 2 所列。

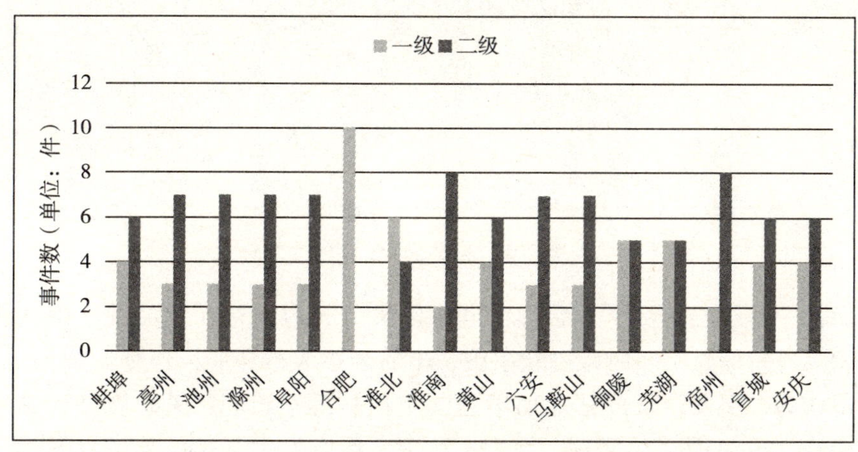

图 2　安徽 2016 年政务舆情事件级别分布情况

从城市分布情况来看，2016 年政务舆情关注度高、波及面广的事件集中于合肥、淮北，合肥监测样本内的 10 个事件，均属于一级舆情事件，淮北有 6 个。其中“合肥市市长张庆军涉嫌严重违纪接受组织调查”“合肥房价持续走高，楼市重启限购限贷政策”“合肥市出租车司机聚集抗议优步、滴滴”“合肥一男子派出所内蹊跷死亡”等事件引起媒体和网民的热议，淮北市的“一医生午休时被患者砍伤不治身亡”“淮北 4 家医疗机构使用可疑疫苗”等事件舆情烈度强，关注度高。

（二）政务舆情事件话题集中

从 2016 年安徽省政务舆情热点事件的类型分布情况上来看，基层干群矛盾、教育类事件、公共利益、贪污腐败、公共安全位居舆情话题的前五位。（图 3）

其中基层干群矛盾舆情事件数量最大（42 起），呈现出热点事件频繁、干群关系紧张、舆论评价负面的特点。干群矛盾舆情事件主要表现在以下四

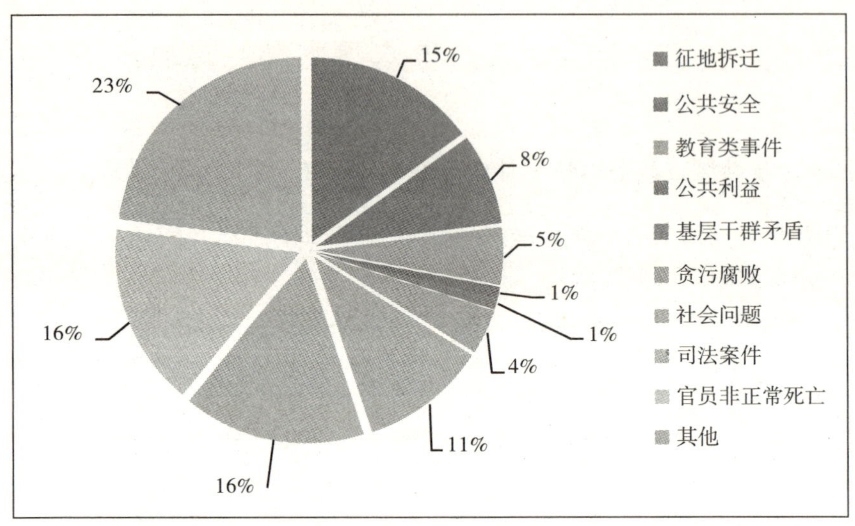

图3　安徽2016年政务舆情事件类型分布

个方面：一是基层官员个人品行、道德作风引起的民怨（如灵璧一副县长给女子发露骨短信，下乡时嫌群众手脏，事后当事人被免职，纪委调查）；二是行政不作为，引发群众意见（如萧县国土局被诉不履职：采矿许可证办6年仍“难产”）；三是滥用职权、暴力执法现象屡有发生（如蚌埠城管暴力执法引起民怨、潜山贫困村农田里建百万村部大楼）；四是基层干群矛盾过激化、情绪化问题存在（如比较极端的案例：舒城县一村主任办公室内遇刺身亡、金安区发生多起暴力袭警事件）。

关涉教育舆情事件数量居次（29起），呈现出关注度高、影响力大、负面事件多的特点。教育类舆情事件集中在四个方面：一是校园安全问题（如蚌埠一亲子园二楼装修甲醛超标、合肥“裸条贷”事件、在校学生身亡事件）；二是师德师风问题（如池州“暴力老师”揪孩子头撞墙被投诉、定远一副校长骚扰初中女生）；三是校园暴力问题（如安庆黄梅戏学校女生遭同校女生暴力围殴并被录像）；四是有关学生考试升学的问题（如安徽近视考生高考时眼镜被收走）。这些事件凸显安徽教育领域在校园安全保障、师德师风建设、教学教务管理等方面存在较大问题，须引起相关部门重视。

关涉公共利益事件数量同为29起，呈现出涉及面广、牵涉职能部门多、事件小微而影响大的特点。相关舆情事件在以下四个领域较为突出：一是住房问题，且关系政府的保障房建设（如铜陵棚改安置房渗水多年无人维修、当涂一安置房存在严重质量问题、淮南一棚改项目六年难回迁　政府完工承诺屡“爽约”)；二是环保类议题（如泾县环保垃圾随意堆放燃烧、宣城工程污水管道破裂、淮南八公山风景区违建风电项目)；三是“三农问题”（如上万斤假稻种销往五河90个村)；四是行政不当导致的群众质疑类问题（如宣城服务中心乱收费被问责)。

（三）涉事部门——公检法与职能部门成为政务舆情事件的关涉主体

2016年安徽政务舆情事件多涉及教育、纪检、公安、住建、环保、食品药监、土地征迁等与百姓日常生活息息相关的部门，它们成为舆情事件的集中指向。部分事件反映出相关部门行政不作为、行政作为不当的问题，须引起重视。

其中2016年安徽出现的涉警类舆情事件烈度高，对司法形象危害大。如六安在押犯人在看守所内非正常死亡事件、芜湖一嫌犯审讯室内服药自杀事件、舒城县一村主任在办公室内遇刺身亡事件。

同时，公职人员非正常死亡事件引发热议，监测事件中有3起引发公众议论的相关事件，有关部门须高度重视与外界的信息沟通工作，尽可能避免猜疑、谣言的蔓延。

二、2016年安徽各地市政务舆情回应表现及总体评析

（一）安徽各地市政务舆情回应表现排名

表2是针对各地市舆情处置响应度和舆情处置效果的评估排名，舆情处置响应度设置包含是否有责任主体出面回应和回应的及时性，舆情处置效果包含舆情回应的专业性、适当性与效果评分。

表2　安徽各地市政务舆情回应表现排名

排名	舆情处置响应度	舆情处置效果
1	安庆	池州
2	亳州	安庆
3	合肥	蚌埠
4	宿州	宣城
5	铜陵	淮北

（续表）

排名	舆情处置响应度	舆情处置效果
6	淮南	合肥
7	阜阳	六安
8	蚌埠	滁州
9	池州	马鞍山
10	马鞍山	铜陵
11	芜湖	芜湖
12	六安	阜阳
13	宣城	淮南
14	黄山	黄山
15	滁州	宿州
16	淮北	亳州

（二）政务舆情回应表现评析

各级政府在政务舆情回应方面的意识有所提高应予以肯定，研讨的各市10起事件，在涉及政府重大政策、全国性舆情事件、突发事件上，各级政府机构基本均有应对。同时，政务新媒体的应用，拓宽了信息发布的渠道，更有效地回应社会关切，一定程度上遏制了不实信息、谣言的扩散。

但政务舆情回应中“误处置”和“无处置”现象值得警惕，若干起事件涉事部门有明显的推诿塞责的现象，面对舆情存在着“恐慌情绪”和“畏难情绪”，因“误处置”带来的舆情焦点转移和因“无处置”导致的舆情事件持续高热，都会导致舆情事态恶化，极易引起网民的对抗情绪。

其中多起次生舆情发生值得反思。避免次生舆情的发生，是政务舆情回应的关键。次生舆情指的是在舆情应对、处置过程中由于丧失最佳处置时机或处置方式不当等原因带来的新的、更大的舆情危机，往往次生舆情的发生会导致舆情的焦点转移，使舆情保持高热度，这增加了舆情事件的复杂性，给后续的处置带来难度。2016年安徽政务舆情回应在监测样本中出现好几起次生舆情事件，亳州3起、宿州2起、黄山2起、马鞍山1起、铜陵1起、芜湖1起、阜阳1起、合肥1起。

比较典型的次生舆情事件有 3 起：

“合肥 35 名高三生集体腹泻呕吐，疑似食物中毒”事件中，当地政府部门虽采取了行动，但事件当事方龙翔高复学校校方拒绝回应此事，因而引起网络民愤。

“利辛一敬老院老人向领导反映伙食差，遭村书记殴打”事件反映的是基层干群矛盾，经当地派出所调解，双方达成治安调解协议，当事人也出面回应。但引发网络舆论后，舆论的焦点转移到承包敬老院是否合法、承包期间是否存在管理经营等问题上，对此相关部门缺少回应，此事引起多个大型门户网站转载报道。

“枞阳黑工厂长江边直排污水”事件，2015 年 9 月遭村民投诉，2016 年 3 月媒体暗访，当地环保部门回应舆论关切后采取一定措施，但 2016 年媒体报道该涉事企业仍在生产，村民投诉无果。媒体持续关注该事件，主管部门监管不到位导致舆情民怨爆发。

三、2016 年安徽政务新媒体建设情况

在政务新媒体建设上皖北城市明显领先于皖南城市，其中，阜阳、滁州、淮南、马鞍山、淮北、亳州政务微信公众号表现突出，马鞍山、宿州、亳州、滁州、安庆政务微博表现较佳（图 4）。综合各城市“两微”影响力和“两微一端”覆盖面，阜阳、滁州、马鞍山在政务新媒体平台建设上位居全省前列（图 5）。

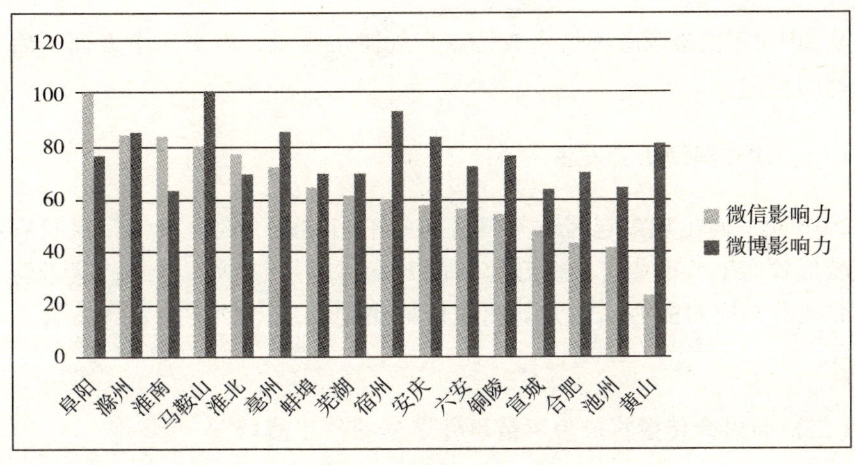

图 4 安徽各地市政务微博、微信影响力排行

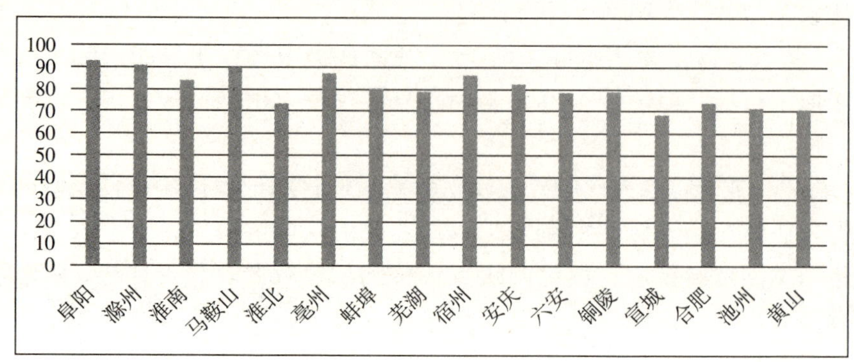

图5 安徽各地市政务平台建设综合排名

四、2017年安徽政务舆情回应工作前瞻

从2016年分析的案例来看，尽管绝大多数事件被曝光后，相关部门形成“关注—调查—回应”的工作模式，但从回应的“时、效、度”标准来衡量的话还有待改进。因此，我们认为2017年安徽政务舆情回应将继续考验政府的能力：一是如何防微杜渐，通过工作的细致与完善减少政务舆情负面事件的发生；二是如何在舆情回应工作中形成有效的多部门协同处置的机制；三是如何积极回应，同时避免回应陷入“雷区”；四是要求责任主体与宣传主管单位敢于担责、敢于面对、专业处置。

从2016年安徽政务舆情生成特点与规律角度看，以下三个方面需要引起相关部门重视：

（一）次生舆情仍会发生

2016年安徽出现多起因政务舆情回应不当导致的次生舆情，对政府形象和地域形象产生严重危害。提升官员面对媒体的“说话”水平，这考验官员的媒介素养与应对能力，相关部门应做好舆情回应的预案制定和发言人的培训工作。

（二）新媒介传播将成为舆情事件爆发的“主战场”

2016年安徽发生的政务舆情事件发生演变存在规律性特征。新媒体策动、传统媒体（新闻网站）跟进、政府面对是舆情产生发酵的路径。其中地方论坛是事件的主要策源地，区域性与全国性网络论坛、微信朋友圈、微博是事件扩散的主要渠道。在事件传播过程中，视频（图像）、标签、标题党成为事件发酵的三要素，加强对网络舆情的监测与研判，须成为各级政府工作的必修课。

（三）两个舆论场之间的对抗持续存在

社会处在转型期，多元话语主体、多元利益诉求、多元话语表达是社会舆论生成的常态背景。网络的圈层传播不断加深社会舆论话语的隔阂，社会的不信任感加剧，在一些舆论上凡是涉及政府相关议题的舆情事件，网民往往更加倾向于关注负面的杂音，而对官方回应与解释视而不见。

地方政府部门在舆情应对的手法上应更柔性，讲求“情”“理”交融，撤稿、删帖、静默不语、消极应对将会加剧舆论场对抗甚至对立。新传播环境下创新舆情回应手段与方法，不断培养官方话语的舆论基础与民意支持，是舆情工作需要长期探索与坚持的方向。

附：安徽省2016年度政务舆情回应指数编制说明

一、编制背景

随着互联网特别是移动互联网的发展，社会治理模式正在从单向管理转向双向互动，从线下转向线上线下融合，从单纯的政府监管向更加注重社会协同治理转变。习近平总书记指出，能否做好网上舆论工作，关系国家长治久安。习近平强调“要学会通过网络走群众路线”，推进治理能力现代化，党员干部要强化互联网思维，利用互联网扁平化、交互式、快捷性等优势推进政府决策科学化、社会治理精准化、公共服务高效化，用信息化手段更好感知社会态势、畅通沟通渠道、辅助决策施政。

从“宿州贫困生被逼请客吃饭”“灵璧一副县长被爆下乡嫌贫困户手脏”到“池州高考‘眼镜门’事件”“黄山是否该复名徽州引发全国舆论争议”……近年来涉皖舆情复杂多变、热点层出不穷。面对复杂多元的网络化社会，如何回应、处置舆情，考验着新媒体环境下政府部门的治理能力。

十八大以来，从中央到地方政府都高度重视政务公开和政务舆情的回应与处置。2016 年下半年以来，中共中央办公厅、国务院办公厅陆续出台了《关于在政务公开工作中进一步做好政务舆情回应的通知》《〈关于全面推进政务公开工作的意见〉实施细则》，对健全政务舆情回应机制做出了具体、严格的规定。紧随其后，安徽省委办公厅、省政府办公厅印发了《关于全面推进政务公开工作的实施意见》，安徽省政府办公厅发出《在政务公开工作中进一步做好政务舆情回应》的通知，对政务舆情回应机制建设、重点内容和时限等做出明确规定，指出要按照“属地管理、分级负责”和“谁主管、谁负责”原则，对涉及本地区本部门的重要政务舆情、媒体关切、突发事件等热点问题，按程序及时发布权威信息，加强重大政务舆情回应督办工作，开展效果评估。

编制 2016 年度安徽省各地市政府舆情回应指数排行，科学评估各地方政府的舆情处置能力和成效，客观分析各地政府一年以来舆情处置的经验得失，旨在促进地方政府提高舆情处置应对能力，为安徽省委省政府评估地方政府的舆情工作和政务公开工作提供参考，促进新媒体舆论环境下政府治理能力的提升。

二、编制原则

客观性：强调对真实运行数据的简约相对化处理，尽可能减少人为复杂合成，运用可以检测和查阅的基础指标，通过可以评价和修正的权重进行计算，避免指数的灰色性、模糊性和不可追溯性，指数分析方法客观、可复制。

全面性：指标体系为两层指标架构，尽可能从各个角度全面反映舆情回应指数水平；未来指数研究将有一定的延展性，最大化依据社会反馈意见和建议进行修正、补充和完善。

科学性：指数指标论证经多轮次专家意见征集和专家委员会研讨确认，每个指标都能反映舆情回应某一方面的特征，各指标共同组成系统的指标体系，逻辑关系严密，符合一致性、代表性、相关性和独立性要求。

权威性：所选指标主要来源于新华社舆情监测部门权威统计，数据规范、稳定，口径统一，易于比较、计算，评价指标含义明确。权重体系经过多轮征集、考量，具有权威性和导向性。

三、指标体系

表1　指标及权重

一级指标	一级指标权重	二级指标	二级指标权重
舆情事件	0.15	事件级别	0.6
		舆论场影响度	0.4
舆情处置效率	0.3	及时性	0.5
		回应责任主体	0.5
舆情处置效果	0.35	适当性	0.4
		处置成效	0.6
平台建设	0.2	政务“两微”的影响力	0.6
		“两微一端”覆盖面	0.4

事件级别：依据舆情事件的恶劣影响程度分为一级舆情、二级舆情（譬如发生群体性事件、导致人员伤亡、腐败中的“窝案”现象等为一级舆情）。

舆论场影响度：反映舆情事件在全国的影响度和扩散度，以是否有全国性知名媒体报道为判断依据。

及时性：反映政府部门响应舆情的时间是否及时，以“一级舆情”24小时之内回应、“二级舆情”48小时之内回应为判定合格与否的标准，分为合格、不合格、无回应三类。

回应责任主体：依据《安徽省人民政府办公厅关于在政务公开工作中进一步做好政务舆情回应的通知》规定“属地管理、分级负责”“谁主管、谁负责”“涉事部门是第一责任主体”的原则，判定是否有涉事单位或上级主管部门回应。

适当性：分析涉事部门及其主管部门在处置舆情事件中，对事件回应措辞及其线下措施的得当性，划分为“很好”“一般”“较差”三个评分标准。

处置成效：以舆情事件是否发生次生舆情为判断标准。

政务“两微”的影响力：以2016年度各地政府的政务微博、政务微信的全年影响力排行为判断依据。

“两微一端”覆盖面：以各地市及所辖县区是否开通政务微博、政务微信、政务客户端等政务新媒体平台为判断依据。

四、指数模型设计

（一）指数研发流程

第一步，指数理论的研究。通过对相关文献资料的收集及整理，全面了解舆情分析理论基础和发展现状。对政府机构、研究学者、业界专家等进行深度访谈，听取各方专家对指数编制方法、思路及指标选取的建议。

第二步，指标体系的设计。通过对业界专家、学者深度访谈，听取各方专家对指数编制方法、指标选取的建议，构建安徽各地市舆情应对指数指标体系，并组织专家委员会进行论证。

第三步，数据采集与处理。利用新华社中国经济信息社信息采集系统，完成部分数据与信息的初步采集工作，并同步标准化处理相关指标数据。

第四步，指数建模计算。在前期理论研究基础上，根据指标之间的关联性，建立指数模型，并计算得出指数结果。

第五步，指数解读及报告撰写。在指数专家委员会的指导下完成指数报告。

第六步，指数结果的发布。（图 1）

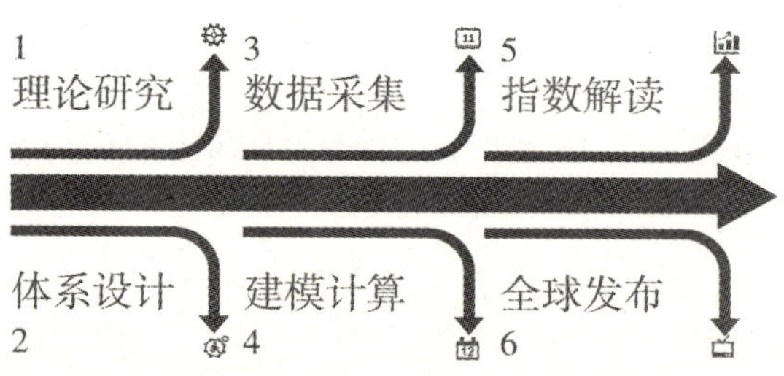

图 1　安徽各地市舆情应对指数研发流程

（二）基础数据来源

安徽各地市舆情回应指数包括舆情事件、舆情处置效率、舆情处置效果、平台建设等四个一级指标，对 2016 年度安徽各地发生的 160 起具有典型性的重要舆情事件进行全面分析。基础数据来源于新华社中国经济信息社信息采集系统、《安徽舆情》周刊每周涉皖舆情排行、中国经济信息社党政客户端舆情频道、清博指数系统。

（三）权重确定方法

安徽各地市舆情回应指数中的权重体系设定采用层次分析法（AHP 算法）。

层次分析法的基本原理是依据具有递阶结构的目标、子目标（准则）、约束条件、部门等来评价方案，采用两两比较的方法确定判断矩阵，然后把判断矩阵的最大特征值相对应的特征向量分量作为相应的系数，最后综合给出各方案的权重（优先程度）。

AHP 算法的基本过程，大体可以分为如下六个基本步骤（图 2）：

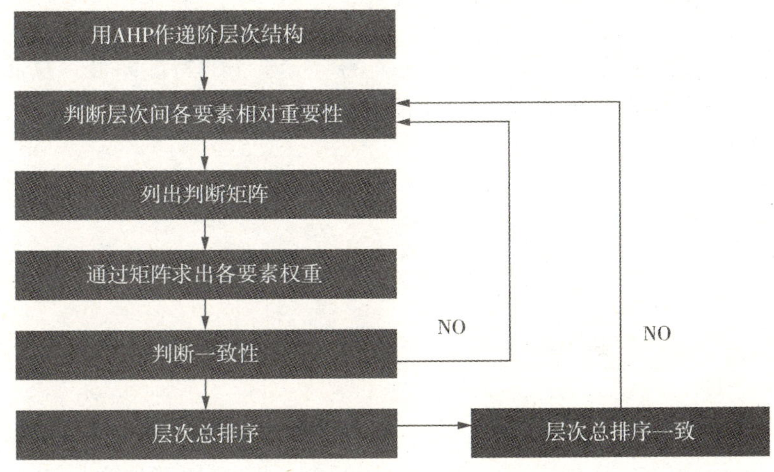

图 2　AHP 算法基本步骤

（1）明确问题。弄清问题的范围、所包含的因素、各因素之间的关系等，以便尽量掌握充分的信息。

（2）建立层次结构。在这一个步骤中，要求将问题所含的因素进行分组，把每一组作为一个层次，按照最高层（目标层）、若干中间层（准则层）以及最低层（方案层）的形式排列起来。如果某一个元素与下一层的所有元素均有联系，则称这个元素与下一层次存在完全层次的关系；如果某一个元素只与下一层的部分元素有联系，则称这个元素与下一层次存在不完全层次关系。层次之间可以建立子层次，子层次从属于主层次中的某一个元素，它的元素与下一层的元素有联系，但不形成独立层次。

（3）构造判断矩阵。这个步骤是层次分析法的一个关键步骤。判断矩阵表示针对上一层次中的某元素而言，评定该层次中各有关元素相对重要性的状况。设有 n 个指标，$\{A_1, A_2, \cdots A_n\}$，a_{ij}表示 A_i 相对于 A_j 的重要程度判断值。a_{ij}一般取 1，3，5，7，9 等 5 个等级标度，其意义为：1 表示 A_i 与 A_j 同等重要；3 表示 A_i 较 A_j 重要一点；5 表示 A_i 较 A_j 重要得多；7 表示 A_i 较 A_j 更重要；9 表示 A_i 较 A_j 极端重要。而 2，4，6，8 表示相邻判断的中值，当 5 个等级不够用时，可以使用这几个数值。

（4）层次单排序。层次单排序的目的是对于上一层次中的某元素而言，确定本层次与之有联系的元素重要性的次序。它是本层次所有元素对上一层次而言的重要性排序的基础。

若取权重向量，则有：

$$AW = \lambda W$$

λ 是 A 的最大正特征值，那么 W 是 A 的对应于 λ 的特征向量。从而层次单排序转化为求解判断矩阵的最大特征值 $\lambda_{\max}$ 和它所对应的特征向量，就可以得出这一组指标的相对权重。

为了检验判断矩阵的一致性，需要计算它的一致性指标：

$$CI = \frac{\lambda_{\max} - n}{n - 1}$$

当 $CI = 0$ 时，判断矩阵具有完全一致性；反之，CI 愈大，则判断矩阵的一致性就愈差。

（5）层次总排序。利用同一层次中所有层次单排序的结果，就可以计算针对上一层次而言的本层次所有元素的重要性权重值，这就称为层次总排序。层次总排序需要从上到下逐层顺序进行。对于最高层，其层次单排序就是其总排序。

若上一层次所有元素 A_1，A_2，$\cdots A_m$ 的层次总排序已经完成，得到的权重值分别为 a_1，a_2，$\cdots a_m$，与 a_{ij} 对应的本层次元素 B_1，B_2，$\cdots B_n$ 的层次单排序结构为$[b_1^j, b_2^j, \cdots, b_n^j]^T$，这里，当 B_i 与 A_j 无联系时，$b_i^j = 0$。那么，得到层次总排序。

（6）一致性检验。为了评价层次总排序的计算结果的一致性，类似于层次单排序，也需要进行一致性检验。

$$CI = \sum_{j=1}^{m} a_i CI_j$$

$$RI = \sum_{j=1}^{m} a_i RI_j$$

$$CR = \frac{CI}{RI}$$

CI 为层次总排序的一致性指标，CI_j 为与 a_j 对应的 B 层次中判断矩阵的一致性指标；RI 为层次总排序的随机一致性指标，RI_j 为与 a_j 对应的 B 层次中判断矩阵的随机一致性指标；CR 为层次总排序的随机一致性比例。同样，当 $CR < 0.10$ 时，则认为层次总排序的计算结果具有令人满意的一致性；否则，就需要对本层次的各判断矩阵进行调整，从而使层次总排序具有令人满意的一致性。

（四）指数模型构建

安徽各地市舆情应对指数的模型设计采用综合发展指数评价模型，具体计算方法是通过采集各指标的基础数据，并比较各指标在各地市的差异及变化趋势，运用指数模型和标准化方法，对各指标数据进行综合合成，形成安徽各地市舆情应对指数最终评价结果。其中，指数计算的基本思路如下：

1. 数据无量纲化

由于不同指标数据有不同的单位（量纲），指标之间存在不可公度性，在进行指数计算时，需要排除量纲的变化对于指数结果的影响，这就是对数据的无量纲化，仅用数值的大小来反映指标的优劣。本体系通过离差标准化方法对各指标进行初始化变换，达到去除指标量纲的标准化处理效果。设 i 项第 j 个分指标的原始数据为 x_{ij}，根据指标的正逆性不同，指标的初始化处理如下：

当指标 x_{ij} 为正向指标时，初始化变换的指标数据为：

$$x'_{ij} = \frac{x_{ij}}{\mathrm{MAX}x_{ij}} \quad i = 1, \cdots, 4$$

当指标 x_{lt} 为逆向指标时，初始化变换的指标数据为：

$$x'_{ij} = \frac{1/x_{ij}}{\mathrm{MAX}(1/x_{ij})} \quad i = 1, \cdots, 4$$

2. 最终指数合成

(1) 分类指数的合成方法

根据指标体系的设置，将某一类的所有指标无量纲化后的数值与其权重按公式计算就得到分类指数。指数合成的公式有多种，最常见的是固定权重的加权算术平均法，公式如下：

$$I_i = \frac{\sum_{j=1}^{n_j} \varphi_{ij} x'_{ij}}{\sum_j \varphi_{ij}}$$

（2）综合指数的合成方法

将各分类指数值与其权重按公式计算得到综合指数：

$$I = \frac{\sum_i^4 I_i W_i}{\sum_i^4 W_i}$$

2016年度安徽省舆情分析报告

朱丽娜　刘鹏飞

2016年安徽舆情事件数量较多，安徽网络舆论生态总体平稳，网络舆情主要呈现“主旋律、多元性、交互性”的特点，“安徽抗洪”“合肥高铁开通”“政府要求重大政务舆情24小时内举行发布会”等获得了广泛报道和关注。与2015年相比，2016年的教育舆情高发情况有所改观，社会事件的发生频率有所上升。

与此同时，2016年安徽负面舆情事件时有发生，主要涉及社会事件、吏治反腐以及教育舆情等领域，引发了网络舆论场的巨大争议，给当地相关部门形象及公信力带来一定的负面影响。

从舆情事件传播看，2016年安徽一些舆情事件呈现“突发性强、关注度井喷式增长、次生舆情频发”等特点。如“安徽省歙县一副镇长开网约车被举报事件”，当年6月15日，该副镇长遭举报，17日《新安晚报》对其进行报道，随后多家媒体跟进，《新京报》以整版篇幅报道了对该镇长做的专访。该事件在新浪微博引发了热烈讨论，随着网络舆论场的催化和发酵，舆情焦点由“公职人员是否应该上班期间开网约车”转为“基层公职人员的待遇问题”，衍生了次生舆情。

从舆情危机应对看，2015年安徽网络舆论总体可控，各级政府在许多方面都展现出良好的处理能力，在极短的时间内做到通达民意、安抚民心，但在一些细节处理上仍有提升空间。如九华山旅游乱象遭曝光引发舆论争议后，安徽九华山风景区党工委、管委会高度关注，连夜召开紧急会议，积极正面应对此事，获得了网友的谅解和认可。

本报告对2016年1月1日至2016年12月31日内的100件热点舆情事件

作者简介：朱丽娜，安徽大学硕士研究生、人民网舆情监测室见习分析师；刘鹏飞，人民网舆情监测室副秘书长、安徽大学舆情与区域形象研究中心特约研究员。

进行分析，总结2016年度安徽热点舆情事件的基本特点和规律。样本选取来源于人民网舆情监测平台、百度热搜榜以及新浪微博等，再对其进行热度计算①，筛选出排行前100名的舆情事件。

一、热点舆情事件TOP 20②

表1 安徽省20件热点舆情事件/话题（2016）

热度排名	事件/话题	热度指数
1	2016年安徽高考	34980.41
2	合芜蚌设为国家自主创新示范区	17407.15
3	2016年合肥房价飙升	10035.7
4	合肥地铁一号线开通	9289.13
5	安徽省抗洪救灾	7572.12
6	安徽省教育厅原副厅长杨德林严重违纪	3794.74
7	安徽网贷平台问题频发	3396.85
8	安徽一银行要求女员工怀孕需向上级申请	2552.54
9	南方水灾数万“洪水猪”流向调查	2418.8
10	黄山复名徽州事件	2287.44
11	e租宝涉案人员被起诉	1793.95
12	合肥市委原副书记、市长张庆军严重违纪	1707.89
13	安徽施行“痛经假”	1495.58
14	安徽省2017年起停止全国英语等级考试	1309.62
15	省政府要求重大政务舆情24小时内举行发布会	1292.81
16	安徽男子“右肾失踪”事件	1095.9
17	镇长开网约车被举报	1065.16
18	“巨贪村官”原党委书记刘大伟涉案1.5亿元	1006.12
19	安徽工程大学医院院长等5人私设“小金库”被处分	1004.15
20	“周黑鸭”等品牌出现食品安全问题	805.08

① 热度计算：由网络新闻、论坛帖文、博客博文、微博、传统媒体报道、微信文章、客户端文章等七大类媒介的关键词检索加权并归一化，求得各媒介的权重如下——网络新闻：0.15；论坛帖文：0.05；博客博文：0.08；微博：0.16；传统媒体报道：0.26；微信文章：0.20；客户端文章：0.10。

② 单个事件陈述及舆情分析见附件。

二、时空分布

从省市分布看，2016 年安徽舆情事件多发生于省会和皖北地区，合肥、蚌埠、芜湖、滁州等地舆情事件较多；从行政层级看，2016 年安徽舆情事件多发生于市级行政单位（56%）、县级行政单位（24%）、省级或没有明确指向地区（20%），具体如下：

（一）地域分布——省会和皖东北地区舆情高发

2016 年安徽热点舆情事件的高发区域包括合肥、黄山、宿州、芜湖、滁州、六安；其次是亳州、安庆、阜阳、淮南、池州、淮北、马鞍山；最后是宣城、铜陵。（图 1）

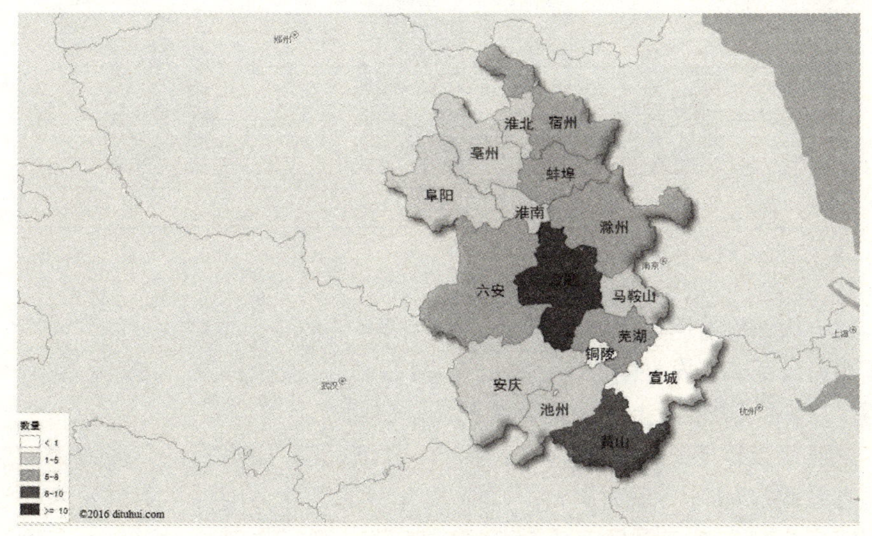

图 1　安徽省舆情事件地域分布（2016）①

合肥地区 2016 年舆情数量排名安徽省第一位（27 件），“合肥地铁开通”“女生裸条贷欠巨额贷款”等引起媒体及网民广泛报道和热议；黄山（8 件）地区舆情事件数量也较多，其中“黄山欲复名徽州”“副镇长开网约车被举报”

① 此图中的热度指数排名计算方法：事件数量与事件热度的乘积。另外，2015 年 12 月 3 日，国务院批复同意对安庆市、铜陵市、六安市、淮南市部分行政区划进行调整，此图是调整前的行政区划图。

等事件舆情热度较高；蚌埠、芜湖、宿州、滁州（均为6件）地区舆情事件数量位列安徽省第三位，其中热度较高的是“宿州周黑鸭事件”“因饮料开瓶退换不成后男子怒砸超市”“中学老师为防作弊让学生头戴报纸”等事件。

（二）行政区划——市级政务舆情关注度较高

从行政层级看，2016年舆情事件最多发生于市级行政单位（56%），其次是县级及以下（24%），再次是省级或无明确区域指向的地区（20%）。（图2）

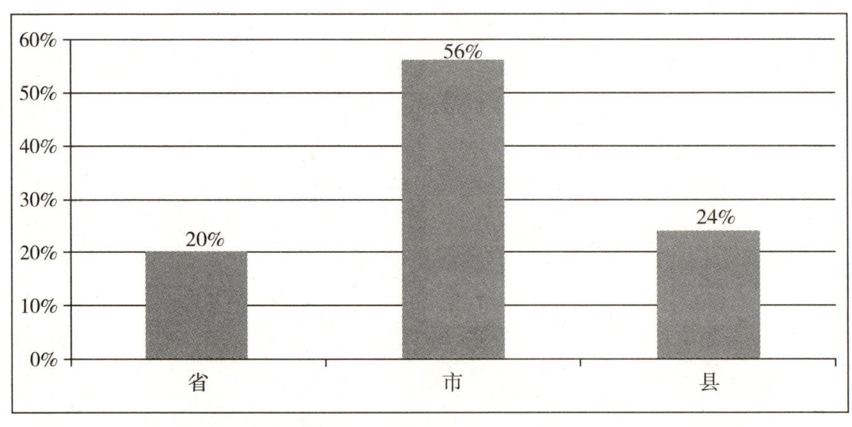

图2 安徽省舆情事件行政区域划分（2016）①

就省级或没有明确地域指向地区的舆情事件而言，事件数量相对较少，但是影响力广泛，引发全国范围的关注与热议，如“安徽抗洪”“安徽省2016年高考”“安徽70余药企产品不合新规被强制停产”等。

就县级及以下地区的舆情事件而言，数量虽占比不多，但多为关注度较高且涉及政府部门的负面舆情，包括教育舆情、社会事件、吏治反腐和涉及未成年人事件，暴露出目前社会基层治理存在的一些问题。如“六安市裕安区徐集镇一9岁女孩红芋地玩耍被当‘兔子’射杀”“安徽凤阳警方捣毁贩毒团队一女子边吸毒边哺乳”事件，均对当地造成一定影响。

（三）时间分布——舆情前期平稳，逐渐升高

从2016年度抽样案例来看，安徽舆情前期平稳，呈现递增走势并在第四

---

① 中国现行的行政区划有省级、地级、县级、乡镇级，由于安徽省不具有省级市，本图选取前三个行政区划，即省级、地级和县级。

季度达到高峰。1 月到 5 月月均发生舆情事件不足 10 件，1 月、3 月、6 月和 9 月相对较多，12 月成为 2016 年度“井喷”时间节点。（图 3）

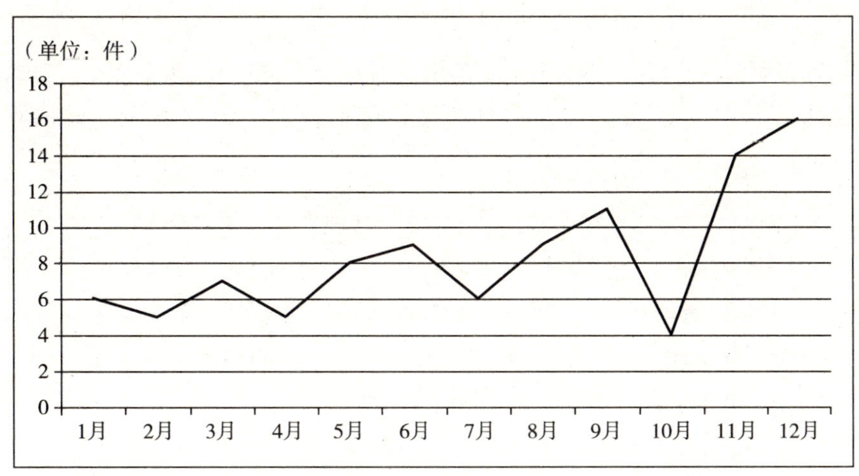

图 3　安徽省舆情事件时间分布图（2016）

1 月份的舆情事件集中于食品药品安全监察问题，如“安徽 70 余药企产品不合新规被强制停产”“安徽周黑鸭事件”等，在春节前夕引发网友热议。

3 月份是全国“两会”召开时间，这段时期的热点舆情事件与产品服务质量或消费维权相关，如“女子在格林豪泰宾馆洗澡遭数条黑线虫”“合肥万科业主维权事件”等。

6 月、9 月的舆情事件多涉及教育领域。如 6 月时逢国家中考、高考，安徽教育舆情在本月爆发较多，“池州市石台县高考考生眼镜被收走”等引发舆论热议，相关部门应做好季节性舆情预防与引导工作。

2016 年安徽反腐舆情较多。据报道，2016 年 2 月 28 日至 4 月 27 日，中央第五巡视组对安徽省开展了巡视“回头看”。巡视后，安徽在半年左右时间先后有原副省长杨振超、合肥市原市长张庆军以及原常务副省长陈树隆、省政府原秘书长杨敬农落马。有媒体称，安徽是巡视、巡察制度落实较为彻底的省份之一，16 个省辖市均已建立了巡察制度。

此外，从 3 月份到 10 月份，“安徽大学论文抄袭事件”“杨敬农落马”等教育、反腐等领域事件舆情突发，传播速度快，大多为媒体爆料，有关部门要做好舆情监测、危机应对与舆情引导，及时发布权威信息，答疑释惑，保持舆情态势总体可控。

三、事件类型——社会事件、教育舆情持续多发

从舆情话题看，2016 年安徽省舆情事件的关注类型较为广泛，其中，话题量位居前五的是社会事件、教育舆情、吏治反腐、公共安全、政府形象。（图 4）

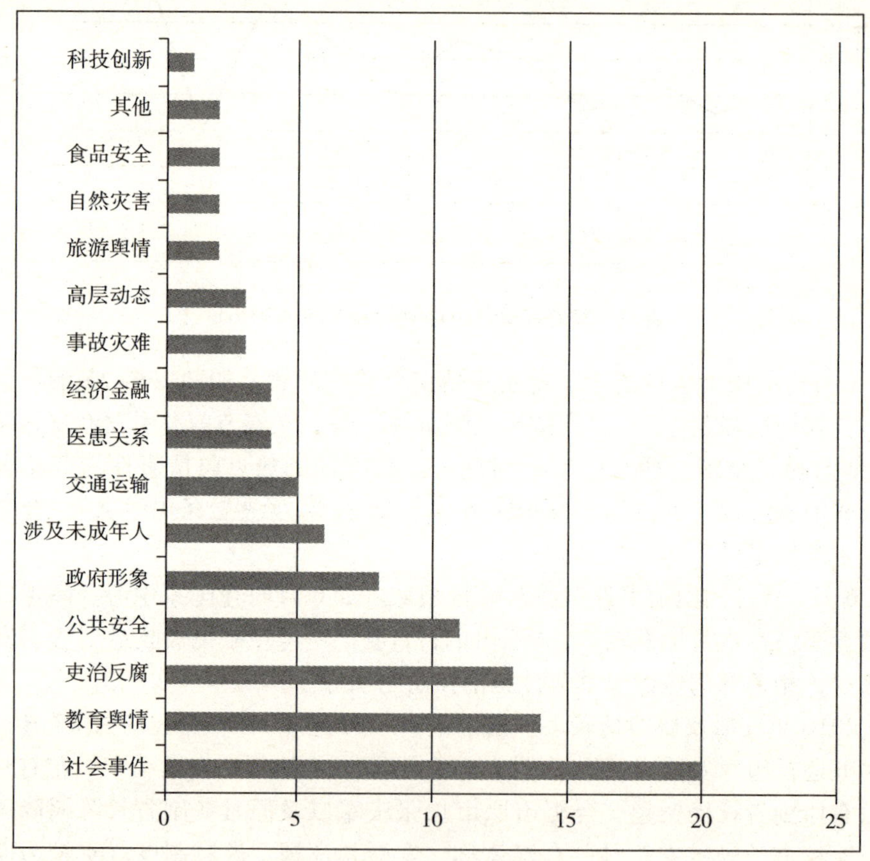

图 4 安徽省舆情事件（话题）类型①分布（2016）

① 本文在搜集资料的过程中将 100 件舆情事件按照内容分为科技创新、食品安全、自然灾害、旅游舆情、高层动态、事故灾难、经济金融、医患关系、交通运输、涉及未成年人、政府形象、公共安全、吏治反腐、教育舆情、社会事件、其他等 16 个类型。

2016 年关于社会事件领域的舆情事件较多，其中正面事件较少，如“合肥新华书店 24 小时营业，不驱赶流浪汉”和“老人义务劳动 11 年换剩饭喂流浪猫狗”等，为社会注入正能量；社会事件的负面舆情则较多涉及违法犯罪等。社会事件是社会经济、政治、文化和道德等状况的综合反映，同时也反映了一个民族的价值观念、风俗习惯与精神面貌，是群体中人际关系的一种氛围，是影响群体意识、群体凝聚力和群体工作效率的一个重要因素。对社会事件舆情事件的把握和良性引导有利于弘扬社会主义核心价值观，进一步维护社会稳定。

安徽省的教育领域一直处于舆情高发的状态。安徽是教育大省，民众关心和重视教育领域最新的政策变化等具体事件。政府及有关部门在处理教育舆情过程中，要关注的是互联网上曝光和呈现的教育事件、教育现象和教育问题等，同时更要注重挖掘人们对这些教育问题或现象的观点和态度。从教育舆情的引发原因来看，主要是校园暴力、校园贷款、学术不端等，这与近几年来全国教育舆情总体情形相似。

四、涉事部门——公安、纪检、教育部门频出面

在每个舆情事件背后除网民和当事人外，都有一个主要的利益相关主体，称为关涉主体或者利益相关者。[①] 在本报告中，我们重点分析统计的关涉主体，指事件相关的政府职能部门。

2016 年度安徽热点舆情事件多涉及公安、教育、纪检、法院、政府、食药监等，这些涉事部门均与公众的日常生活密切相关。（图 5）

其中，涉公安部门舆情事件数量居首，集中在 11 月、12 月，多涉及社会事件和公共安全，如“六安市裕安区徐集镇 9 岁女孩红芋地玩耍被当兔子射杀事件”，被命名为“8 · 14 过失致人死亡案”，《中国青年报》、网易新闻、腾讯网等多家线上线下媒体对案件进展进行了报道，公安机关连夜组织民警赶赴现场，并于 8 月 17 日发布案情通报，处理迅速。涉公安部门的舆情还包括民警救助未成年人的英勇事迹，如“出生即遭遗弃，民警抱她直奔医院”的相关报道在微博上引发热议。涉及公共安全的舆情事件频发体现公民的安全感的欠缺，此类舆情事件的治理不能仅仅停留在官方声明的及时出台上，

① 喻国明. 当前社会舆情场的结构性特点及演进趋势——基于《中国社会舆情年度报告（2015）》的分析结论［J］. 新闻与写作，2015（10）.

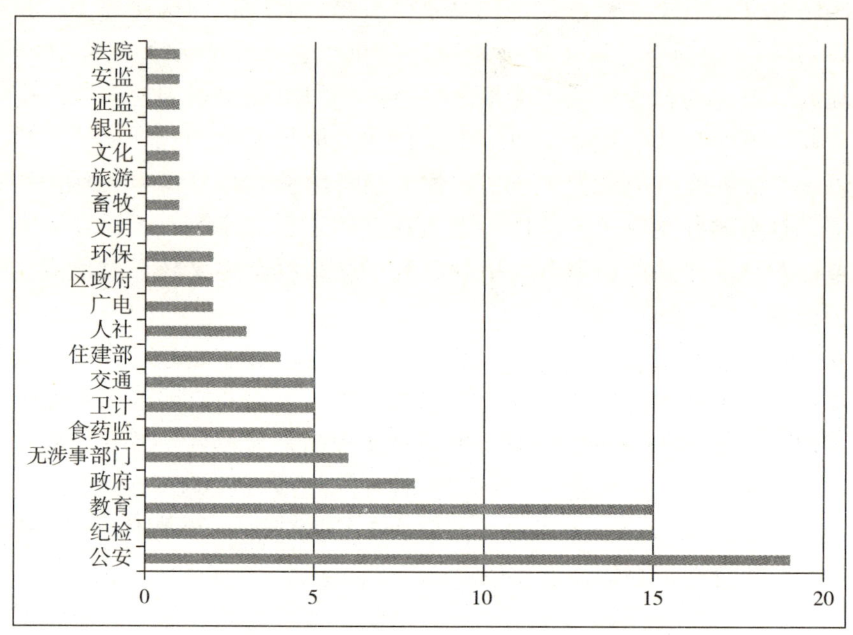

图 5　安徽省舆情事件涉事职能部门占比（2016）

更应该着眼于公共设施及相关功能的完善，从根本上提高民众安全感。

纪检机关涉事频率也很高。2016 年可以说是安徽省“反腐年”，多位高官落马。吏治反腐是社会焦点议题，作为基本的社会共识，事关主流人群的人心向背。纪检部门在吏治反腐类舆情的处理过程中应响应民意，推动网络反腐，及时沟通反馈。同时，有关部门在接到群众反馈的时候须注意核实真相，拒绝做新闻反转的受害者，也不要做虚假新闻的传播者。

五、舆论倾向性——负面舆情处理待提升

统计显示，整体而言，2016 年安徽舆情事件舆论倾向于负面的居多（占比 64%），正面（占比 25%）和中性（占比 11%）较少。（图 6）

舆论倾向中性的多涉及社会事件如“女生可请痛经假”，教育舆情如“取消英语等级考试”等，而倾向于正面的则多涉及政府形象和高层动态，如“习近平考察金寨、小岗村”、安徽省第十次党代会召开等，舆论对于政策的支持有利于地方经济发展和城市形象建设的良性发展。

在互联网时代，负面舆情呈现出曝光前无征兆、曝光后迅速扩散、负面舆情难平息等新特点、新趋势。负面舆情因其争议性往往在网络空间中

自行扩散，传播迅速，故妥善应对负面舆情成为政府工作的重要组成部分。要想及时降噪，需依法解决各类问题。要加强思想舆论引导，切实做好排防和预查，确保社会和谐稳定，为安徽改革发展、绿色崛起提供良好舆论环境。

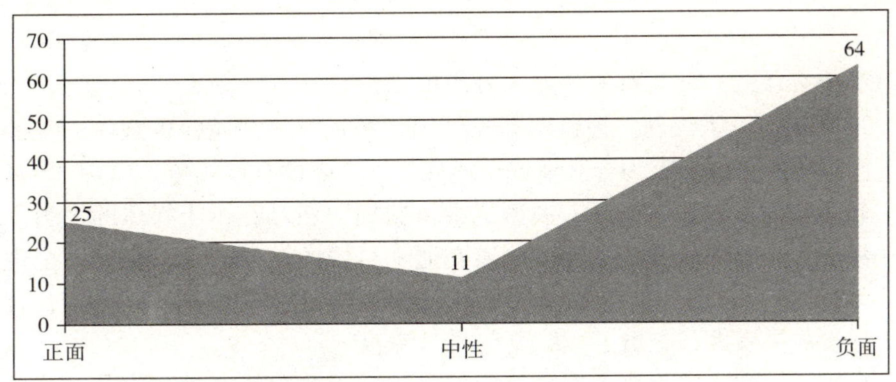

图6　安徽省舆情事件舆论倾向性①分析（2016）

2016年度安徽省负面舆情居高不下主要有如下原因：

第一，政府回应滞后，错失最佳解读时间。如合肥一大厦楼顶疑建露天佛像庙宇事件，只有合肥蜀山区民宗外侨局回应称会有后期的调查核实。该新闻为澎湃新闻曝光后在舆论场上引发热议，猜测性言论居多。11月4日，楼顶大佛被曝光，5日就已经拆除完毕，在回应上属于“只做不说”，侧重“治标”。

第二，危机公关水平低，公开回应饱受诟病。2016年12月，一则“合肥人在六安买了44套房还拿了80万元购房补贴”的新闻在全国范围内引发热议，凤凰安徽、搜狐焦点均在微博上报道此事。媒体就此事联系到六安市裕安区房地产管理局，一位工作人员称该房主票据、手续齐全，并未违规，但是政策公示信息却已经被删除。同时，在报道中，房管局某工作人员还出现“当初制定政策时没考虑太细，没有料到有人会买这么多套房子”的言论，导致舆情进一步发酵。

① 由多名舆情分析师按照“正面”“中性”和“负面”三个维度，对不同案例舆论倾向性进行分析、评价、打分和统计，仅供参考。

附：2016 年安徽重点舆情

1. 2016 年合肥地铁开通

2016 年 12 月 26 日合肥地铁 1 号线正式开通。

26 日前后，人民网、搜狐网等媒体跟进报道，从开通预告到体验券的发放，媒体不断更新热点为合肥地铁开通展开了有效的良性宣传。12 月 15 日启动“轨道交通 1 号线二十万人大型试乘体验周”活动在本土媒体的大力宣传下声势浩大，效果显著。合肥市轨道交通 1 号线的开通试运营标志着全省跨入“地铁时代”，海绵城市效果初显，在专项规划年内完成。2016 年，合肥市大建设成果喜人，交出了一份漂亮的“答卷”。

合肥地铁开通成为热点舆情表明民众对于城市民生基建工程的关注。民生议题关乎民众的日常生活、衣食住行。在今天这个城乡差异、工农差异仍然存在的中国社会里，各级相关主管部门需要走进网络，体察普通民众的喜怒哀乐，了解群众的人生冷暖，把握群众的主流诉求，从而有针对性地改进自身工作。

2. 国务院常务会议决定建设合芜蚌国家自主创新示范区

国务院总理李克强 6 月 8 日主持召开国务院常务会议，部署实施健康扶贫工程，提升农村贫困人口医疗保障和健康水平；确定发展和规范健康医疗大数据应用的措施，通过互联网+医疗更好地满足群众需求；决定建设福厦泉与合芜蚌两个国家自主创新示范区，引领带动体制创新和科技创新。

在经济发展上，相比于中部其他五省、长江经济带其他十个省份，安徽在 2016 年的表现“稳定”。在中部六省中，安徽地区生产总值增速位居第二，紧随江西之后；绝对量排名仍为第四，低于河南、湖北、湖南。在长江经济带中，24118 亿元的生产总值位列第七，在相对排名上与 2015 年对比并无差异。从分项统计看，规模以上工业增加值增速位居 11 省市的第四，城镇居民可支配收入也排列在第七位。安徽经济发展具有潜力、需要机遇。合芜蚌国家自主创新示范区的建立无疑将为安徽省的经济发展注入“强心剂”。

3. 黄山欲复名“徽州”

1986 年，徽州为了发展当地旅游撤地设市的时候，把市名改成了“黄山”。有关恢复徽州地名的话题讨论，近 30 年来从未停歇。

2016 年，借着全国第二次地名普查的契机，《人民日报》高级编辑李辉再一次撰文呼吁恢复徽州地名。3 月 30 日，李辉先是在微信公众号“六根”上发表《徽州，归来吧!》，该文被多个网站、公众号转载，引发热议。4 月 13 日，李辉在《人民日报》撰写评论《地名是我们回家的路》。李辉认为，一个历史悠久的地名，早就成为中国文化的一部分，存在于史书、碑刻、文学经典之中。如果轻率地将之更名，多少文化信息会被消解。像李辉这样对徽州旧名存希望的民众为数不少，对徽州复名的讨论，也衍生出多种意见。已卸任的黄山首任市长崔之康则表示支持徽州复名，同时不否定当年徽州改黄山的合理性。

4. 电视台女记者“为情自杀”引上百媒体人发联名信

据网友爆料，2017 年 11 月 27 日 3 时许，中国经济网一位女记者在结婚前夕，因为发现男友“移情别恋”，在合肥新房 11 楼跳楼自杀。据报道二人原是大学同学，正当两人装修婚房准备婚礼时，男当事人疑因感情纠纷出轨同事，女当事人接受不了遂跳楼自杀。

该事件在网络引发轩然大波，当事人照片、工作单位等个人信息被网友曝光。

2016 年 12 月 1 日，100 余名媒体人联合发文致信安徽广播电视台领导，要求将涉事者开除，引发网友热议。

5. “反转新闻”：安徽男子右肾丢失事件

2016 年 5 月 5 日，《新安晚报》报道《我的右肾去哪儿了》引发舆论场热议。同日，徐州医学院附属医院公众号发表声明反驳该报道，针对有关内容进行辟谣，称应该“对社会、患者和医院有个公正的交代”。事后江苏省卫生部门启动了相关调查。

有网上医学微博大 V 于当日 18 时发布《混账媒体人，右肾明明在他身上》分析推断只是“萎缩”，并痛骂媒体，不少人开始了人肉搜索，网上舆论场的医媒冲突也引发了不少争议。

2016年11月10日，国家新闻出版广电总局公开通报《新安晚报》等6家媒体发布虚假失实报道的查办情况。经查，该报道表述不准确，将医学术语“右肾缺如”解释为右肾“失踪”，对“右肾缺如”原因追究不彻底，导致医患各方观点不对等，引发社会误读为“切肾”“盗肾”。

2016年度安徽省教育舆情分析报告

李小军　许文敏

一、概述

本研究报告对2016年涉及安徽教育系统36个热点舆情事件依据舆情热度值、舆论高峰值、全网信息量、媒体报道量、热度持续时间等指标进行的监测和计算，并对总体舆情事件中具有较大影响力的事件进行综合分析。

2016年安徽教育舆情总体形势较为严峻，热点事件、突发事件频发，多起负面舆情事件持续时间长，教育公信力被官方民间两个舆论场同时炙烤。教育系统腐败、校园暴力、师风师德、中高考、高校学术不端等是舆情事件重点领域。总体看，负面舆情偏多，一些负面舆情在全国产生较大影响。如“石台县高考‘眼镜门’事件”“安徽怀远火星小学副班长逼同学喝尿事件”“芜湖女大学生宾馆坠楼身亡事件”是2016年关注度最高的三个教育舆情事件。当然，在负面舆情高企的同时，包括安徽高考改革方案推出、中科大量子卫星发射等正面的舆情热点也涌现。（表1）

表1　2016年安徽教育热点事件TOP 10

序号	热点事件
1	石台公布高考“眼镜门”事件
2	安徽怀远火星小学副班长逼同学喝尿事件

作者简介： 李小军，安徽大学舆情与区域发展协同创新中心研究员，安徽大学新闻传播学院教师；许文敏，安徽大学新闻传播学院硕士研究生。

基金项目： 本文是安徽大学舆情与区域发展协创中心2015年招标课题“安徽省教育系统网络舆情监测与对策分析”（ADYQ2015008）和安徽省教育厅委托课题“安徽省教育系统网络舆情监测与管理研究”（SK2014A168）的阶段性成果。

（续表）

序号	热点事件
3	芜湖女大学生宾馆坠楼身亡引发热议
4	宿州三中被爆全班被罚跪事件
5	黄山高三女学生被下药事件始末
6	中科大量子通信卫星成功发射
7	安徽高考改革方案发布
8	安徽省教育系统多名官员涉腐
9	“宿州贫困生请吃饭事件”调查
10	亳州某中学学生打老师事件

（一）舆情发生地域分布

安徽教育系统的地域分布差异较为明显，皖北地区整体高于皖南和皖中地区，阜阳、宿州、亳州重点事件较多、舆论关注度较高，且基本都以负面为主。（图1）

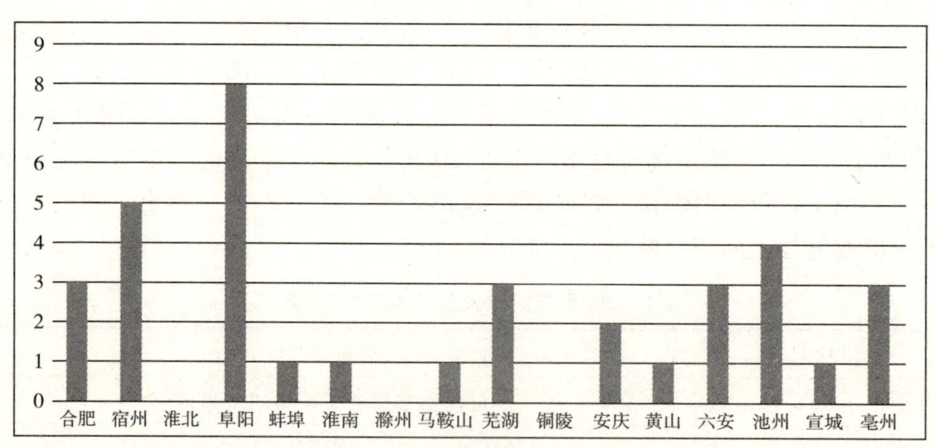

图1 热点舆情地域分布（单位：件）

（二）舆情发生时间分布

2016年5月为舆情爆发期，由于安徽教育腐败窝案调查的展开，5月舆情关注度相对较高。而在1月，关于“芜湖女大学生坠楼”“宿州贫困生请吃

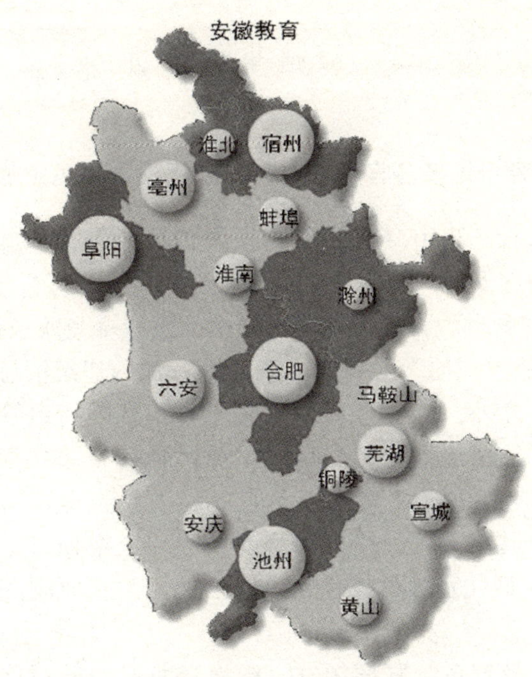

图 2　安徽省教育热点事件区域分布

饭”以及“亳州中学生打老师事件”等一系列事件使 2016 年初便呈现舆情走势较高。6 至 7 月份以及 8 到 9 月由于受到中高考和开学的影响，舆情事件也围绕相关话题展开。(图 3)

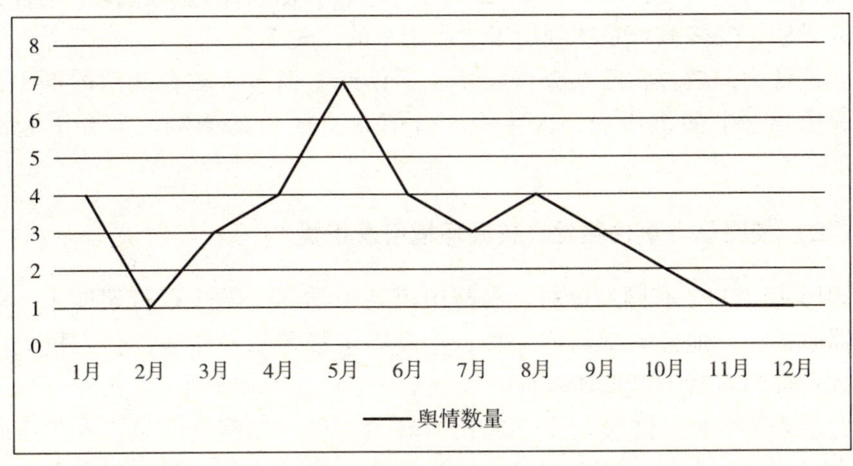

图 3　重点舆情发生时间分布（单位：件）

二、舆情事件分析

（一）安徽教育系统多名官员涉腐，廉政风险防控亟须加强

从舆情事件来看，2016 年上半年，安徽省教育系统官员频频落马，级别也不断升高，成为继安徽广电系统之后又一重灾区。

5 月 17 日，安徽省教育厅原副厅长杨德林因涉嫌受贿被检方立案侦查。5 月 22 日，合肥师范学院原党委书记（正厅级）汪敏违纪消息被安徽教育纪检监察网首次披露。此外，3 月 28 日，经安徽省检察院指定管辖，六安市检察院依法对省教育厅发展规划处原处长袁文涉嫌受贿犯罪立案侦查，并采取刑事拘留强制措施。3 月 29 日，经省检察院指定管辖，六安市检察院依法对省教育厅原调研员喻远宝（正处级）涉嫌受贿犯罪立案侦查，并采取刑事拘留强制措施。8 月 26 日，安徽省教育厅教育考试招生院原副院长吴福银涉嫌受贿被逮捕。

上半年，安徽教育系统窝案频发，成为当前安徽反腐重点领域之一。在安徽省十二届人大常委会第三十一次会议上，安徽省教育厅原厅长程艺坦言："厅机关有关党员干部被检察机关查处，职务犯罪预防和廉政风险防控工作存在薄弱环节，长效机制建设需要认真研究和深入推进。"

除上述官员外，此前，合肥师范学院原副院长李继承（副厅级）、皖西学院原院长夏鹭平（正厅级）等人也相继落马。可以看出，从教育系统官员到高校领导层，安徽教育系统经历了一次不小的"地震"。

舆论认为，教育腐败案频频发生，不仅严重损害了教育部门的形象，还将对青少年学生的世界观、人生观、价值观造成负面影响，需要引起高度重视。

（二）校园暴力事件频发，校园环境引发担忧

2016 年年初，有网友爆料，马鞍山市某中学部分学生以打架取乐，拳打脚踢骂脏话。当地公安部门回应称，涉事学生都是未成年人，公安机关已经联合教育部门对其予以批评教育。

此后安徽多地又陆续发生多起校园暴力事件。如网曝临泉三女生围殴一女生；广德县一中学生不忍校园欺凌，割腕自残；黄山市某高三女学生被同学"下药"；安徽怀远火星小学副班长逼同学喝尿等。

校园暴力事件已不仅发生在学生之间，师生之间也屡屡出现拳脚相向的场面。如宿州市一小学女生只因未买指定教辅，被班主任当众打耳光；池州“暴力老师”揪孩子头撞墙；蒙城县范集中学拒绝交卷部分学生群殴监考老师；泗县教师用水管殴打数名成绩差的学生等。

另外，校园软性暴力也屡次发生，例如宿州三中被爆全班被罚跪事件，宿州贫困生请吃饭事件以及巢湖一中再次伙同校外培训机构强制学生补课等事件，这类校园软性暴力事件，虽然不会导致直接伤害，但对学生身心发展及学习环境都有一定影响。

2016 年 1—12 月，校园性侵事件也引起舆论广泛关注。如太和县一位 74 岁返聘教师半年内猥亵 10 余名幼女；合肥市经贸旅游学校一名老师带女学生 K 歌，趁其醉酒后实施性侵；定远县一名副校长被指爱打女生屁股，让女生几乎全裸叠被子等事件，不仅令教师整体形象蒙羞，也引发舆论聚焦关注。

另外，安徽建筑大学多名学生患上肺结核；阜阳二中、淮北濉溪二中装摄像头事件；阜阳师范学院宿舍楼常流出巧克力色水；安徽理工大学搬迁陷入争议等校园新闻引发人们对校园教育环境的思考。

（三）论文抄袭、造假事件引发热议

2016 年 2 月份，有网友网上爆料称，马鞍山市博望区卫计委副主任、疾病预防控制中心主任喻晓东的硕士研究生学位论文抄袭同门师兄。媒体报道后，安徽医科大学撤销了喻晓东的公共卫生硕士学位，注销其学位证书，撤回其在中国学位论文网等上传的学位论文，停止其导师公共卫生硕士研究生招生资格两年。

随后，又有多起论文抄袭事件被媒体接连曝光。

3 月，多家媒体报道称，安徽大学历史系历史文献专业 2007 届两名硕士研究生的学位论文涉嫌大面积抄袭。之后，经过调查确认，学校决定撤销两人硕士学位，取消其导师的硕士生指导老师资格两年。

5 月，安徽大学再次被曝出论文抄袭事件。据媒体报道，安徽大学法学院 2005 届一名法律硕士研究生的学位论文涉嫌大面积抄袭，而涉嫌抄袭论文的张某是安徽安维律师事务所主任，并且受聘成为安徽省工商联、安徽省房地产商会法律顾问。很快，安徽大学决定撤销张某法律硕士学位，其导师停带研究生一年。

论文抄袭事件屡见不鲜，然而抄袭者连论文题目、摘要、关键词都一字不差，甚至包括标点符号在内，完全一致，如此明目张胆地抄袭令舆论吃惊。这不仅拉低了人们的认知底线，也暴露出高校在学术论文评定、审核把关等

方面存在重大漏洞。

7 月，合肥一高校系主任论文涉嫌抄袭；8 月，安徽一公务员举报自己论文被遵义市某大学副教授抄袭，标题丝毫未改；安庆师范大学学生毕业论文被贵州大学某副教授抄袭，经调查后此贵州大学副教授被解聘。

舆论认为，安徽高校论文抄袭及教师学术行为造假等舆情事件，给安徽高校教育环境造成很大负面影响。媒体评论认为，除了严惩抄袭者，教育部门和高校更需要反思：如何补牢“抄袭门”背后暴露出来的制度漏洞，最大限度地维护学术尊严。只有彻底铲除学术造假、严格把关，以杜绝高校学术造假及论文抄袭情况，使中国高校学术环境更加清净。

（四）中高考话题热度不减，毛坦厂中学不应成为安徽教育的标签

每年高考前夕，被称为“亚洲最大高考工厂”的六安毛坦厂中学总能吸引国内外媒体的关注，2016 年也不例外。从考前探访到“最后一课”、高考标语，从家长跪拜“神树”到万人送考……考生与家长的每一个细节都被聚焦在镁光灯下，成为安徽高考的热门话题。

毛坦厂中学“应试化”的教学模式早已被公众熟知，而这也是毛坦厂中学为人诟病的主要原因之一。每到高考前后，“万人送考”“拜神树”等关于毛坦厂中学的新闻报道层出不穷，引发了周期性的对现行高考制度的批评和讨论。尽管毛坦厂功利性的教学模式受到社会的批判，但在许多家长，尤其是农村家长眼中，高考无疑是希望的代名词，依旧是平民子弟向上流动的重要渠道，当毛坦厂中学能够连续多年创造高考“奇迹”，成千上万的学生和家长聚集于此，也就在情理之中了。相信全国类似于毛坦厂中学这样的学校还有很多，政府部门更应该思考如何加大教育投入，尤其加大对农村地区教育投资的倾斜力度，改善教育环境。当底层民众能够得到更多更好的教育机会和公平向上的发展机遇，当高考不再是众多寒门学子改变命运的重要甚至唯一途径时，“万人送考”的“高考景观”便会自然消散。

2016 年高考被舆论称为“史上最严”，发生在池州市石台县的高考“眼镜门”事件，也吸引了大量网民的目光，引发诸多媒体轮番报道。成绩公布后，“眼镜门”中的考生未考出理想成绩，提出特招也被高校婉拒。事后，不少媒体发问：眼镜没有错，考生没有错，监考人员也合规，究竟谁错了？错的只能是机械地理解和执行制度的人以及制度本身。

“高考状元”也成为舆论热炒的对象。从考前为考生营造良好考试环境，到考试时的全民关注高考作文题，再到成绩揭晓后对“状元”连篇累牍的报道，这都是高考所引发的后续效应。与此同时，商家热衷挖掘“状元”的商

业价值，各个教育部门、学校不同程度的默许甚至配合，以及媒体深挖细节的引导，更是助推了大众对“状元”的围观热捧。

除了高考，2016 年 4 月，安徽硕士研究生考试复试作弊也触发网民大量思考，最后安徽 25 名考生成绩无效。相对于 2016 年 4 月的研究生考试作弊，6 月份高考“眼镜门”事件引发的高考环境的负面新闻被大量报道，7—8 月高考“状元”新闻的正能量也随之成为热点，可以看出高考、硕士考试等话题网民关注度较高。

三、教育舆情特点

2016 年安徽教育舆情事件主要呈现出以下几个特点：

（一）负面舆情居高不下

正所谓好事不出门，坏事传千里，社会大众和新闻媒体对负面信息有着天然的爱好，这也造成负面舆情事件成为 2016 年安徽教育舆情的显著特点，使安徽教育系统一直承受着巨大的舆情压力，教育系统形象受损。

“亳州某中学学生打老师事件”“宿州贫困生请吃饭事件”“芜湖女大学生酒店坠楼身亡事件”“黄山高三女学生被‘下药’事件”“石台县高考‘眼镜门’事件”等都在全国范围内引发了巨大关注。由此可见，教育舆情事件发生后，如果处理不到位或披露不及时，很容易引发舆论围观，让事件陷入不可控状态，引发更严重的舆情危机。如图 4 所示，在 2016 年安徽教育舆情关注度相对较高的事件中负面舆情占比 73.33%，正面舆情事件仅占 10%，中性舆情事件占比 16.67%。

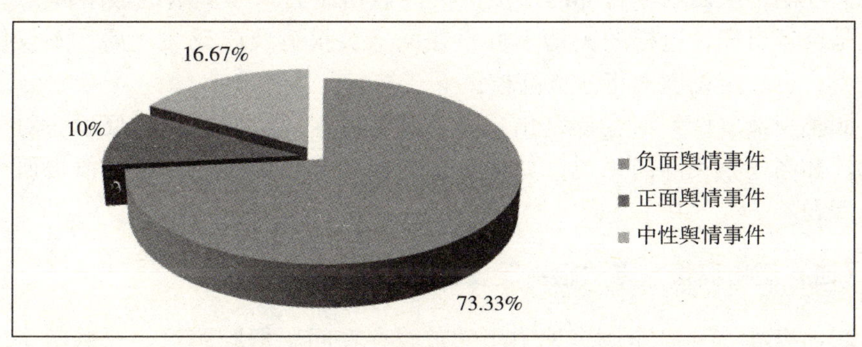

图 4　正面、负面及中性舆情事件占比

（二）部分舆情传播周期长，影响力大

教育事业是全民关注度最高的事情之一，教育舆情相关事件一旦发生，通常都会引起社会广泛关注，若舆情处理不当，往往会持续传播和谈论很长时间，成为网络舆情事件的热点话题。其中，最为典型的就是“亳州某中学学生打老师事件”“宿州贫困生请吃饭事件”及“芜湖女大学生宾馆坠楼身亡事件”。例如“宿州贫困生请吃饭事件”虽然发生在2015年11月，但是直到2016年3月，仍然有媒体对该起事件的后续进展进行追踪报道。

2015年年底，“宿州贫困生请吃饭事件”被曝光后，涉事的宋庙小学校长被撤职，舆论渐入沉寂。但随着2016年1月29日《中国纪检监察报》刊发系列报道后，该起事件再度成为全国舆情热点事件。又如“芜湖女大学生宾馆坠楼身亡事件”同样发生在2015年12月末，但是事件发生后在网上引发长期讨论，公安部门介入调查。2016年1月12日，公安部门发布事发当晚视频，再一次在网上掀起一阵舆论热潮。这两起事件也说明，舆情事件一旦处理不当，不仅会影响地方政府形象，有时其负面影响还会蔓延多日，且其负面影响也会在全国范围内持续很长时间。

（三）同类舆情事件反复出现

观察2016年安徽教育舆情热点事件不难发现，某些舆情事件长时间内反复被聚焦，且类似事件多地都曾出现，如校园暴力、性侵、学生跳楼、学术造假等。

校园暴力、性侵、学生跳楼等舆情事件伤害未成年人身心健康、冲击社会道德底线，较易刺痛公众的敏感神经，当其接连发生时，往往在网络上引起巨大反响，从而给主管部门形成巨大的舆情压力。而学术造假事件在2016年也是反复出现，这样的舆情事件自在网上被报道及广泛关注后，不仅使高校蒙羞，也一定程度上将涉事高校拉下“神坛”。

同类舆情事件为何会反复出现，无疑值得深入追问并检讨反思。对于教育部门和高校相关部门来说，如何更好地应变和负起责任，也是值得研究的重要课题。

（四）国内舆情热点“辐射”安徽省内

2016年上半年，全国多地中小学被曝存在问题塑胶跑道，一些学生出现流鼻血、眼睛红肿等症状。本是为了促进孩子健康而修建的塑胶跑道，却屡屡成了伤害孩子的“毒手”。这种高敏感度的话题，也让安徽家长开始关注身

边是否存在类似问题跑道。例如桐城市学生家长反映当地同安小学在建塑胶跑道出现强烈刺鼻气味，一些学生身体出现不适症状，有的还流鼻血，从而引起媒体关注，最终成为一起舆情事件，也就不足为奇。

类似上述国内舆情热点与省内舆情形成同频共振的现象开始逐渐增多。如国内高招指标跨省调剂事件引发湖北、江苏等多地考生家长上街聚集，随后也引起安徽部分考生家长对教育公平的质疑，并采取相同手段进行“维权”。

（五）舆情回应能力需要提升

梳理2016年安徽教育舆情可以发现，应对突发舆情事件时，地方教育部门仍存在试图遮掩、反应迟缓、回应不当等“病症”，且有些舆情事件未得到很好解决便出现“烂尾”现象，提升安徽教育系统舆情回应能力迫在眉睫。

试图掩盖舆情事件。以“宿州贫困生请吃饭事件”为例，事情发生后，当地教育主管部门想的不是立即调查处理，而是积极协调媒体“灭稿”，企图将事件“扼杀”于萌芽状态。而面对上级调查组调查时，当地教育局主要负责人仍不知悔改，进行串供，最终导致市区两级20名相关责任人被处理。

应对舆情事件时反应迟缓。以“黄山高三女生被‘下药’事件”为例，当该起事件在网络上已经沸反盈天时，当地教育部门却称不知情，相关领导甚至嘱咐不要接不熟悉的电话。直到事发四天后，教育主管部门才通过官微进行回应。可以说，应对舆情事件仍抱着“鸵鸟思维”，这也是助推该起事件舆情持续升温的重要原因。

回应不当加剧舆情升温。以“石台县高考‘眼镜门’事件”为例，石台县对外通报“都没错”的调查结果后，不少媒体认为，官方的生硬通报缺乏对当事人的“同情心”和“同理心”，进而激起舆论对该事件新一轮的拷问。

但也有一些舆情事件受关注后，经过调查得到一定解决和证实，例如“宿州三中全班学生被罚跪”经调查是老师为管理班级纪律，让学生蹲下听听力和整理抽屉。

四、结语

（一）提升对教育舆情重要性和复杂性的认知

百年大计，教育为本。由于教育话题普遍关涉民众切身利益，一直以来都是社会关注的重点对象。教育行业舆论发起者复杂多样，学生、老师、家长、社会其他人员都有可能成为教育行业舆论发起者，相关部门一旦不能妥善应对和处理教育舆情，极易产生巨大压力，且容易造成网民和家长误解，很难建立起广泛可靠的信任关系。各级教育主管部门、办学机构应该做好日常工作，降低舆情事件发生的可能性。

（二）转变工作思路，由“应对”舆情转为“回应”舆情

长期以来，“应对”舆情的提法，容易造成舆情涉及的教育部门特别是基层教育部门倾向于采取各种遮蔽敷衍行为，或者“乱回应”等不当行为，往往将舆情事件进一步放大。我们应当认识到，舆情事件的发生和处置是日常工作的一个部分，当舆情发生后，一味地“封杀”和“含糊其辞”并不是好办法，因此，“回应”舆情的提法，会自然减轻基层教育部门的工作压力，也为其指明了一个基本的舆情处置方案，即在舆情事情发生和发展过程中，主动通过微博、微信等平台，传达有效信息，适时引导舆论，这有助于舆情压力的释放和消解。

建设和规范舆情回应基本技能体系和制度。各级教育部门学习掌握回应舆情事件的基本原则和方法，提高舆情监测、处置和舆论引导的能力，才能在发生舆情事件时做到从容不迫、沉着应对，提升安徽教育系统的整体公众形象。

附：石台县高考“眼镜门”事件个案分析

一、事件回顾

2016 年 6 月 15 日，《安徽商报》报道了《高考“眼镜门”事件错在处置效率低下》。首场高考，安徽石台县一女生正埋头答题，监考员认为其眼镜可疑，收走鉴定，经鉴定没问题，临近交卷时归还。女生近视 400 度，考完后无助地哭了。事后，监考员称“走的正规程序”。池州市石台县高考“眼镜门”事件是 2016 年安徽省内热门的一个舆情热点事件。与以往通过网友爆料进入公众视野的舆情事件不同，“高考眼镜门”事件是最初经过媒体报道并以非常快的速度进入公众视野的，尽管事件的结果已经调查清楚，但某些情绪上的宣泄并没能够及时消退，甚至出现了舆论的回升，值得反思。

二、媒体报道情况

共检索到相关媒体报道587篇，通过统计，事件发生后两个星期内的媒体报道数量从发现事件被报道出来的6月15日的2篇到6月17日的185篇。（图1）

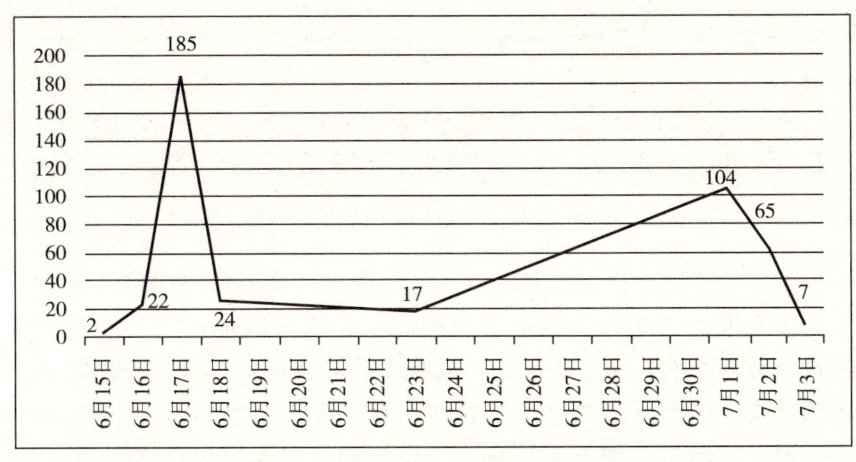

图1　关于“眼镜门”的媒体报道（单位：篇）

石台县高考“眼镜门”事件的发展呈现快速爆发的特点，且在事件发生一个星期后又出现了一次媒体报道高峰，随后逐渐消退。从图1可以看出，事件的播报高潮是在警方公布调查结果的6月17日。随后，在间隔十几天后的7月1日又出现了一次传播高峰。传统媒体和新媒体对事件的来龙去脉进行回顾，呈现了整个事件的发展过程，一些媒体从不同的方面对事件进行评论。

2016年6月15—7月3日，新浪微博上共有634条相关微博，通过统计分类，微博网民舆论在事件报道后达到高峰，网民对事件信息的转发、评论以及对事件评论都加速了事件在网络上的传播。可以看出，2016年6月23日后，媒体对该事件仍有关注，到7月1日传播达到另一个小高峰。（图2）

根据活跃度排名，重点博主包括@胖胖的心里美、@苍穹之舞、@羡慕大草原的人、@Wiley051等博主，以下是截取的部分观点：

@-易之：如果能拿出两个小时全程检查眼镜的证据，老师可不受处罚，检查一个正常的眼镜需要两小时吗？还有是不是有更好的处理办法，比如考生考试结束后再配合老师检查眼镜，监考老师滥用职权应当受罚，应专门调

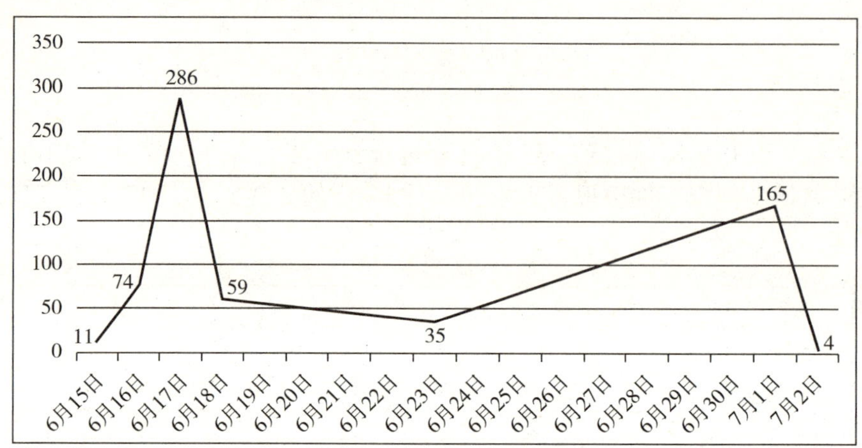

图2　关于“眼镜门”的相关微博（单位：条）

查一下是否监考老师有报复成分，或者考生眼镜确实有何种明确的疑点。

@折腾来折腾去的帅：我不是近视眼，无法理解那位女生受到的影响，我认为这个影响必然包括了心理的，无缘无故被怀疑怎么可能冷静做题。

@感觉改个名字可能会好点：同样四百多度，当年高考一会戴上一会摘下来……说实话那时候加上天气热，挺焦虑的。现在想想，感谢当年监考老师的不收眼镜之恩，倒不是说不戴眼镜看不清楚，主要是心理压力会突然变大。

@反腐败不加V：这肯定不正确！可以事后追查啊，成绩也可以取消，或者至少给替代眼镜啊！现在她的青春损失谁承担??? 王八蛋！

@冷漠一间：方式不对，完全可以在考试结束后收去做个检测。如果有问题按作弊处理，没问题就更好了，也不影响学生考试。

对微博上的言论进行分析发现，内容态度上以负面为主，占76%。（图3）

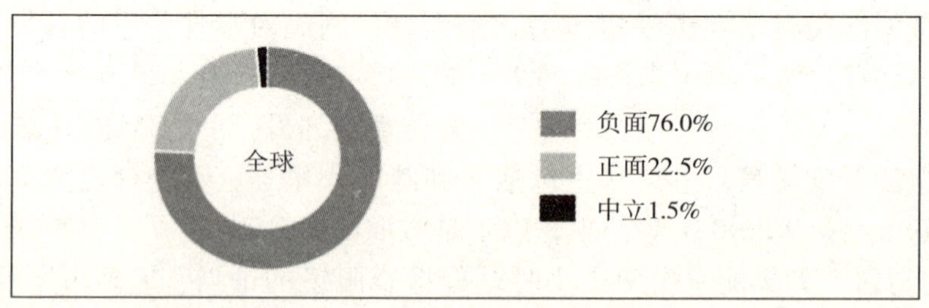

图3　对微博上的言论的分析

三、事件的网络舆情传播模式

依据事件的舆情走势，将这一事件的网络舆情传播过程划分为三个阶段：网络舆情的发端期，网络舆情的扩散期，网络舆情的消退期。

（一）舆情的发端期

1. 网络议题的形成

根据澳大利亚学者 Robert Heath 在其专著中对议题属性的定义，议题具有公共性、争议性和周期性等特征。其中“公共性”指的是议题受到广泛的社会关注，与公共事务的处理和公共政策的出台密切相关。网络话题在网络中分布广泛，而只有其中一部分能够引起网民的共同关注，从而把网络话题转变成网络议题。从网络话题上升为网络议题，需要某些因素的激活。

分析“石台眼镜门”事件的始末，发现激活该议题主要存在两个因素：一是中国“高考决定命运”的观念。网民之中存在对“高考与命运”关系的认知差异，从而能够引起争议性话题，而不同观念的网民聚集在一起，产生共鸣效应，使话题得以扩大化。二是意见领袖的发言。意见领袖能够将网络话题引向公共领域讨论，从而使得网络话题转变成网络议题。这些博主的粉丝数量比较多，他们在微博上发布相关的信息，呼吁相关部门给予说法。这些人实际扮演着意见领袖的角色，激活了“石台眼镜门”事件中“该不该收眼镜”“程序是否合法”“对学生心理的影响”等议题的产生与发展。随后，吸引大量网民关注，仅仅 1 天时间之后，相关微博阅读量超过 50 万次。这一系列微博的发出可看作是“池州眼镜门”议题的起点。在网络舆情传播中，意见领袖的作用不可忽视，是网络舆情发展和传播的一个重要推动因素。

2. 网民持续的关注

一个热门话题的形成离不开网民的持续关注，网民的关注、转载、跟帖、评论等，网民之间的交互讨论、热议都能助推话题的扩散传播。网民的持续关注，发表他们的看法、意见和评论，或者在论坛上、微博上、微信上等多个平台传播，就会使得某个议题迅速引人点击与关注，网络舆情就会加快形成与发展。

在“石台眼镜门”事件中，网络舆情的发展在新闻发布当天的热度达到最高，之后，热度逐渐下降。在 7 月 1 日高考成绩公布之后，这一话题的热度又变成了新的高峰，随后逐渐消退。网民在微博、微信平台发表关于“石台眼镜门”的看法和评论，使得议题成为关注焦点。在舆情的发端期，网民的持续关注推动舆情的发展。

（二）舆情的扩散期

扩散期，是网络舆论的形成期，也是网络舆情不断高涨的时段。扩散期，政府、媒体与网民构成了一个互动场域，形成了各种网络舆论的交错，共同推高并扩散了网络舆情。

1. 扩散动因之一：传统媒体和新媒体联合报道

媒体的报道，特别是传统媒体的报道，往往能够扩大该议题的影响力，迅速引发社会的关注，热点事件需要具备相应的新闻价值，没有新闻价值的网络议题被媒体报道的可能性就很低。传统媒体介入是促使网络议题转变成社会议题的一个重要因素。一个议题在网上形成热点，但如果没有传统媒体的介入，该议题就会迅速被网络的其他议题覆盖，议题的生命期就大大缩短，生命力就会大大降低，议题的持久性差。而传统媒体的介入报道，就会使得更多人知晓，促使其他媒体亦跟进报道，该议题的效果将放大，其影响力能扩大几倍，就能够获得社会的广泛关注，形成一个热点的社会议题。

“石台眼镜门”事件中，因为涉及“高考”话题，所以能够吸引传统媒体的关注与报道。2016 年 6 月 16 日，多家电视媒体报道的标题中开始出现“考生被没收眼镜”字眼，这使石台县政府和教育部门在这一议题中逐步成为舆情关注的重点。而中新网 6 月 17 日报道《安徽公布高考“眼镜门”调查结果：几方都没过错》称：“石台县教体局公布了事发考场的探测视频监控调查核实情况，该县教体局认定，监考员的操作和处置符合有关规定。”“眼镜没错，考生没错，监考员也合规。”但这一事件处置的效果更是将网民的关注点聚焦到监考老师和石台县政府，使其处于舆论的前端。

2. 扩散动因之二：网民力量的积极介入

网民的力量不可忽视，其在网络中自由发表的意见、态度，将直接影响公共事件的发展。其中，媒体与网民的互动、网民之间的互动，呈现出一个意见的熔炉。此处存在两种可能：一是在网民的意见的交流中，由于“沉默的螺旋”效应，形成一个压倒式的共同意见，即网民为该事件定性；二是多种声音的共存，没有出现舆论“一边倒”的现象。在“石台眼镜门”事件的网络舆情之中，出现了舆论“一边倒”的现象。

网易对此事进行网络投票，红方观点是“监考老师怀疑眼镜可疑，收走鉴定无可厚非”；蓝方观点是“考生近视 400 多度，收走影响太大”。结果有 53000 多人参与评论，其中 51923 人选择蓝方观点。这一事件中网民大多认为

"考生近视400多度，收走眼镜对考生影响很大"。网络舆情研究均指出，公共事件中网络舆情会呈现"沉默的螺旋"的现象，最终产生占压倒性优势的言论。笔者认为，主要原因有三：一是关于"高考决定命运"的定论在网民中形成共识。二是官方媒体及时传播事件过程及结果，如：认为考官的做法符合程序。对网络声音引导进行探讨，没能有效引导舆论的走向。三是该事件中形成了小规模的冲突，考生被想象成弱势群体，而考官被想象成强势一方，网民的不安情绪被触发。

总之，在扩散期，网络舆论的扩散与传播受到媒体、政府、网民等多种因素驱动，其间各种舆论的声音交错纵横，可谓是众声喧哗。

3. 扩散动因之三：公共事件的冲突

公共事件的不断发展，其最新动态引人关注。公共事件如果发生矛盾冲突，媒体的再次报道和网民的再次互动，会形成一个新的舆情高点，形成新的刺激因素，从而引发公众和媒体集体式的关注与报道。网络舆情的扩散将急剧上升，网络舆情危机出现的可能性就会增大。

在"石台眼镜门"事件中，自2016年6月16日开始，就陆续有网民多次发声"要给考生一个说法"，甚至直接要相关部门给"考生道歉"。在公共事件中引发的争端引起了多家媒体的关注。2016年7月1日至3日，在高考成绩发布以后，媒体记者、网民纷纷利用自身宣传平台，将"石台眼镜门"事件考生二本缺四分这一热点话题的关注度不断推高，出现了舆情新高峰。最后，公共事件的发展不断通过网民、媒体、政府呈现在网络之中，形成了各种版本的解读，上演着各种各样的拟态环境，对公共事件各自设置了不同议题。

（三）舆情的消退期

自2016年6月23日起，"石台眼镜门"事件网络舆情开始逐渐消退，但在7月1日又出现了新的舆情，之后，网民的关注目光开始转移。公共事件网络舆情消退的原因，大致存在两个方面：一是政府回应并妥善解决了公共事件；二是随着时间的推移，该公共事件被其他热点事件掩盖。分析"石台眼镜门"事件，其消退的原因大致有：

1. 消退原因之一：时间因素

随着高考录取的结束，这场"眼镜门"的舆论开始慢慢消退。虽然大多数的公共事件舆情的消退都是因为政府处理或者公共事件中的利益诉求得到解决，但在"石台眼镜门"事件中，却没有一个实质性的结果，而网民的目光也随着时间因素而慢慢转移。

2. 消退原因之二：舆论平衡

在公共事件之中，舆论观点往往会呈现“一边倒”的现象，网络舆情出现舆论的“塌方”，给公共事件带来严重的后果。但是如果各方声音均衡或者各方声音能够得到共存，谁也无法占到主导优势，如果没有新的刺激因素，随着时间的流逝，舆论会被其他网络议题代替，从而慢慢消退。消退期间，一些媒体的报道多为对“最严高考程序化”的反思，如《安徽教育负面舆情居高不下　教育形象受损严重》《眼镜疑作弊被收，考生“抓瞎”的高考谁负责?》《安徽官方公布高考眼镜门视频，称监考员处置合规》等，舆论观点也更加趋于理性。

四、结语

2016 年的高考号称“史上最严”，为考生营造一个安静、公平的环境，是“最严高考”的出发点。令人遗憾的是，在落实监考制度的过程中，个别监考人员的做法跑偏了，甚至背离了初衷，此事也暴露出监考制度本身存在的某些弊端。事后，当事监考员称“都是走正规程序”，石台县招生办负责人称依据规定监考老师没有过错。那究竟谁错了？考生没错，眼镜更不会错，错的只能是机械地理解和执行制度的人。

2016年度安徽省政法舆情分析报告

李家林

2016年度，安徽省与政法机关有关的舆情热点事件频发，网上舆论跌宕起伏，但舆情态势总体平稳、积极向好。

从回应速度、社会效果来看，政法机关舆情处置能力稳步提升，一些热点事件产生的负面影响得到有效疏导，政法队伍的形象得到一定提升。如阜阳市委常委、政法委书记、公安局长上班途中遭袭受伤，淮北3月精神病人杀医案、亳州官员质疑阜阳交警选择性执法事件等，由于处置与通报双及时，舆情引导效果良好。

不过，也有一些地区因发声不给力，舆情持续时间较长，呈媒体报道量和网民讨论量“双高”特点。如合肥一男子派出所内自缢身亡，事发8日后官方才借助主流媒体发声；黄山高三女生被“下药”事件，涉事派出所、黄山市公安局以及教育部门并未统一口径、快速发声。同时，一些地区的舆情事件出现了多回合博弈现象，如芜湖女大学生跨年夜坠楼事件，即使涉事部门在处置中秉持了绝对的公正多次回应，却仍难化解网络质疑。

2016年，安徽的法治环境、网络环境、社会环境都发生了深刻变化，难以预见的风险矛盾频发、重重叠加，对政法舆情走势产生较大影响。在此背景下，网络舆论场反映了政法工作在全面深化改革时期的复杂图景，网络舆论风向标成为对政法机关驾驭复杂局势能力的重要检验。如何深刻理解舆情背后的民意好恶与取舍，政法部门如何把握舆情的脉动与态势？中央政治局委员、中央政法委书记、中央社会管理综合治理委员会主任孟建柱提出的涉法网络舆情事件依法处置、舆论引导、社会面管控“三同步”原则，为政法机关的舆情处置工作指明了方向。

作者简介：李家林，人民网安徽频道舆情分析师、安徽大学舆情与区域发展协同创新中心特约研究员。

本报告对2016年1月1日至2016年12月31日内的128件泛政法热点舆情事件进行分析。事件样本均来自于人民网安徽频道舆情监测研究中心每周一期的舆情热点事件排行及数据统计。报告结论均根据公开新闻报道分析得出。

一、2016年安徽省政法热点舆情事件TOP 10

由网络新闻、微博、传统媒体报道、微信文章、客户端文章五大类媒介的关键词检索加权综合，计算出事件热度，并列出舆情热点事件的排行。（事件简介附后）

表1　2016年安徽省政法热点舆情事件TOP 10

热度排名	新闻事件（话题）	热度指数
1	程瀚、巫希平、范先汉、宋美华等落马后被起底	100
2	黄山高三同性恋女学生被“下春药”后和解事件	87.62
3	芜湖女大学生跨年夜与两学弟开房后坠楼身亡	86.13
4	合肥男子火车站遭女子“强迫卖淫”事件	73.56
5	阜阳公安擅改户籍，杀人嫌犯16年漂白成名住持	62.41
6	利辛官员质疑阜阳交警选择性执法事件	59.47
7	淮南大通区法院“副院长递书休庭”事件	52.74
8	合肥版“雷洋”案？合肥一男子派出所内自缢身亡	51.18
9	黄山一区政协原主席看守所身亡事件	32.50
10	安徽“无罪改判死刑”疑案复查两年无果	28.79

二、2016年安徽政法舆情的特点分析

本报告根据128件泛政法热点舆情事件的特点，尝试描绘安徽政法舆情总体状况以及特点。

（一）政法机关舆情压力居高不下

与其他涉事主体相比，政法部门的舆情压力明显超过其他涉事主体。

2016年，安徽共有468件舆情事件先后引发舆论热议。128件政法舆情案例只占总舆情事件的约27.4%，却负载着约1/2的舆情压力，这说明涉及公检法司类的舆情事件热度较高。

在政法领域，几百条正面报道不及一例警察执法不公的新闻影响，一个错案的负面影响足以摧毁99个公平裁判积累起来的良好形象。如黄山高三女学生被“下春药”事件、芜湖女大学生跨年夜坠楼事件、淮南大通区法院“副院长递书休庭”事件、太和县5岁女童当街被抢嫌疑人被打“马赛克”事件、临泉一派出所接警后将车祸伤者扔河南事件、合肥一男子派出所内自缢事件、安徽省政府败诉后企业被迫撤诉事件以及一些基层警民矛盾，如凤阳一男子派出所内服农药自杀、肥东店埠派出所指导员许松柏干预司法等事件所掀起的舆论风暴，不可避免地影响到公检法部门的公信力。

此外，原安徽省司法厅副厅长（曾任合肥市公安局长）程瀚、原蚌埠市公安局长巫希平、原安庆市公安局长范先汉、原合肥市交警支队支队长宋美华等多名政法系统的官员落马后，他们在任时的“轶闻”先后被媒体聚焦，导致政法机关形象受损，亟待修复。

（二）微视频成为舆情新“风口”

据中国互联网络信息中心最新统计，截至2016年底，国内手机网民占比达95.1%，手机成为国内第一大上网终端。以手机为依托的微视频技术得到迅速发展，形成了“全民监控”现象，各级政府部门面临空前开放、高度透明、全时空监督的舆论环境。

微视频应用的普及，使每个人都可能成为生产、传播视频信息的网络节点，甚至是掌控话语权，成为信息发布中心，表现在舆情传播中，就是微视频几乎成为热点舆情事件的标配，执法视频、现场图片已成执法监督“新常态”。如合肥传销人员聚集殴打民警掀翻警车事件、肥西数百人打砸强拆事件、男子住合肥火车站旁旅馆遭强行卖淫事件等。

此外，诸多视频APP自带的“同城热门”功能，可直接根据用户的定位服务匹配显示附近人发布的视频，极大增强了微视频的曝光率。统计安徽省2016年舆情重大热点事件，由微视频引发的舆情同比净增约五成。

值得注意的是，视频拍摄并不意味着全面真实，因视频导致舆情误判和舆论反转的现象也并不少见，当一些网民落入视频风波极力渲染的激烈情绪中时，剧情却常常反转。实际传播中，视频所呈现出的“片段化”“碎片化”，进一步促使还原真相的难度增加，舆情应对也更显困难，由此带来的新变化和挑战，值得重视和研究。涉事部门更要加强舆情应对能力，占据各个渠道，舆情回应不仅要有速度，还要有态度、有广度，多渠道及时发布真实信息，以正视听，以解众惑。

（三）官微需警惕“引火上身”

2016年，安徽各级政法机关通过微博、微信公众号等加大了宣传力度，有力提升政法机关的形象。值得注意的是，由于个别基层官方微博运营不当、议题设置把关不严、业务素质不高，所发布的信息内容成为舆情导火索，最终“引火上身”。

2016年5月4日，宿州市灵璧县公安局官方微博称，一名智障女被拐骗到灵璧后，生活“幸福美满”，并对这种行为表示“支持”。这条微博的开头，起了个“美好姻缘咱支持”的标题，还配上了一颗爱心，微博的结尾还写着“成人之美是我们应该做的”。此微博一发，迅速引起关注，演变成舆情危机。该事件应属于不当通报，是微博管理者对舆情敏感性不足导致的。

官微运营得好不好，关键还是看官微管理者个人对舆论场规律、舆论热点话题的把握能否切中实际。完善官微的管理运营，提升官微管理人员的个人素质早已是老生常谈，各地政法部门工作是否到位有待考验。

（四）警方自媒体抱团对冲舆论

综观分析，多数涉警舆情其实并不复杂，但在舆论场上，对警察污名化、妖魔化的言论还有一定市场。在这种现状下，一些警察面对舆论抨击，开始以群体内的“抱团”来顶住来自外在的舆论压力，用“群体内认同”对冲“群体外批评”，由此在站队中形成群体间的情绪激烈对抗。

如安徽电视台2016年9月7日报道，该台《帮女郎》栏目记者去蚌埠市固镇县连城派出所采访，被所长威胁“要摔摄像机”。次日，固镇县公安局就作出《情况说明》，详细介绍了记者原本希望采访的内容，称当事派出所所长“对待媒体不规范、态度生硬”。固镇县公安局表明：已决定在全局范围内开展警媒沟通专题培训，要求全体民警要正确对待媒体，理性、平和、文明、规范接待媒体，积极构建和谐警媒关系。在涉事警方回应之后，有自媒体称《帮女郎》栏目断章取义。一些情绪化的标题和文字，将矛头指向整个媒体行业，把个别媒体的行为上升到行业群体，进一步撕裂了警媒关系。

基层执法群体“打抱不平”的委屈心理，透过自媒体发声，形成一定层面的职业舆论层，这一做法本身利于平衡舆论生态，让网民听到一线执法人员的心声，但不能偏离执法人员应有的冷静克制理性的形象。其实，当发生涉警舆情时，要想缓解舆情和化解冲突，警察更多需要说服那些对本部门有情绪和误解的人，在基于事实和法理的讨论中争取群体外的理解和支持，这样才有引导的意义。群体内是不需要宣传和引导的，因为群体内本就因为利益而有本能的认同，群体外才需要说服和引导，衡量说服效果的标准是争取到多少群体外力量的支持，化解了多少批评的声音。

（五）正面新闻易被负面解读

“坚持正面报道”是我国新闻宣传工作一条重要的原则。随着媒介环境的不断变化和受众素质的不断提高，传统的正面报道理念面临着巨大的挑战，一些受众对于正面报告进行了负面解读。

2016 年 4 月 17 日，安徽省检察院官方微信公众号发布《监督移送 4 起销售非法入境猪牛肉案，安徽池州检方太给力啦》。随即，这篇宣传稿件标题被一些网媒改写成“安徽池州公安机关对移送案件两次不立案，检方监督后侦查”。标题改动，舆论风向标就发生了重大偏移。网上舆论开始质疑公安不作为，何以不予立案。公安作为与群众打交道最多的部门之一，面临很大的舆情压力。所谓“好事不出门，恶事行千里”，网民似乎也只对公安的负面消息保持高度的兴趣，致使正面新闻也在网络上被负面解读。

对于那些“正面宣传被负面解读”的尴尬，相关部门需要提升舆情应对意识，但并不需因此畏惧宣传。在碎片化阅读的时代，要给出更完整的信息；在浅阅读的时代，要给出更深刻的思想。必须更积极地占据互联网这个渠道，做互联网纷乱信息的过滤器，做网络偏激情绪的缓释剂，做国民心态的压舱石。这是相关部门应尽的责任、应有的气度。

三、下一步做好网络舆情应对工作的建议

2016 年度舆情长期波动，从持续时间来看，安徽政法舆情持续在三天以内的占比最高，近八成舆情事件在一周以内得以消解，但也有部分舆情事件，或由于应对不当，或由于事件一波三折，持续时间较长。由于各地应对舆情采用的方法各异，舆情的最终走势也不尽相同。针对安徽舆情的特点以及移动互联网发展的新情况、新问题，下一阶段应重点把握以下几点：

（一）注重“首因效应”，敢于对外发声

在鱼龙混杂的舆论场之中，注重“首因效应”，用“权威发布”对冲舆论乱象，把握网络舆情主导权。在舆情事件中，谁第一时间发布新闻，谁就

能掌握舆论的主动权、事件处理的主导权。如淮南一女副区长溺亡大学水塘近20天后被发现，淮南市公安局11月10日就在安徽理工大学西校区池塘发现其遗体，事发后近一个月并未发声，直至12月7日媒体报道后，相关部门才对外公布此事；黄山一区政协原主席看守所内身亡，9月27日事发，直至10月15日媒体报道后，相关部门才对外公布此事。究其原因，还在于长期以来养成的“封、堵、捂、压、瞒”心态，没有外力倒逼就没有应对反应，缺乏在网络时代应有的主动自发心态，从而导致负面舆情长时发酵。任何舆情事件，都需要官方及时、准确地传递事实真相，唯有如此，公众才会理性认识。目前，有的涉事部门多是在突发性公共事件成为网络舆情热点后，才“千呼万唤始出来”，错过了改变舆情意见流向和正负态势的良好时机，往往造成网民的情绪淤积。

（二）实情决定舆情，避免舆情烂尾

在新闻“快闪”的时代，一些新闻热点井喷之后，却被冷却了，但媒体能通过盘点或回访，让“烂尾新闻”重新占据舆论焦点。如2014年，媒体报道了发生在亳州市涡阳县大周庄的一起命案。当时安徽省高院通过官方微博表示将对该起命案进行复查，并会将复查结果向社会公布。然而，两年时间过去了，复查工作进行到了哪一步？两年多的时间复查出哪些内容？安徽省高院没有公布复查结果，最终引来媒体的连番追问。一些热点舆情事件“烂尾”后，看似“躲过一劫”，但由于问题尚未彻底解决，潜在危机依然存在。如果不能及时引导网民厘清种种困惑，会影响政法机关在公众心中的形象。

（三）创新舆论宣传，破解刻板印象

传播学有一个规律，如果一种质疑声音并未有效扩散开来，这种声音便会以势能的形式积累起来，一旦在机缘巧合时，这种声音将得到更广泛的关注。此前的势能便会以成倍的速度助力这种声音传播，终至无法控制。研究者认为这种无法控制的、迅速的、不自觉的对一个群体（事物）的看法叫作内隐刻板印象，所以，政法机关要创新队伍形象正面舆论宣传，破解公众“标签化”刻板印象。2016年6月，安徽遭遇洪涝灾害。在此次抗洪救灾中，一批政法典型人物、事件刷爆舆论场，树立了政法干警良好形象，有效引导了舆论。如用水盆救出幼童的无为县委常委、政法委书记、公安局长董剑，救出32名群众的巢湖市公安局柘皋派出所所长裴先宇等成为政法机关的舆论场的典型代表，倍受网民推崇。2016年11月，无为民警扫雪时没穿反光背心，局长看到照片后，在该县公安内部微信群内发火称：“保护好自己，才能

执行好自己的使命。”这一句朴实的话被上传到网上后，引发网友纷纷点赞。

同时，政法机关还应采用各种方式，对容易被舆论误读的热点进行宣教引导，让公众在观点和事实的不断碰撞中，逐步形成共鸣，达成共识。如阜阳市公安采用视频、喊麦、动画、诗歌等宣传，效果良好。

（四）基层应对乏力，亟待加大培训

从行政级别上看，一半以上的政法舆情事件的发源地都在县区以下，但解决路径却依赖高层。如杀人嫌疑犯释广闻从扫地僧到安徽名寺住持、因与辅警矛盾凤阳一男子派出所内服农药自杀，这些事件均发源于基层，但基层均未成功处置，这说明基层政法机关舆情引导和应对能力较差，对舆情应对工作的敏感性不足，预防网络舆情的危机意识淡薄，舆情处置能力明显薄弱，大量矛盾冲突未能在基层很好化解。

因此，政法机关舆情回应工作在加强顶层设计的同时，须提高基层舆情应对水平，最终形成“上下联动”，在“三同步”原则的指导下，实现对舆情的有序疏导和分层导控。

附：2016 年安徽省十大政法舆情事件（话题）简介

1. 程瀚、巫希平、范先汉、宋美华等落马后被起底

原安徽省司法厅副厅长（曾任合肥市公安局局长）程瀚，原蚌埠市委常委、政法委书记、公安局长巫希平，原安庆副市长、市公安局长范先汉，原合肥交警支队长宋美华等先后落马，并被媒体深挖。如被称为“耳光局长”的程瀚曾掌掴下属副局长，宋美华安排情妇香港产子等，成为社交媒体关注热点，严重影响政法系统形象。

2. 黄山高三同性恋女学生被“下春药”后和解事件

2016 年 3 月，安徽黄山市田家炳实验中学，当事女生从 5 日凌晨开始发帖自述因同性恋身份招致男同学针对被“下春药”的遭遇。据黄山市发布的情况说明，“药品”为涉事男生在成人保健品店所获赠品，经公安部门调查，认定不构成立案条件，学校已对 3 名涉事男生分别给予记过或警告处分。该

事件在成为新闻之前，一直在贴吧和微博传播，直至被媒体公之于众才真正引起人们的注意。

3. 芜湖女大学生跨年夜与两学弟开房后坠楼身亡

2016 年 1 月，芜湖职业技术学院的一名女大学生跨年夜与两个学弟饮酒，被两名学弟带进学校对面的宾馆，并于 1 月 1 日凌晨坠楼身亡，女大学生的死因成为争议的焦点。1 月 4 日下午，芜湖市公安厅向社会公布该起案件的调查真相，确定女大学生系重度醉酒状态下意外坠楼死亡。

4. 合肥男子火车站遭女子“强迫卖淫”事件

2016 年 10 月，网民小韩发布视频称，在合肥火车站遭女子“强迫卖淫”。据悉，小韩来到一个小旅馆的钟点房休息，两名陌生女子突然闯入房间并关灯，女子称：“我不管你有没有叫我，反正我现在来了，你给我报销车费，要么就玩一下。”

5. 阜阳公安擅改户籍，杀人嫌犯 16 年漂白成名住持

2016 年 8 月 12 日，安徽凤阳龙兴寺住持广闻法师被警方带走。从此，他苦心隐藏 16 年的身份曝光——杀人犯张立伟。广闻当场承认了自己过去的身份和犯罪事实。2000 年 11 月，他伙同 4 人，杀死 3 人，身背命案，从黑龙江大庆逃至安徽，辗转两个寺庙，最终在龙兴寺扎根，并从扫地僧做到县政协委员、寺庙住持、佛教协会会长，成为当地佛教界颇具影响力的一位人物。警方消息称，2008 年 3 月 11 日，张立伟以孙洪涛之名在阜阳市公安局颍州区马寨派出所取得了户籍。

6. 利辛官员质疑阜阳交警选择性执法事件

2016 年 12 月 20 日，人民网强国论坛上一则关于阜阳交警的帖子成了舆论关注的焦点，发帖者在该帖子里称阜阳交警选择性执法，“只给外地车贴罚单，而对阜阳本地车却抬手放过”。据了解，发帖者为亳州市利辛县县委讲师

组组长李西连。当晚9时许，阜阳交警宣传科工作人员王鹏在其新浪个人微博@阜阳王鹏上发布了《致李西连同志的一封公开信》，叙述了该事件的经过，表示阜阳交警对现场数辆违停的车辆都予以处罚，并不存在选择性执法的情况。

7. 淮南大通区法院“副院长递书休庭”事件

2016年5月11日，淮南大通区法院开庭审理潘集区文化广电体育局原局长徐沛喜受贿一案，管刑事审判工作的副院长柴国武参加旁听，在庭审中，柴国武递上一本书，随后法庭宣布庭审延期，有媒体报道称该名副院长涉嫌干预司法。13日下午，淮南大通区法院就此事做出回应称：当天庭审中，副院长发现辩护人申请让新证人出庭作证的程序违法，遂对合议庭提出纠正，不存在干预司法行为。

8. 合肥版“雷洋”案？合肥一男子派出所内自缢身亡

2016年6月21日，合肥男子陈义政在合肥市瑶海区公安分局方庙派出所询问室内非正常死亡。监控视频显示，陈义政将一根绳子一头系在审讯椅上，另一头套住了自己的脖子，不久便不再动弹。此前，死者家属曾称警方与死者发生冲突。对此，警方表示，整个审讯过程未发生警员殴打死者行为，警员也未能及时注意到审讯室内留存的绳子。此事件一度被称为合肥版本“雷洋案”，多个权威媒体介入后事件平息。

9. 黄山一区政协原主席看守所身亡事件

2016年9月27日，涉嫌职务犯罪被羁押于黄山市看守所的黄山市徽州区政协原主席杜臣武死亡。媒体分别致电黄山市看守所、黄山市公安局及黄山市委外宣办，核实杜臣武死亡一事，三部门均未给出正面回应。黄山公安在线10月15日发布消息称，原黄山市徽州区政协副主席杜臣武在被羁押于黄山市看守所期间，突发脑溢血，后医治无效死亡，经审查属正常死亡，看守所的监管无违法违规行为。

10. 安徽“无罪改判死刑”疑案复查两年无果

1996 年 8 月，安徽省涡阳县大周庄发生一起命案，村民周继鼎一家五口深夜被砍，其女当场死亡。同村村民周继坤、周家华、周在春、周正国、周在化作为嫌疑人被警方抓捕，随后检方提起公诉。因为“矛盾点多”，尤其是控方证人当庭翻证，否认目击，阜阳市中级人民法院审委会（涡阳县原属阜阳市）决定应宣告五人无罪。但周继鼎以自己的生命为代价，逆转了这场判决。他冲入巫继成的办公室服毒自杀，阜阳市中级人民法院审委会不得不复议该案，并改变原先决定：判处两人死刑、一人无期、两人 15 年有期徒刑。2014 年 7 月 22 日，安徽省高级人民法院宣布复查此案，但一直没有进展。2016 年 11 月，媒体再次追踪。

二、舆情调查

合肥市民对于逐步打开住宅小区和单位大院政策的舆情调查

安徽大学舆情与区域形象研究中心项目组

摘要：2016年2月21日，中央发布了《中共中央国务院关于进一步加强城市规划建设管理工作的若干意见》，意见指出："新建住宅要推广街区制，原则上不再建设封闭住宅小区，已建成的住宅小区和单位大院要逐步打开，实现内部道路公共化，解决交通路网布局问题，促进土地节约利用。树立'窄马路、密路网'的城市道路布局理念，建设快速路、主次干路和支路级配合理的道路网系统。"

安徽大学舆情与区域形象研究中心在意见发布后，做了合肥市民对于逐步打开住宅小区和单位大院政策的舆情调查。

现将本次调查的主要发现摘要如下，以供有关部门决策参考：

1. 大部分合肥市民听说了这一政策，但对政策内容的了解程度不深。

2. 大部分合肥市民对于逐步开放住宅小区的政策持否定态度，但大部分市民对逐步开放政府机关大院的政策持肯定态度。

3. 在对于制定该项政策是否合理的评价调查中，受访市民的态度分布相对均匀，认为这项政策既有优点，又有问题，并对政策的实施提出不少意见。

4. 合肥市民对政策的了解程度与住宅小区开放的支持度相关；合肥市民居住小区类型与住宅小区开放支持度相关；合肥市民受教育程度与对政策的评价相关。

一、舆情调查

本次调查采用随机抽样法，运用国际先进的CATI（计算机辅助电话访

报告执笔人：周彤、王玉珏、陈小庆、杨黎、张静、许珊珊、刘超宇。

问）调查设备，安徽大学新闻传播学院的52位访问员成功访问了364位合肥市民，覆盖全市7个行政区域。

本次调查的被访者涵盖了不同性别、年龄、职业、收入和受教育程度的市民，具有广泛的代表性。其中性别方面，男性占42.03%，女性占57.97%；年龄方面，18周岁以下的为0.55%，19~25周岁的占11.26%，26~35周岁的占28.02%，36~45周岁的占20.05%，46~55周岁的占11.26%，56~65周岁的占9.07%，66周岁及以上的占10.71%，保密的占9.07%；职业方面，学生占2.75%，公务员占6.32%，事业单位工作者占15.11%，企业人员占25.55%，个体户占7.42%，自由职业者占12.09%，离退休者占18.96%，选择保密的占11.81%；月均收入方面，低于1000元的占受访者的6.04%，1000~2000元的占6.87%，2000~3000元的占13.46%，3000~4000元的占10.44%，4000~5000元的占10.99%，5000元以上的占11.81%，选择保密的占40.38%；受教育程度方面，小学及以下学历占5.22%，初中学历占9.07%，高中或中专学历占17.58%，大专学历占20.33%，本科学历占29.12%，硕士研究生及以上学历占6.87%，除此之外有11.81%的受访者选择保密。

调查主要涉及三大部分内容：第一，合肥市民对政策的了解程度；第二，合肥市民对政策的态度；第三，合肥市民对政策实施的建议。

（一）合肥市民对政策的了解程度

此次问卷受访者共计364位，其中听说过此政策的市民占比63.74%，没有听说过此政策的市民占比为36.26%（图1）。听说过此政策的市民中，对此次政策内容非常了解的占到3.45%，比较了解的占到17.67%，一般了解的占到53.45%，不太了解和完全不了解的分别占到24.14%和1.29%（图2）。

由图1、图2可以看出，大部分合肥市民听说过“逐步打开住宅小区和单位大院”这一政策，但市民对于政策内容的了解程度不是很高，即对政策了解一般、不太了解和完全不了解的市民人数高于非常了解和比较了解的人数。

分析原因，可能是政府对这项政策的具体内容进行解释时宣传不到位，导致市民对该项政策内容缺乏了解，进而对政策实施产生抵触情绪。有受访者表示，他不知道该项政策是逐步实施，且政府大院也在开放行列。

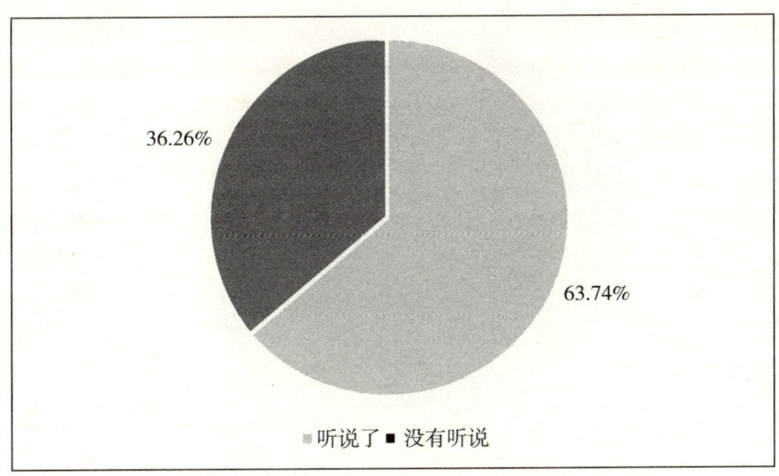

图1 合肥市民是否听说这一政策

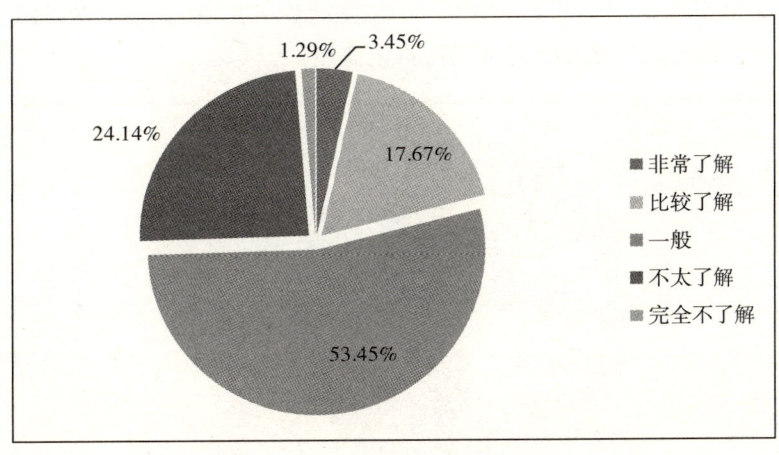

图2 合肥市民对政策的具体内容了解程度如何

（二）合肥市民对政策的态度

在对于是否赞成开放住宅小区的态度调查中，赞成的市民仅达到22.84%，有54.74%的受访市民表示不赞成，达到半数以上，有22.41%的市民表示不清楚，由此可以发现大部分市民对逐步开放住宅小区的政策持否定态度。（图3）

在对于是否开放政府机关大院的态度调查中，合肥市民态度发生逆转，

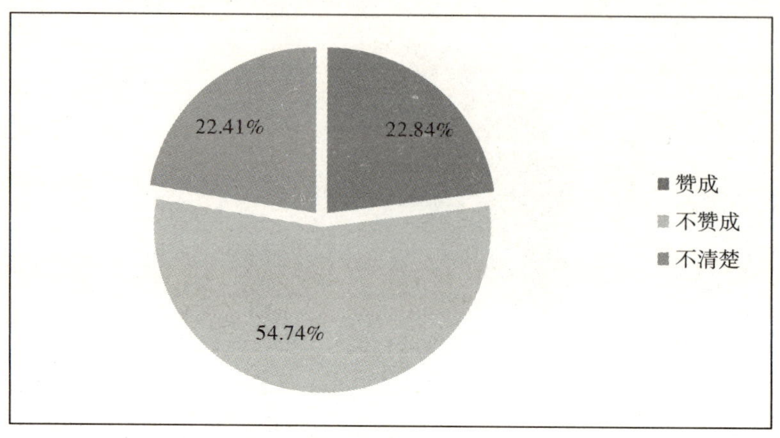

图3 合肥市民对于是否赞成开放住宅小区的态度调查

其中有54.74%的受访市民表示赞成逐步开放政府机关大院，表示不赞成的市民仅占15.52%，29.74%的市民表示不清楚（图4）。由此可以发现大部分市民对逐步开放政府机关大院的政策持肯定态度。

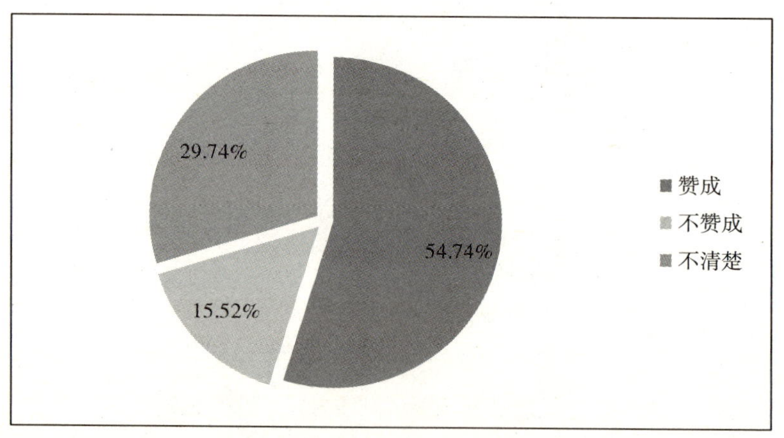

图4 合肥市民对于是否赞成开放政府机关大院的态度调查

在对于制定该项政策是否合理的评价调查中，受访市民的态度分布相对均匀，其中，有34.48%的市民表示合理，33.62%的市民表示不合理，31.90%的市民表示不清楚（图5）。出现这样的态度分布，主要是因为受访者对政策的评判角度各有不同，并且受访者的态度受诸多因素影响。

在对市民对逐步打开住宅小区和单位大院政策的意见征集过程中，广大市民表示，该项政策的实施主要有以下几个方面的好处，包括：缓解交通压

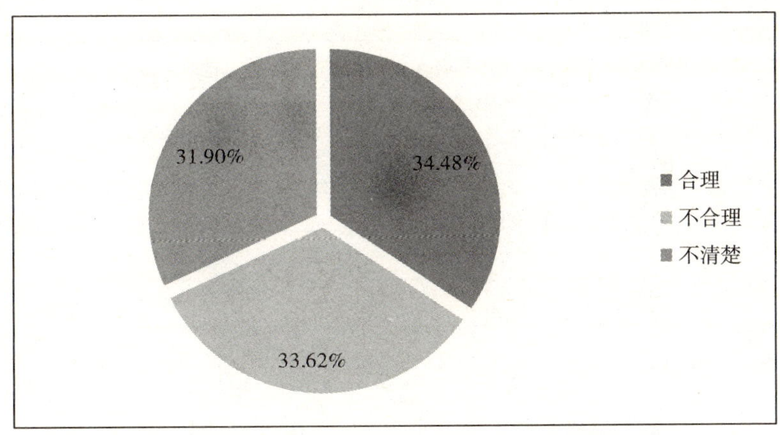

图5 合肥市民对于政府制定该项政策合理性的态度

力、提高城市空间利用率、便于市民沟通交往、增强社会活力和其他等几个方面，占比分别为29.58%、27.23%、22.07%、19.72%、1.41%（图6）。

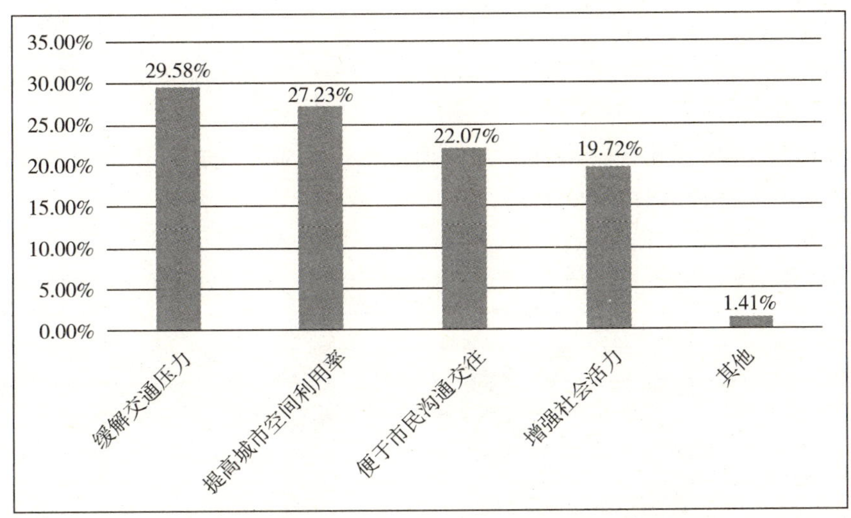

图6 合肥市民对于这一政策实行好处的意见汇总

此外，也有很多的合肥市民表示，逐步打开住宅小区和政府大院这一政策的实施将会带来很多的问题，其中比较突出的问题包括：小区安全性降低、汽车噪音及尾气污染、停车位紧张、居住环境变差和其他等几个方面，占比分别为28.46%、22.47%、22.47%、25.09%、1.50%。其他包括对现有物业法和物业公司的影响、小区基础设施不全难以实现开放等问题。（图7）

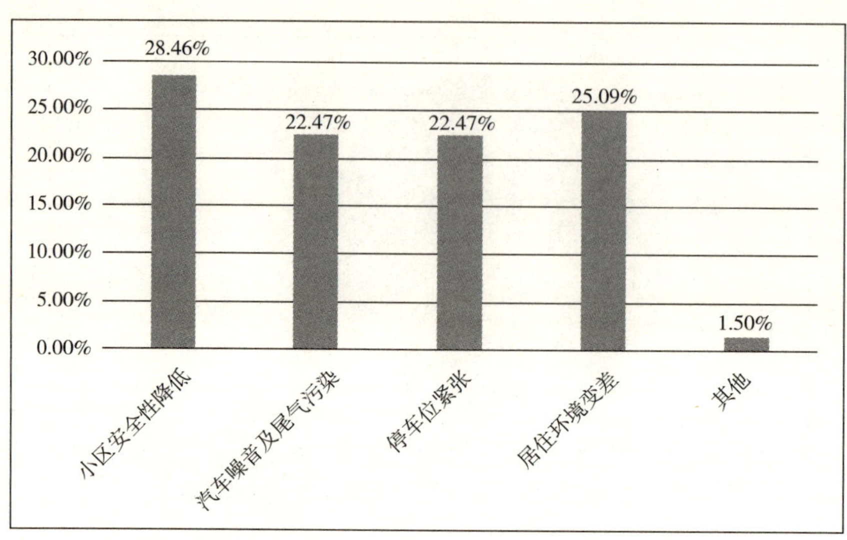

图 7　合肥市民对于这一政策实行可能产生问题的意见汇总

（三）合肥市民对政策实施的建议

对于逐步打开住宅小区和单位大院政策的实施，合肥市民的建议主要集中在以下几点：

（1）34.94%的市民认为在实施该项政策前，应先完善各项配套措施，使整个社会环境适合开放小区的实行。

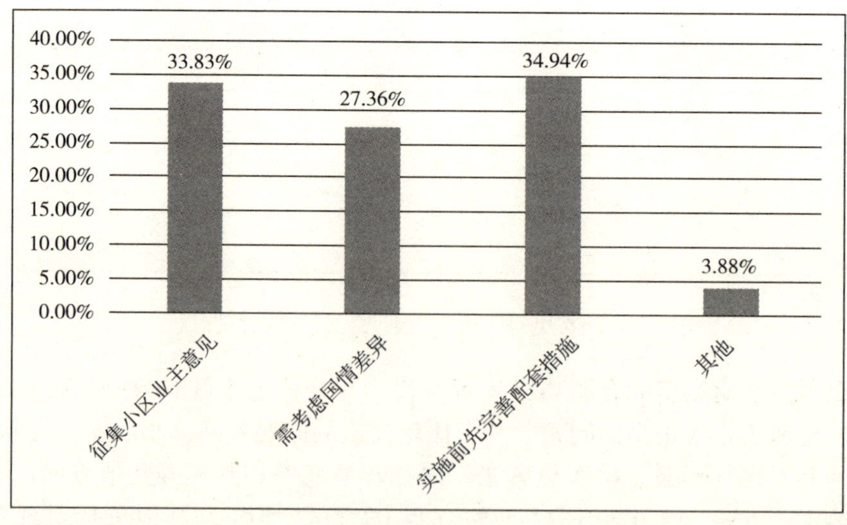

图 8　合肥市民对政府制定这一政策的建议

（2）33.83%的合肥市民认为，政府颁布这项政策应听取小区业主的声音，不该一刀切，对于不适合开放的小区，应区别对待。

（3）27.36%的合肥市民认为，我国政府应该考虑国情差异和实际地区情况，而不应该一味地学习西方开放小区模式。

（4）在3.88%的其他建议中，有市民提出对于不影响交通的封闭式小区，应根据具体情况考虑不开放或半开放，还有市民提出开放小区不能只靠简单地拆围墙，小区配套设施要跟上等。

二、舆情分析

（一）合肥市民对政策的了解程度与住宅小区的开放支持度相关性分析

在对开放住宅小区政策的了解程度分析中发现，合肥市民对于该项政策的了解程度与其是否赞成住宅小区开放的关联较大，其中非常了解该项政策的市民对于开放住宅小区的态度分布较均匀，赞成和不赞成者占比皆为44.44%；比较了解该项政策的市民对政策的支持率为37.78%，不赞成者占比达到了57.78%；对该项政策了解程度一般和不太了解的市民对开放住宅小区的不赞成比例很高，分别达到了58.14%和50.85%。由此可发现，市民对开放住宅小区政策的了解程度与其对该政策的支持度呈现较强的相关性，即对政策了解程度越高，越支持该项政策。

（二）合肥市民居住小区类型与开放住宅小区的支持度相关性分析

在对合肥市民是否赞成开放住宅小区的态度分析中发现，合肥市民自身的居住小区类型对于该政策的支持度呈现两极分化的趋势。住在封闭型小区的市民赞成开放小区的只有18.95%，而不赞成开放小区的占比达到半数以上，为61.05%。但是，在对居住在开放型小区的市民调查过程中，发现其对于开放住宅小区的态度更加开明，赞成人数占比达到了39.02%，是住在封闭型小区市民赞成比例的两倍左右，不赞成人数占比为31.71%，赞成开放的人数比高于不赞成人数比。由此可以发现，居住在开放型小区的市民相对于封闭型小区的市民，更加支持开放住宅小区，这可能与合肥市民不同类型小区的居住体验有关。

（三）合肥市民受教育程度与对政策的评价相关性分析

在对合肥市民是否赞成开放住宅小区的态度分析中发现，不同学历的市民对政府制定这一政策的合理性有不同的评价。其中，小学及以下学历的市民认为这一政策合理的占 4. 82%，认为不合理的占 0%；初中学历的市民认为这一政策合理的占比为 7. 23%，认为不合理的占比为 3. 66%；高中或中专学历的市民认为这一政策合理的人数占 19. 28%，认为不合理的人数占 10. 98%；大专和本科学历的市民认为合理的占比分别为 18. 07% 和 34. 94%，认为不合理的占比分别为 25. 61% 和 40. 24%；硕士研究生及以上学历的市民认为这一政策合理的人数占 9. 64%，认为不合理的人数占 13. 41%。

合肥市民对2016年全国"两会"关注度与媒体报道评价的舆情调查

安徽大学舆情与区域形象研究中心项目组

摘要：全国"两会"，参政议政。每年的三月，首都北京都会迎来一年中最重要的政治会议。人大代表、政协委员履行职责，共商国是。媒体高度关注"两会"，大篇幅报道"两会"，"两会"成了媒体的新闻"战场"。安徽大学舆情与区域形象研究中心在全国"两会"闭幕后做了合肥市民对2016年全国"两会"关注度与媒体报道评价的舆情调查。

现将本次调查的主要发现摘要如下，以供有关部门领导决策参考：

1. 合肥市民对"两会"关注度不高，只有6.93%的合肥受访市民表示非常关注2016年的"两会"；36.88%的受访市民表示完全不关注。

2. 合肥市民比较关注"两会"中的"医疗改革""住房问题"和"养老保险"三个议题。

3. 合肥市民对李克强总理所作的2016年"两会"政府工作报告打分较高，平均分达到8.34分（十分制），对本届政府的认同度较高。

4. 合肥市民对2016年中国经济发展和社会改革信心较高，平均打分分别达到7.22分和7.17分（十分制）。

5. 合肥市民对今年媒体报道"两会"的表现给予了较高肯定，仅有不到一成的受访市民对媒体报道不满意。

本次调查采用随机抽样办法，运用国际先进的CATI（计算机辅助电话访问）调查设备，安徽大学新闻传播学院的37位访问员成功访问了404位合肥市民，覆盖全市7个行政区域。调查主要涉及三大部分内容：第一，市民对2016年全国"两会"的关注度；第二，市民对2016年中国经济社会发展趋势的信心指数；第三，市民对今年媒体"两会"报道的评价。

本次调查的被访者涵盖了不同性别、年龄、职业、收入和受教育程度的

报告执笔人：周彤、贾南、郭云涛、涂盛雪、许文敏。

市民，具有广泛的代表性。其中性别方面，男性占44.55%，女性占55.45%；年龄方面，18～25周岁的受访者占10.82%，25～45周岁的受访者占49.86%，45～65周岁的受访者占20.06%，65周岁以上的占11.61%，保密占6.19%；职业方面，学生占2.72%，公务员占1.98%，事业单位工作者占11.39%，企业工作者占36.39%，个体户占10.15%，自由职业者占6.68%，离退休者占20.79%，其他占3.71%，保密占6.19%；月均收入方面，低于1000的占受访者7.43%，1000～3000的占26.98%，3000～5000的占24.26%，5000～7000的占8.66%，7000～9000的占3.47%，9000以上的占3.71%，选择保密的占25.50%；受教育程度方面，小学及以下的受访者占6.44%，初中的受访者占12.87%，高中或中专占16.09%，大专占22.03%，本科及以上占36.64%。

一、市民对2015年全国“两会”的关注度

当问及合肥市民对今年“两会”的关注程度如何时，非常关注“两会”的受访市民占6.93%，有18.56%的受访者选择比较关注。另外，对“两会”关注度选择一般和不太关注的受访市民也分别占到了21.29%和16.34%。有36.88%受访者完全不关注此次“两会”（图1）。我们将全国“两会”的关注度与受访市民的年龄和受教育程度做了相关性分析，结果显示，年龄越大对“两会”的关注度越高（表1），学历越高越关注“两会”（表2）。

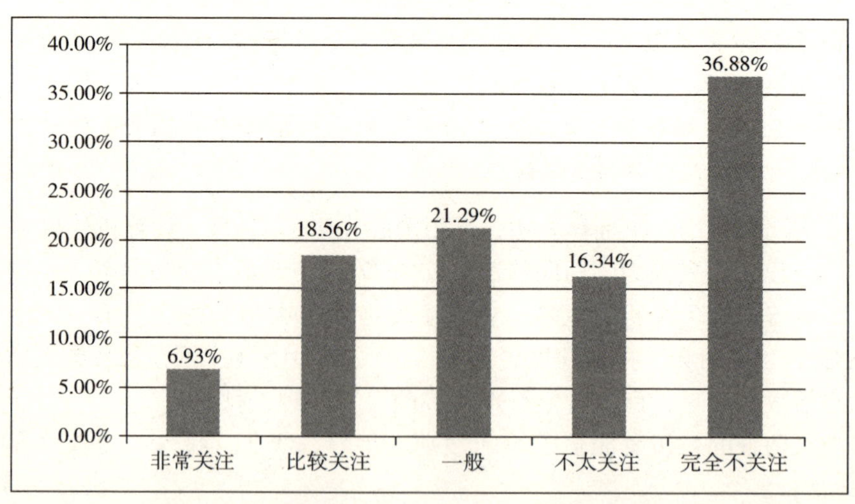

图1 市民对今年“两会”的关注程度数据分析

表 1 年龄与“两会”关注度的双变量相关性分析

		q002. 您对今年“两会”的关注程度如何？	q013. 您的年龄
q002. 您对今年“两会”的关注程度如何？	Pearson 相关性	1	-.172**
	显著性（双侧）		.001
	N	362	362
q013. 您的年龄	Pearson 相关性	-.172**	1
	显著性（双侧）	.001	
	N	362	362

**. 在.01 水平（双侧）上显著相关。

表 2 受教育程度与“两会”关注度的双变量相关性分析

		q002. 您对今年“两会”的关注程度如何？	q016. 您的受教育程度
q002. 您对今年“两会”的关注程度如何？	Pearson 相关性	1	-.138**
	显著性（双侧）		.007
	N	380	380
q016. 您的受教育程度	Pearson 相关性	-.138**	1
	显著性（双侧）	.007	
	N	380	380

**. 在.01 水平（双侧）上显著相关。

对于从哪些媒介渠道获知“两会”信息（多选），在受访的合肥市民中，选择通过传统媒体（报纸、广播、电视）来获取相关信息的人数占据了大半，其中通过电视来获取相关信息的受访者最多，占据了总人数的26.17%。其次是通过门户网站来获取信息的受访市民，占到受访总人数的24.55%。(图2)

在市民比较关注的“两会议题”中，受访市民表示关心最多的是“医疗改革”“住房问题”和“养老保险”三个议题，分别占受访总人数的12.95%、12.87%和11.99%。而对于交通状况的关注程度最小，仅有6.60%的受访者表示关注该议题。另外，有1.77%的受访市民选择了对其他议题比较关注。(图3)

在电话采访中，受访者对代表委员履职也提出了一些期待，大部分市民希望代表委员能够多关心底层，反映百姓关注的问题。部分市民希望代表委员能够提高对养老和医疗方面的重视，同时也要关注反腐和教育问题。没有意见的和不表态的市民也占据一小部分。

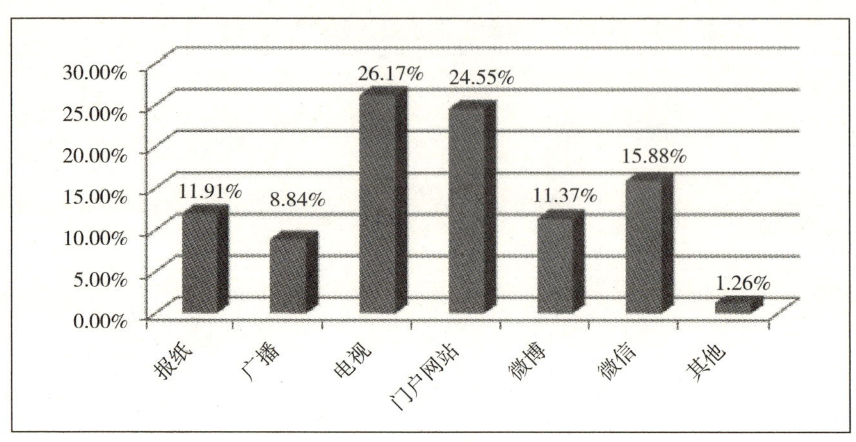

图 2　市民获取“两会”信息的媒介渠道的数据分析

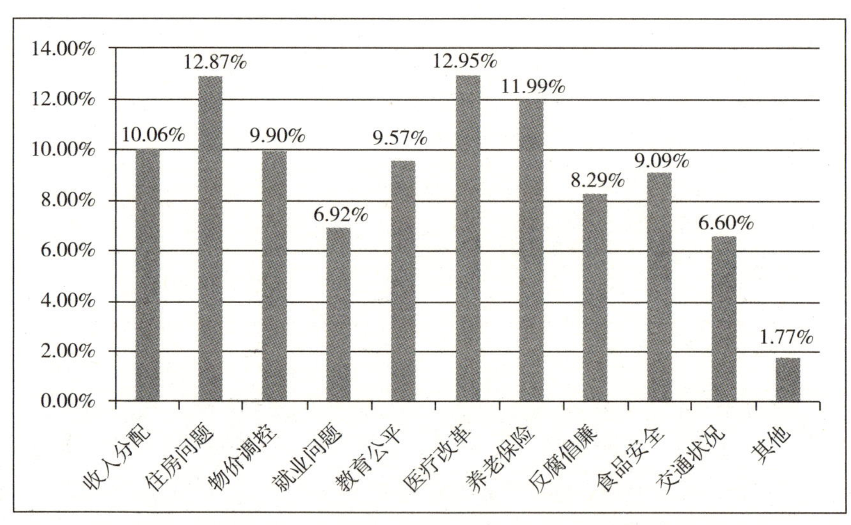

图 3　市民比较关注的“两会议题”的数据分布

二、市民对 2016 中国经济、社会发展的信心指数

43.53% 的受访市民收听/收看/阅读了政府工作报告，56.47% 的受访市民没有收听/收看/阅读政府工作报告（图 4）。在收听/收看/阅读政府工作报告的受访市民中，他们给李克强总理所做的《政府工作报告》打出的平均分是 8.34 分（1 分代表完全没有信心，10 分代表非常有信心）。其中 19.82% 的受访者给出了 8 分，给出 9 分和 10 分的受访者均占总人数的 21.62%。另外，

受访者给出的最低分是 5 分，且给出 5～6 分的人数共计只占总打分人数的 9.01%，而 75.67% 的受访者对政府工作报告高度认可。（图 5）

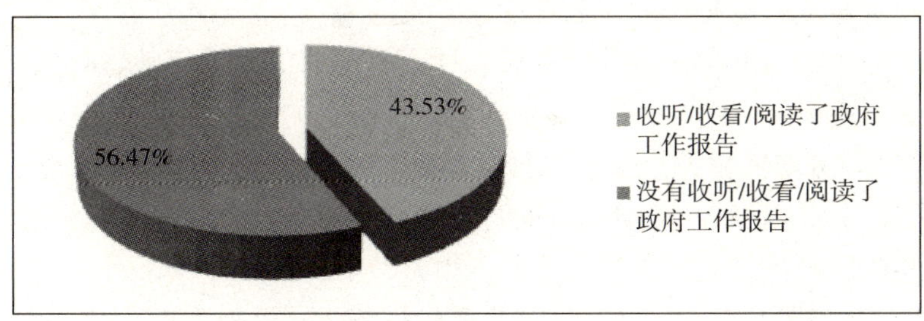

图 4　是否收听（收看或阅读）政府工作报告

当谈及对中国 2016 年经济发展和社会改革的信心时，受访市民打出的平均分分别达到 7.22 分和 7.17 分（1 分代表完全没有信心，10 分代表非常有信心）。其中，对经济发展的信心得分中，给出低分（1～3 分）的受访者占比 3.52%，中间分（4～7 分）有 47.05%，而 43.53% 的受访者给出了高分（8～10 分）。对社会改革的信心得分中，给出低分（1～3 分）的受访者占比 4.71%，中间分（4～7 分）有 42.35%，而 44.71% 的受访者给出了高分（8～10 分）。相对比可见，受访者对经济发展的信心人数略集中于中间分，而对社会改革的信心人数往高低两端分散。

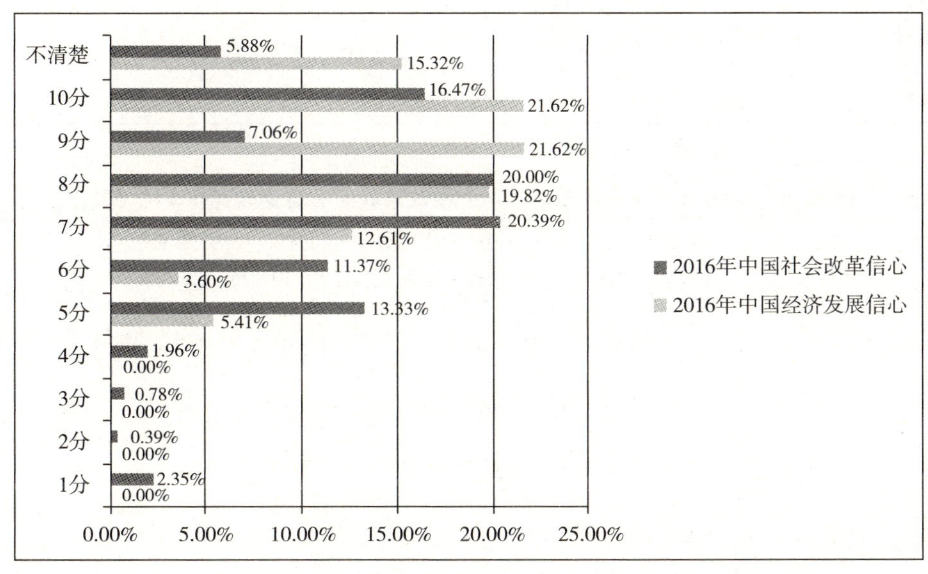

图 5　受访市民对 2016 年中国经济发展和社会改革信心得分分布

我们对2016年中国经济发展信心与社会改革信心做了相关性分析，结果发现，对中国经济发展信心打分越高的受访者对中国社会改革的信心打分也越高，两者呈现正相关关系（表3）。

同时我们对2016年中国经济发展、社会改革的信心与年龄、收入和受教育程度之间分别做了相关性分析，结果如下：受访者的受教育程度与2016年中国经济发展信心呈现负相关，受教育程度越高，对中国经济发展信心越不足；而受教育程度与对中国社会改革信心的打分之间无相关关系（表4）。受访者年龄与2016年中国经济发展信心打分呈现正相关，年龄越大对2016年中国经济发展越有信心，而年龄与对中国社会改革信心的打分之间无相关关系（表5）。

表3 2016年中国经济发展信心与社会改革信心的双变量相关性分析

		q005. 对于2016年中国经济发展，您的信心如何？请打分（10分制：1代表完全没有信心，10代表非常有信心）	q006. 对于2016年中国经济发展，您的信心如何？请打分（10分制：1代表完全没有信心，10代表非常有信心）
q005. 对于2016年中国经济发展，您的信心如何？请打分（10分制：1代表完全没有信心，10代表非常有信心）	Pearson 相关性	1	.691 **
	显著性（双侧）		.000
	N	242	242
q005. 对于2016年中国经济发展，您的信心如何？请打分（10分制：1代表完全没有信心，10代表非常有信心）	Pearson 相关性	.691 **	1
	显著性（双侧）	.000	
	N	242	242

* *. 在.01水平（双侧）上显著相关。

表4 2016年对中国经济发展的信心、对社会改革的信心与受教育程度的相关性分析

		q005. 对于2016年中国经济发展，您的信心如何？请打分（10分制：1代表完全没有信心，10代表非常有信心）	q006. 对于2016年中国经济发展，您的信心如何？请打分（10分制：1代表完全没有信心，10代表非常有信心）	q016. 您的受教育程度
q005. 对于2016年中国经济发展，您的信心如何？请打分（10分制：1代表完全没有信心，10代表非常有信心）	Pearson 相关性	1	.679 **	-.192 **
	显著性（双侧）		.000	.004
	N	219	219	219

（续表）

		q005. 对于2016年中国经济发展，您的信心如何？请打分（10分制：1代表完全没有信心，10代表非常有信心）	q006. 对于2016年中国经济发展，您的信心如何？请打分（10分制：1代表完全没有信心，10代表非常有信心）	q016. 您的受教育程度
q006. 对于2016年中国经济发展，您的信心如何？请打分（10分制：1代表完全没有信心，10代表非常有信心）	Pearson 相关性	.679**	1	-.102
	显著性（双侧）	.000		.131
	N	219	219	219
q016. 您的受教育程度	Pearson 相关性	-.192**	-.102	1
	显著性（双侧）	.004	.131	
	N	219	219	219

＊＊. 在.01水平（双侧）上显著相关。

表5　2016年对中国经济发展的信心、对社会改革的信心与年龄的相关性分析

		q005. 对于2016年中国经济发展，您的信心如何？请打分（10分制：1代表完全没有信心，10代表非常有信心）	q006. 对于2016年中国经济发展，您的信心如何？请打分（10分制：1代表完全没有信心，10代表非常有信心）	q013. 您的受教育程度
q005. 对于2016年中国经济发展，您的信心如何？请打分（10分制：1代表完全没有信心，10代表非常有信心）	Pearson 相关性	1	.655**	.185**
	显著性（双侧）		.000	.008
	N	204	204	204
q006. 对于2016年中国经济发展，您的信心如何？请打分（10分制：1代表完全没有信心，10代表非常有信心）	Pearson 相关性	.655**	1	.133
	显著性（双侧）	.000		.057
	N	204	204	204
q013. 您的受教育程度	Pearson 相关性	.185**	.133	1
	显著性（双侧）	.008	.057	
	N	204	204	204

＊＊. 在.01水平（双侧）上显著相关。

三、市民对于今年媒体两会报道的评价及意见

在电访中，问及“您对今年媒体的‘两会’报道总体上满意度如何”这个问题时，被访市民选择“非常满意”“比较满意”“一般”三个选项的有216人，占总被访市民的84.70%；选择“不太满意”和“非常不满意”的受访市民有13人，占总被访市民的5.10%；选择“不清楚的”有26人，占总被访市民的10.20%。超过八成的受访市民对媒体今年的“两会”报道表示满意（图6）。有部分受访市民对媒体的“两会”报道还提出了改进的建议，如“媒体应该多注重民生报道，详细一点，要深入了解基层，为百姓多提供信息；媒体的报道涉及面能够更加宽泛些，多角度报道‘两会’，同时对于百姓关注的议题报道力度也要加强”；少数市民认为当下媒体的“两会”报道比较全面、具体，没有提出建议。

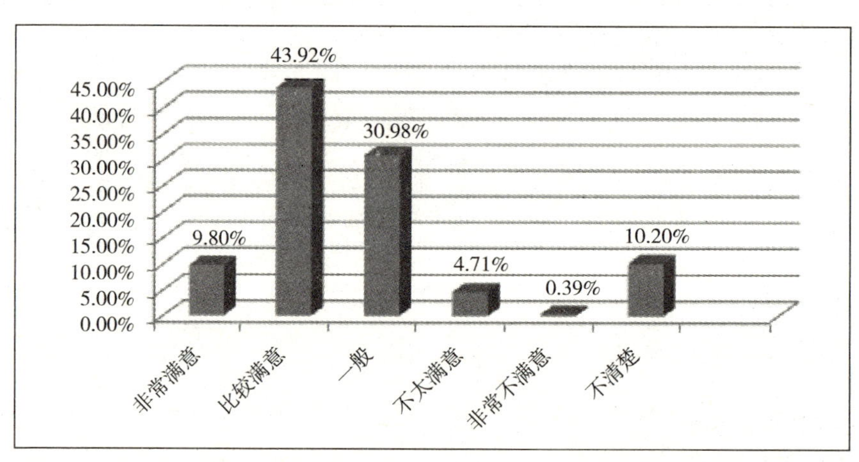

图6　受访市民对今年媒体的“两会”报道总体上的满意度

受访市民在被问及对“两会”期间媒体对明星委员所做的报道是否满意时，有20.00%被访市民对此表示满意，有16.47%的受访市民表示不满意，还有63.53%的受访者表示不清楚。其中部分选择不满意的受访市民给出了“噱头太多，明星效应很空，不是科技人员也不是基层人员，反映不了什么实际的问题，而且娱乐圈很乱”的答案。也有部分市民表示“虽然媒体压力也很大，但是对于‘两会’的报道应该更加注重事实一点”。可见受访市民对明星委员是否能够真正发挥履职作用存在质疑，希望明星代表能切实发挥代表作用。

合肥市民对合肥市绿地公园满意度的舆情调查

安徽大学舆情与区域形象研究中心项目组

摘要：为加强城市绿化建设，改善城市生态环境，市、县（市）区人民政府把城市绿化纳入国民经济和社会发展规划，致力于提高城市绿化覆盖率和绿化水平。日前，《合肥市城市绿化条例》实施细则公开征集意见。安徽大学舆情与区域形象研究中心在《合肥市城市绿化管理条例》公布后做了关于2016年合肥市民对绿地公园满意度的舆情调查。

现将本次调查的主要发现摘要如下，以供有关部门领导决策参考：

1. 合肥市民对周边或大型绿地公园现状总体上较为满意，少数的受访市民表示不满意。

2. 合肥市民选择公园绿地主要考虑公园距离及卫生环境，对公园的主题文化关心则较少。此外，市民基于公园绿地展开的活动主要是运动（如散步、跑步、球类、拳操等）。

3. 合肥市民对公园绿地的建议主要是认为还需加大公园的绿化面积，部分受访者认为大型公园绿地较少；其次是认为应加强园内安全管理措施；再次是认为公园应提供宽敞的娱乐空间和充足的服务设施；最后是认为公园应提供充足的休息空间。

本次调查采用随机抽样办法，运用国际先进的CATI（计算机辅助电话访问）调查设备，安徽大学新闻传播学院的49位访问员成功访问了404位合肥市民，覆盖全市7个行政区域。调查主要涉及两大部分内容：第一，合肥市民对公园绿地的使用及满意度；第二，合肥市民基于绿地公园的现状及建议。

本次调查的被访者涵盖了不同性别、年龄、职业、收入和受教育程度的市民，具有广泛的代表性。其中性别方面，男性占40.1%，女性占59.5%；

报告执笔人：侯普曼、戴淑文、洪安、尹凯、赵雅婷。

年龄方面，25 岁及以下的受访者占 11. 63%，26 ~ 35 周岁的受访者占 28. 71%，36 ~45 周岁的受访者占 18. 07%，46 ~55 周岁的受访者占 12. 62%，56 ~65 周岁的受访者占 10. 40%，65 周岁以上的占 13. 61%，保密占 4. 95%；职业方面，学生占 5. 45%，公务员占 2. 97%，事业单位工作者占 13. 37%，企业工作者占 28. 22%，个体户占 9. 41%，自由职业者占 9. 65%，离退休者占 21. 78%，其他占 4. 95%，保密占 4. 21%；月均收入方面，低于 1000 的占受访者 6. 68%，1000 ~2000 的占 6. 68%，2001 ~3000 的占 14. 85%，3001 ~ 4000 的占 13. 12%，4001 ~ 5000 的占 9. 65%，5000 ~ 10000 的占 9. 16%，10000 以上的占 3. 22%，选择保密的占 36. 63%.

一、合肥市民对绿地公园的使用及满意度

通过此次电访，发现受访者对绿地和公园状况绝大多数持正面态度（图 1），比较满意或一般分别占 40. 66%、37. 76%。

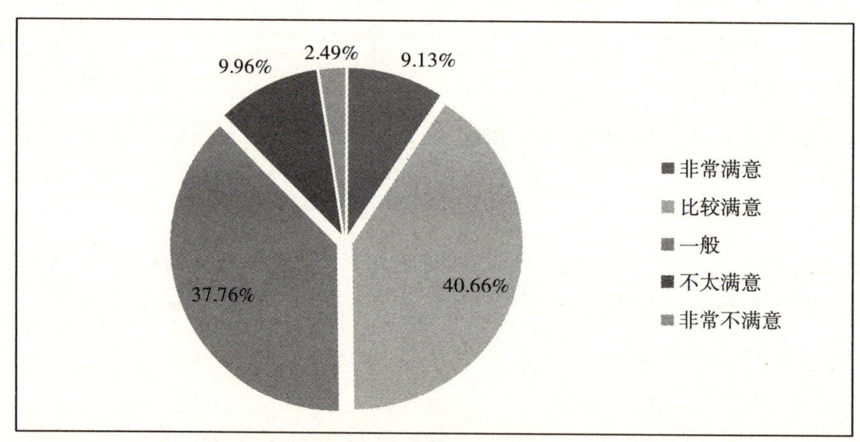

图 1　您对您所去的绿地或公园现状满意吗

但同时我们也发现生活地附近公园绿地数量和一月之内去公园次数明显相关，居住地附近有“很多”绿地或公园的受访者每个月去的次数呈现两个极端：“5 次及以下”的占 37. 50%，“16 次及以上”的占“33. 33%”；附近“很少”和“几乎没有”绿地或公园的受访者去的频率超过半数为“一次没有”，分别占比 56. 76% 与 70. 69%。

可见居住地附近的公园绿地数量对受访者去的次数有明显正相关影响。公园绿地数量多，居民去的次数明显增多，而数量少的基本不去的比例较高，

有33.33%（图2）。说明生活地附近的公园绿地是受访者比较喜欢的选择，人们更偏向于生活地附近的公园绿地。

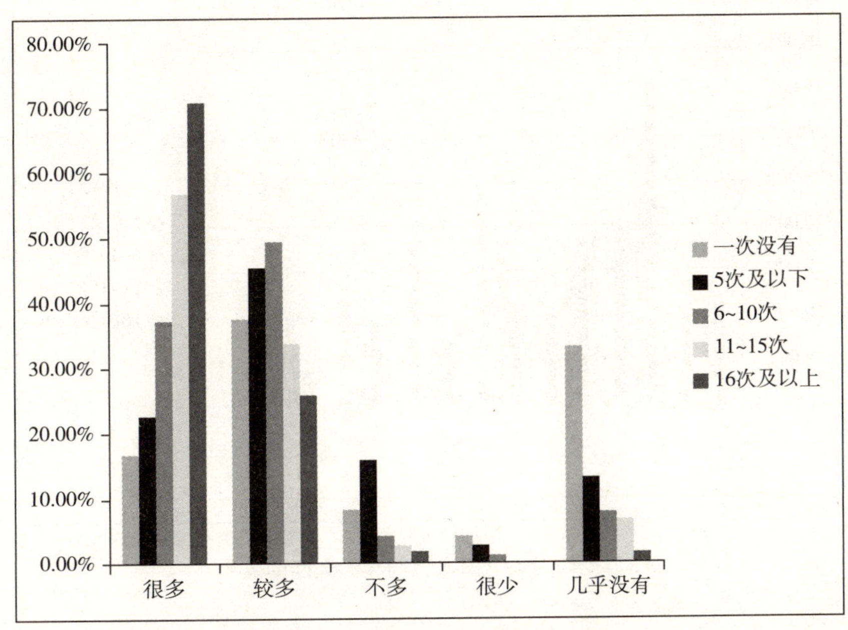

图2　生活地附近公园绿地数量与一月内去的次数之间的关系

受访者去公园的次数与年龄没有明显的强相关性。各个年龄段的人都有喜欢去公园绿地与很少去的现象（图3）。可见公园绿地已经成为城市居民日常生活中比较喜欢的休闲娱乐的去处。

在合肥市四区三县的受访者中，还是有一部分受访者认为生活区附近的公园绿地数量不足，其中“不多”“很少”“没有”的选择比例最高的是庐阳区（图4），总和达到了81.82%，反映出庐阳区绿地、公园建设上可能存在问题，需要进一步调整。

静处（如休息、下棋等）、运动（如散步、跑步、球类、拳操）是受访者选择公园的主要活动项目，分别占了23.34%、58.74%，说明我市的公园绿地主要是居民闲暇散心的去处。另外从图5中还可以看出受访者对公园的距离、交通、设施、卫生的考量都比较平均，距离仍然是受访者最为关切的，在电访中部分受访者认为距离和交通不会影响去公园娱乐，更重要的是质量。但是主题文化却甚少受到关注，只占约6.03%。大多数受访者表示城市绿地和公园没有明显的主体和文化主题倾向。说明我市的公园绿地还可以更加注重质量以及进一步与文化产业相结合。（图5）

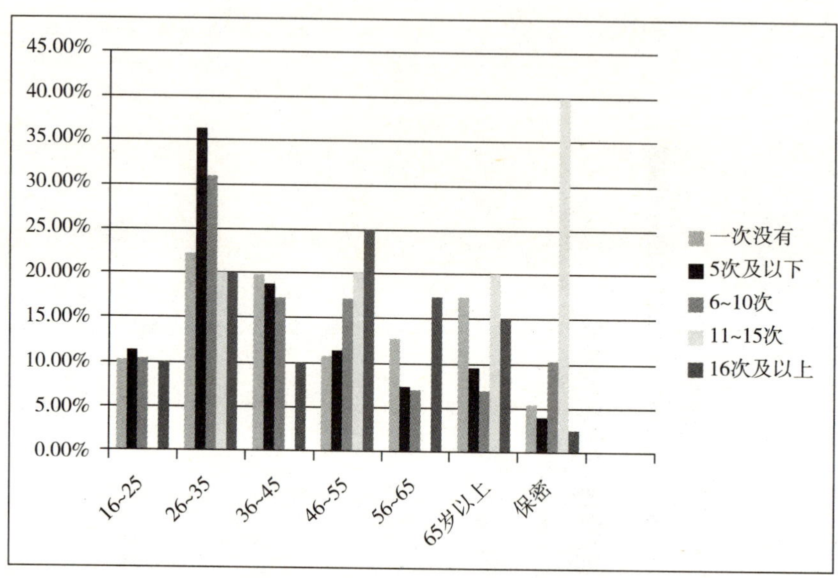

图3 受访者去公园次数与年龄之间的关系图

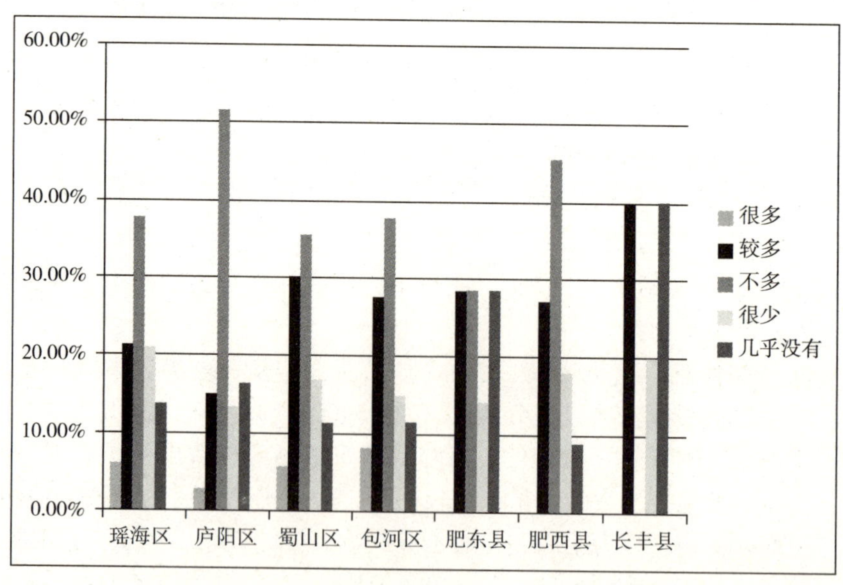

图4 受访者居住区与附近绿地公园数量关系

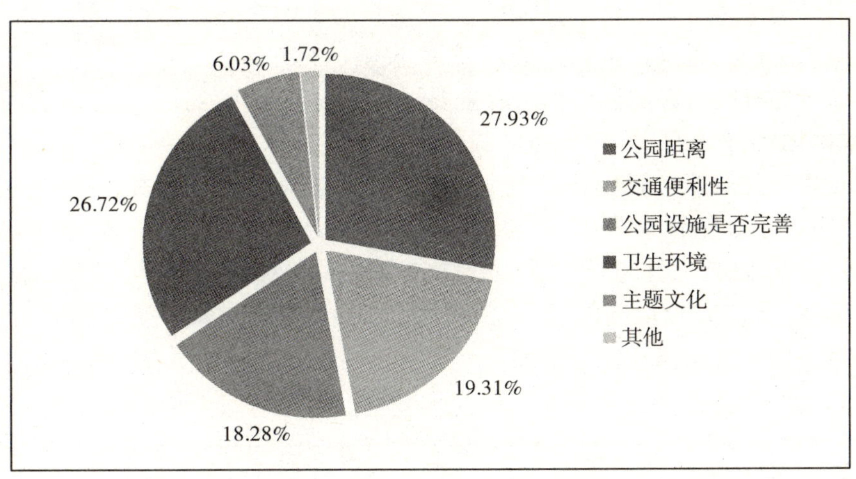

图5 您选择该公园通常会考虑的因素

二、合肥市民基于绿地公园的现状及建议

从图6中可以看到受访者对于基本的公园设施认可度较高，大部分受访者给的分数比较高，选择八分的比例占有30.71%。也说明合肥市公园绿地的基础设施水平得到了市民的认可。

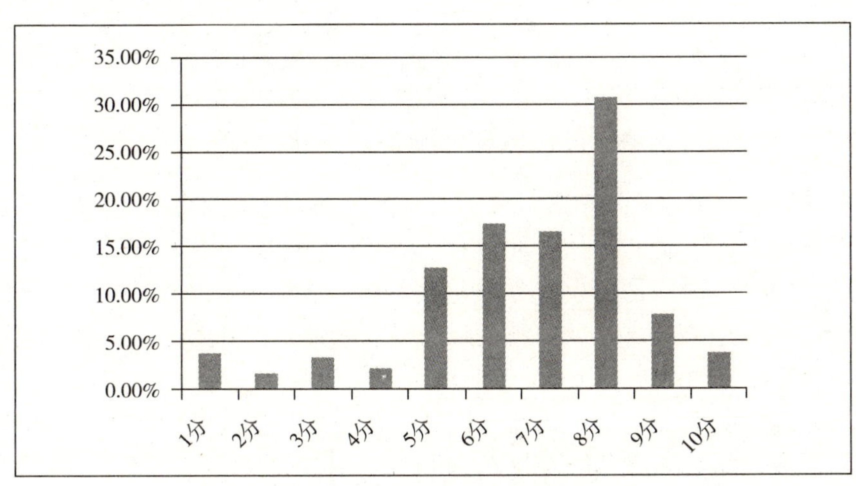

图6 您对您常去的公园的基础设施情况打个分

同时受访者对我市公园绿地的建议主要也集中在绿化面积、扩大娱乐空间、安全防护（尤其是针对儿童）、服务设施扩充方面。

来自瑶海区与庐阳区的受访者主要提出下面两条建议："提高绿化面积""提供宽敞的娱乐空间"。蜀山区的受访者主要表示需要："加强安全措施"与"提供充足的服务设施或建筑"，各占20%。来自包河区的受访者主要希望能"提高绿化面积"和"加强安全管理措施"，分别占比23.45%与21.24%。来自肥东县与长丰县的受访者主要对"绿化面积不足"有较大意见，分别占比26.09%与62.50%。来自肥西县的受访对象希望"加强安全管理措施"的较多，占25%。(图7)

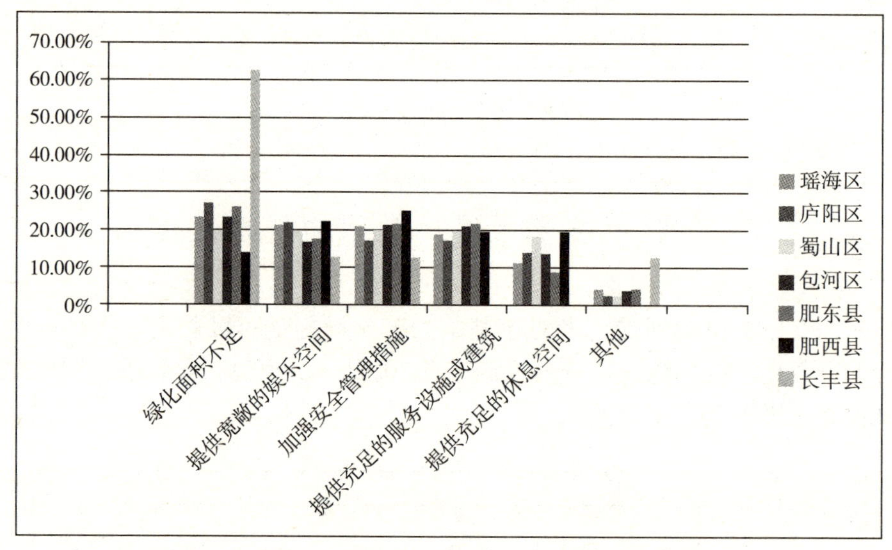

图7　居住地与对公园绿地的建议关系

并且居住地附近有"很多"绿地公园的受访对象主要提出"提供充足的服务设施或建筑"建议，占比30.77%。附近"不多""很少"与"几乎没有"的受访者主要希望"提高绿化面积"，分别占比23.21%、27.68%、28.47%。可见，我市还需要在满足市民基本绿化面积的情况下，继续完善绿地公园内部的基础设施，以此提升游玩兴趣。

从调查数据中（图8），我们可以得出企业工作人员对合肥市的绿地、公园建设提出建议和意见的态度最为积极，其中建议绿地公园"提供充足的服务设施或建筑"的占比最高，达29.19%。而离退休受访者中，对于绿地、公园建设的渴求度也是呈现走高趋势，提出绿地、公园应该提供宽敞的娱乐空间的占比 27.57%，这说明离退休受访者更加注重绿地、公园的娱乐空间。

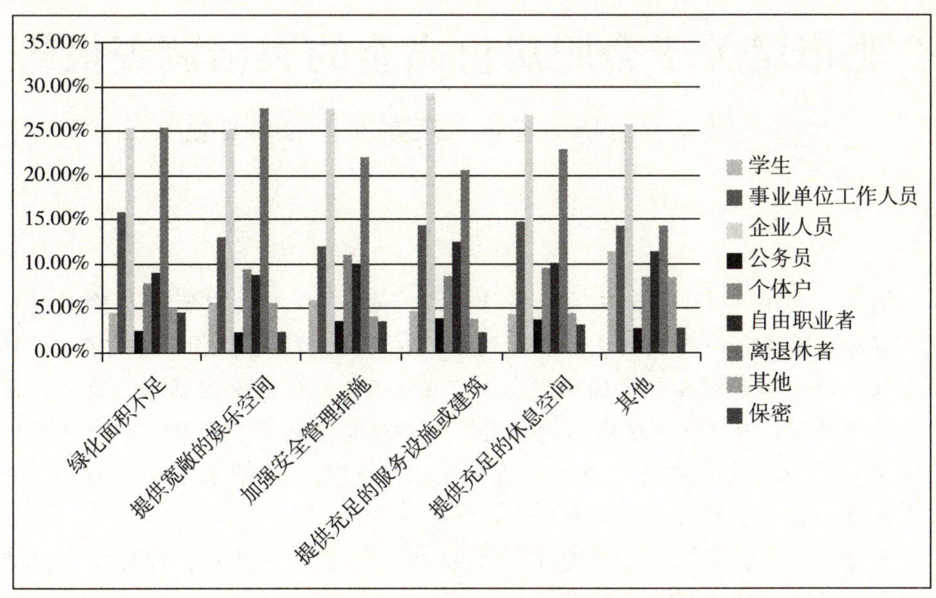

图 8　受访者职业与对绿地公园的建议关系

合肥市民关于合肥房价高企的舆情调查报告

安徽大学舆情与区域形象研究中心项目组

摘要：2016 年 4 月 18 日国家统计局发布的《70 个大中城市房价变动情况》显示，3 月份一线城市房价不再领涨，取而代之的是某些二线城市。2016 年 3 月，合肥新建商品住宅价格环比上涨了 4.6%，位居全国第二，仅次于厦门。二手房则以 9.3% 的涨幅领跑全国，完全超越了京沪。那么，合肥市民对 2016 年初合肥房价上涨有何看法？房价上涨给市民生活带来了哪些影响？市民期待政府出台怎样的房价政策？

安徽大学舆情与区域形象研究中心在该公告发布一天后，即做了合肥市民关于合肥房价高企的舆情调查。

现将本次调查的主要发现摘要如下，以供有关部门决策参考：

1. 64.01% 的受访者对年后合肥房价上涨情况表示关注，35.99% 的受访者则表示不关注。男性受访者对于合肥房价上涨情况的关注度较女性高出近 8 个百分点。

2. 近七成的市民认为合肥房价较高。此次合肥房价上涨的主要原因，20.26% 的市民认为是房地产商蓄意哄抬价格，18.32% 认为政府把控力度不足。

3. 由于房价增长速度较快，受访者普遍认为房价上涨带来增加经济负担（28.16%）、提高婚恋成本（21.7%）、降低生活质量（21.7%）等不利影响。

4. 受访者对合肥未来房价预测持续上涨、趋于平稳的比例分别是 39.37%、23.67%，只有 5% 的受访者表示合肥房价会下跌，还有 31.64% 的受访者表示不清楚。

5. 在市民对政府出台的房价政策进行评价时，只有 1.2% 的市民认为取

报告执笔人：周彤、马欣欣、贾南、李子瑜、戴淑文、梅君莹、李静贤、许文敏、彭志翔、章芹弟。

得了明显效果，13.04%的市民认为有效果但不够深入，24.88%的市民认为效果不明显，18.12%的市民认为完全没有效果，还有42.75%的市民则表示不清楚。

本次调查采用随机抽样办法，运用CATI（计算机辅助电话访问）调查设备，安徽大学新闻传播学院的46位访问员成功访问了414位合肥市民，覆盖全市7个行政区域。调查主要涉及三大部分内容：第一，合肥市民对合肥房价上涨的认知情况；第二，合肥市民针对房价上涨的态度；第三，合肥市民对房价调控政策的期望与建议。

本次调查的被访者涵盖了不同性别、年龄、职业、收入和受教育程度的市民，具有广泛的代表性。其中性别方面，男性占41.6%，女性占58.4%；年龄方面，18周岁以下的受访者为1人，18~25周岁的受访者占10.14%，26~35周岁的受访者占32.13%，36~45周岁的占22.46%，46~55周岁的占8.70%，56~65周岁的占6.04%，66周岁及以上的占9.66%，选择保密的占受访者的10.63%；在受访者的职业方面，学生占2.90%，企业人员占36.71%，事业单位工作者占9.42%，公务员占2.90%，个体户占11.59%，自由职业者占5.31%，离退休者占13.29%，其他占5.07%，选择保密的占12.80%；在月均收入方面，低于1000元的占受访者的3.86%，1000~3000元的占14.98%，3000~5000元的占25.12%，5000~7000元的占12.08%，7000~9000元的占4.59%，9000~12000元的占3.38%，12000元以上占2.90%，选择保密的占33.09%；受教育程度方面，小学及以下学历占比4.59%，初中学历为6.04%，高中或中专学历为17.87%，大专学历为20.77%，本科学历为31.16%，硕士研究生及以上学历占6.04%，除此之外有13.53%的受访者选择保密。

一、合肥市民对房价上涨的认知情况

对合肥市民调查发现，64.01%的受访者对年后合肥房价上涨情况表示关注（包括非常关注、比较关注、一般），35.99%的受访者则表示不关注（图1）。其中，受访者对房价上涨关注中，男性占35.46%，女性占27.69%。说明男性受访者对合肥房价上涨情况的关注度较女性更高。此外，对合肥房价上涨完全不关注男女差别较小。就受访者年龄来说，25~35岁的受访者对合肥房价上涨情况关注度较高，占37.59%；就受访者职业来看，企业人员对合肥房价上涨情况关注最高，为40.14%。

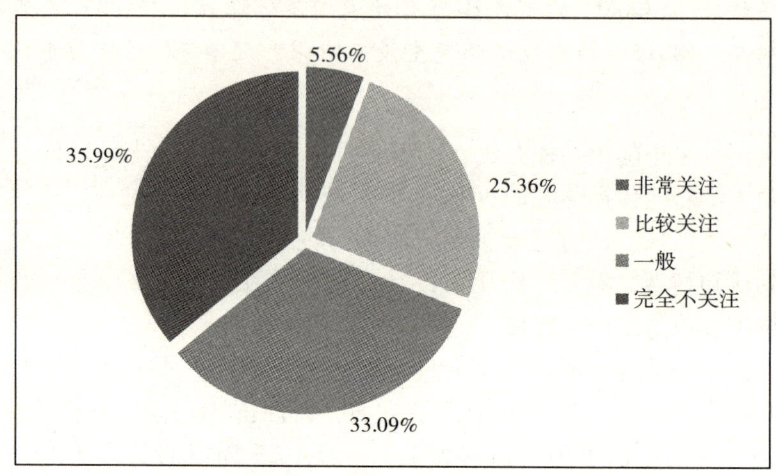

图1　合肥市民对房价上涨关注度的态度分布图

主要通过传统媒体（包括广播、报纸、电视）了解合肥房价上涨情况的受访者占 37. 26%，主要通过网络渠道（包括微博微信、网络新闻）了解相关信息的占 36. 76%，主要通过人际传播（包括亲戚朋友聊天、工作相关）和其他等渠道了解相关信息的则占 25. 98%。（图 2）

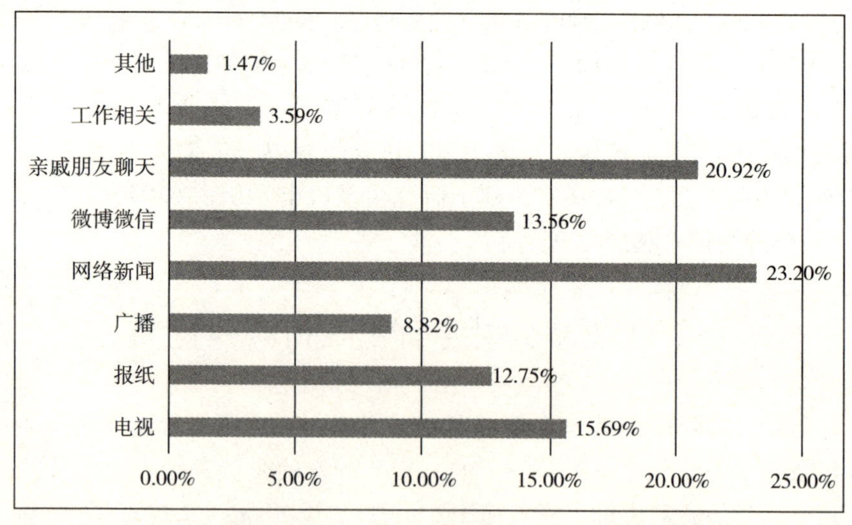

图2　合肥市民对房价上涨的信息感知渠道柱状图

在调查受访者近期的购房需求时，9. 42% 的受访者近期有购房打算，而 90. 58% 的受访者表示近期没有买房的打算。在有买房打算的受访者中，25 ~

35 岁为主要消费群体，占 41. 03%，其次是 18 ~25 岁这一群体，占 15. 38%。(图 3)

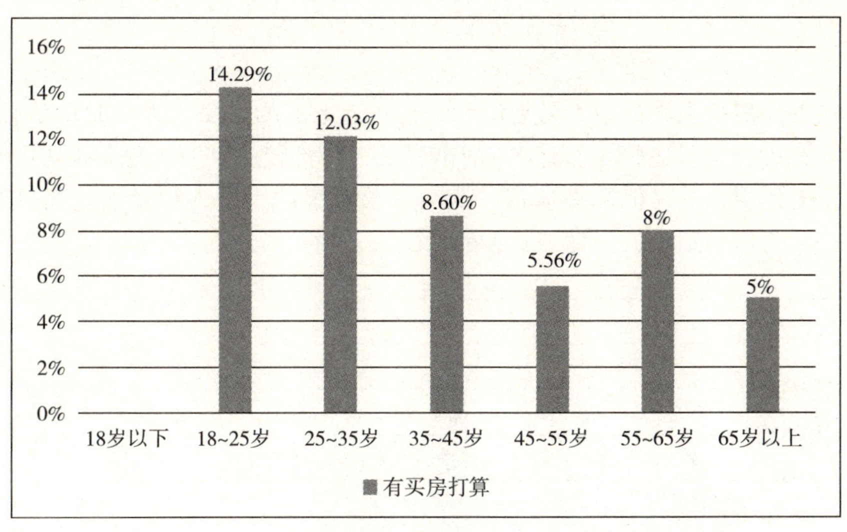

图 3　购房打算的年龄差异

对有购房欲望的受访者调查时发现，价格是最受关注的因素，其次是交通和小区周边环境。对比发现，男性更关注教育资源（学区房）、小区周边环境；女性更关注升值空间、价格等。其中，男性考虑升值空间的占 29. 41%，女性占 70. 59%，可见女性受访者对于房地产投资的意识更高。(图 4)

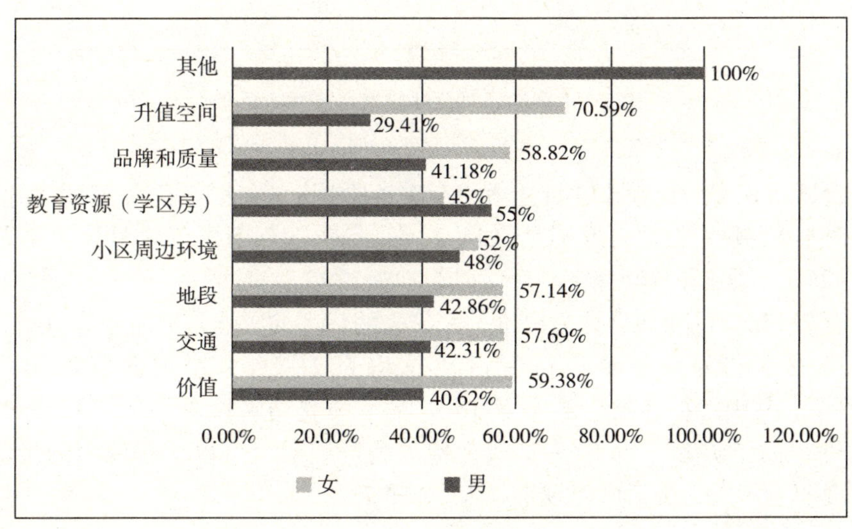

图 4　影响男女受访者购房的因素

二、合肥市民针对合肥房价上涨的态度

在关注房价上涨的265名受访者中，有近七成的市民认为合肥房价较高，近三成的市民觉得适中，仅有3%的市民认为房价较低。虽然公众认知中女性购房压力比男性低，但数据显示，认为房价较高的女性人数反而比男性多近一倍；认为房价适中的男性是女性的两倍多。（图5）

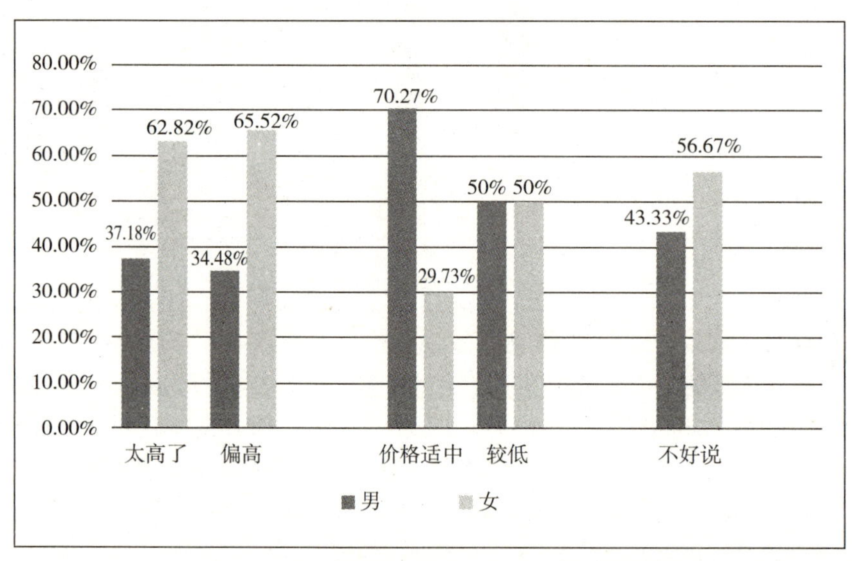

图5 不同性别对合肥房价高低的接受度

合肥市民认为合肥房价上涨有诸多原因：房地产商蓄意哄抬价格（20.26%）、政府把控力度不足（18.32%）、全国范围内房价整体上涨趋势（13.42%）、居民的购房需求过大（13.29%）等。（图6）

有28.16%的受访者认为房价上涨带来的最大的影响是增加经济负担，提高婚恋成本和降低生活质量所占比重均为21.7%，增加薪资期望值占15.09%。其中，提高婚恋成本对18～25岁的受访者影响最大（12.58%），25～35岁的受访者（49.52%）认为增加薪资期望值可以缓解他们的生活压力。说明青年人的生活压力越来越大。（图7）

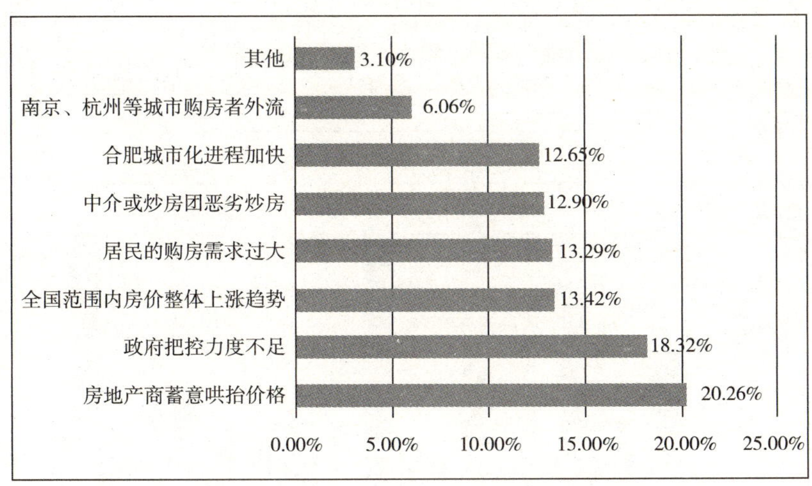

图6　合肥市民认为房价上涨原因的柱状图

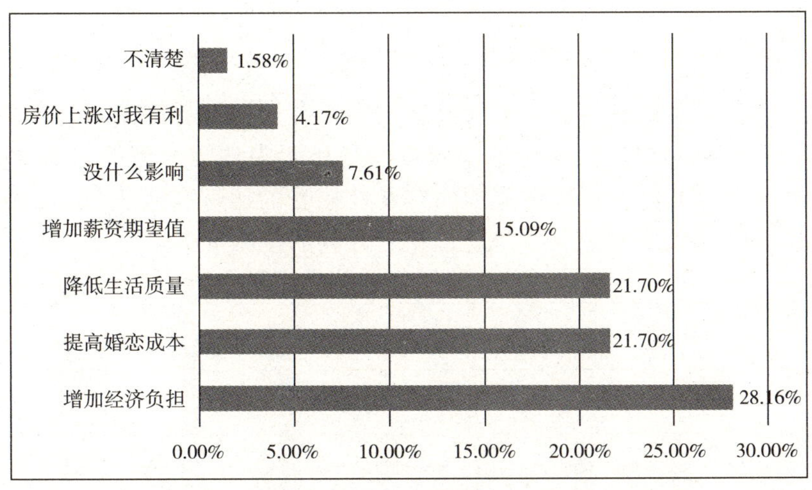

图7　合肥市民对房价上涨产生影响的差异分析

三、合肥市民对房价高企的期望与建议

在回答“合肥未来房价走势”问题时，63.04%的市民认为合肥房价会呈持续上涨趋势或进入平稳状态，仅有5.31%的市民认为房价会出现下跌的趋势。其中，女性市民对房价下跌的预测比男性市民高出五十多个百分点。相反，男性市民认为房价会上涨及平稳的人群比女性市民多出十个百分点。由此可见，女性市民中认为房地产市场泡沫更多。

在问及“合肥作为省会城市住房均价为多少合理”的问题时，高达

65.2%的市民认为房价在6000~12000元较为合理，认为在6000元以下较为合理的受访者仅占8.7%，而认为房价应该在14000元以上的则不到5%。

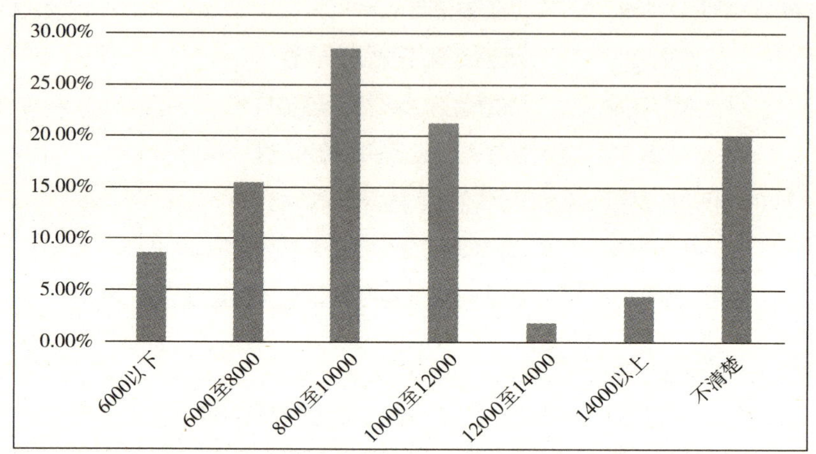

图8　合肥市民对合肥房价合理区间的划分

通过与受访者的性别进行交叉分析发现，男性受访者中有45.1%的市民认为10000以上的均价较为合理，而女性受访者中认为合理的只有25.9%。然而，在10000元以下的价格范围内，女性接受的比例高达74.1%，男性只有55%。由此看出，男性比女性更能接受较高的住房价格。

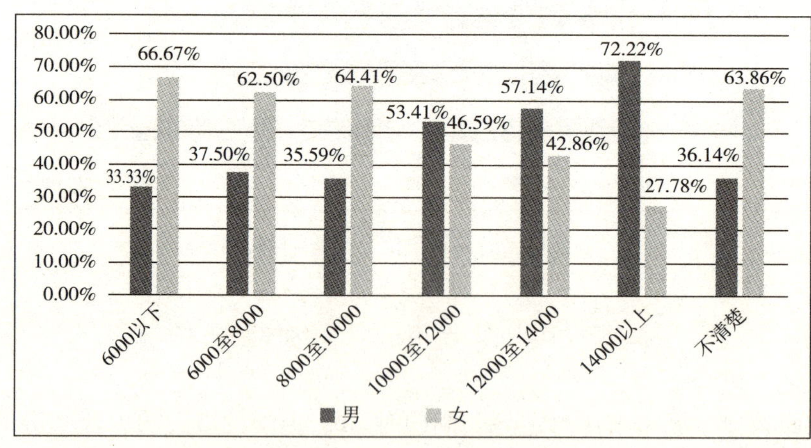

图9　合肥市民对合肥住房均价接受的性别差异

此外，我们将受访者的收入水平与对合肥房价的心理定位做了相关性分析，结果显示，收入水平越高，对合肥合理房价心理定位越高，二者呈现正强相关。（表1）

表 1　月收入与对合肥房价的心理定位值之间的双变量相关性分析

		q011. 您认为合肥作为省会城市市住房均价为多少合理?	q017. 您的月平均收入
q011. 您认为合肥作为省会城市市住房均价为多少合理?	Pearson 相关性	1	.247**
	显著性（双侧）		.000
	N	250	250
q017. 您的月平均收入	Pearson 相关性	.247**	1
	显著性（双侧）	.000	
	N	250	250

**. 在.01 水平（双侧）上显著相关。

针对市政府最近出台的房价政策，1.21% 的受访者认为取得明显效果，13.04% 认为有一定效果但不够深入，24.88% 认为效果不明显，18.12% 完全没有效果，而 42.75% 不清楚市政府发布的房价政策，所占比重最多（图 10）。说明市政府在公布房价政策透明度方面应扩大宣传，让市民充分了解，在实施政策过程中，加大执行力度。

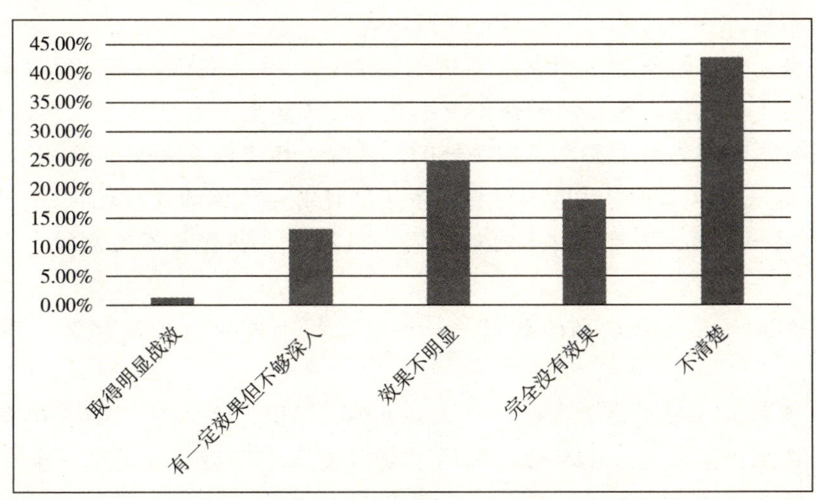

图 10　市民对最近市政府出台政策的评价

在对政府调控房价的措施进行建议时，市民认为应该从多方面进行调控，主要有调控土地、优化住房结构、加强制度调控、完善公益性住房保障制度等措施。

合肥市民对于幼儿园发展现状的认知及态度的舆情调查

安徽大学舆情与区域形象研究中心项目组

摘要：随着“全面二孩”政策的实施，城市将面临出生人口增加的压力，三到五年之内，将迎接一波新生儿出生热潮。而“入园难”的问题在单独二孩政策之前已经是让很多家长烦心的事了。“上个幼儿园比上大学还难”“入园难，进公办园更难”的家长心声也得到越来越多人的关注。尽管一些幼儿园收费远远超过大学，但入园难、入好园更难的现象是一种普遍性，并且，由于家长担心“输在起跑线上”，导致出现了“把学前教育纳入义务教育”的社会情绪。从2011年起，教育部启动了学前教育三年行动计划，近年来关于幼儿园发展现状的相关问题，也一直是大众关注的焦点。为应对新一轮婴儿潮的到来，各地幼儿园也在做着新的准备。

安徽大学舆情与区域形象研究中心在六一儿童节到来之前，针对合肥市民做了对于幼儿园发展现状的认知及态度的舆情调查。

现将本次调查的主要发现摘要如下，供有关部门领导决策参考：

1. 有一半以上的受访者认为自己不了解目前幼儿园的发展现状；

2. 近一半的合肥市民对本地幼儿园一般满意、满意与不满意所占比例差不多；

3. 对于幼儿园每学期的费用，一半以上的市民认为应该控制在2000～4000元；

4. 男性和女性受访者在选择公立幼儿园上占比相对持平，但在私立幼儿园的选择上相差较大。在对幼儿园的了解程度上，了解程度越低的受访者更加倾向于选择公立幼儿园，反之，了解程度越高的受访者选择私立幼儿园的可能性越大。

5. 在公立幼儿园与私立幼儿园之间，受访者更加倾向于选择公立幼儿园。

报告执笔人：周彤、涂盛雪、鲁曼、徐冬雨、卫凌霞、杨振羽、高雅、王嘉琪、王雨晴。

大多数受访者认为公立幼儿园管理规范，且教师队伍稳定，受教育程度高，收费也合理。但是，绝大多数受访者都认为目前公立幼儿园存在着数量少、入园难的问题，这是亟须解决的。相比之下，私立幼儿园入园相对容易，老师的积极性较高，但是也存在着教师队伍不稳定，素质不够高，收费高等问题。

6. 市民希望未来能够加强幼儿园的安全和规范管理，同时增加幼儿园数量，扩大学前教育资源，收费需要合理化，也希望政府能够加大投入和监管力度。

7. 大多数市民认为当前的幼儿教育应当倾向于身心发展，而不是课程学习。部分市民希望幼儿园能够增加科学知识的启蒙，给孩子增加手工劳作课，提高孩子的动手能力。

安徽大学舆情与区域形象研究中心于2016年5月24日8：30—11：30一个时段围绕“合肥市民对于幼儿园发展现状的认知及态度调查”问题进行了舆情调查。本次调查采用随机抽样方法，运用CATI（计算机辅助电话访问）调查设备，成功访问了438位合肥市民，覆盖全市7个行政区域。

调查主要包括三部分内容：

第一，合肥市民对本地幼儿园的认知度；第二，合肥市民对本地幼儿园的满意度；第三，合肥市民对本地幼儿园的选择倾向；第四，合肥市民对于本地幼儿园的发展期望。

本次调查的被访者涵盖了不同性别、年龄、受教育程度、职业和收入，具有一定的代表性。在受访市民中，男性占39.48%，女性占60.52%；25岁及以下年龄的市民占受访者的12.29%，25～35岁市民占28.13%，35～45岁市民占18.68%，45～55岁市民占12.06%，55～65岁市民占8.04%，65岁以上占8.98%，对自己年龄保密的占11.82%。收入低于1000元的占受访者的6.38%，1000～3000元的占13.00%，3000～5000元的占26.48%，5000～7000元的占9.93%，7000～9000元占3.78%，9000元以上的占3.31%，选择保密的占受访者的37.12%。

一、合肥市民对本地幼儿园的认知度

在对合肥市民进行本地幼儿园认知的舆情调查中，认为自己非常了解本地幼儿园的受访者占比1.42%，认为自己比较了解的占比5.44%，认为自己一般了解的占比16.08%，认为自己不太了解的占比23.17%，而对本地幼儿

园完全不了解的受访市民占比高达53.90%。（图1）

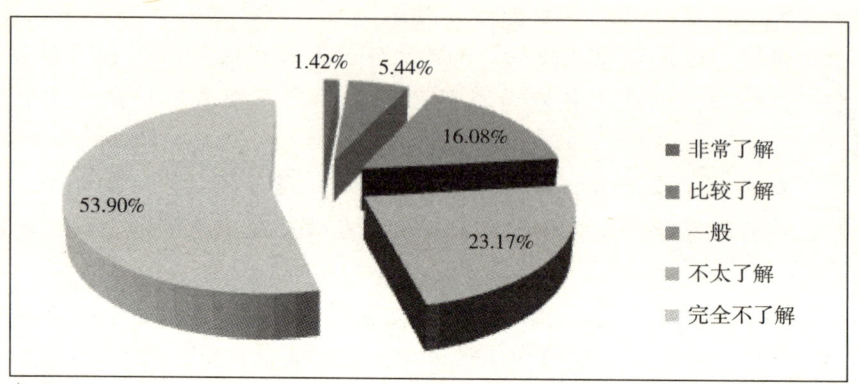

图1　合肥市民是否了解本地幼儿园

其中，45岁以上的市民对本地幼儿园“完全不了解”比重较大，而35～45岁市民对本地幼儿园“比较了解”比重较大。（图2）

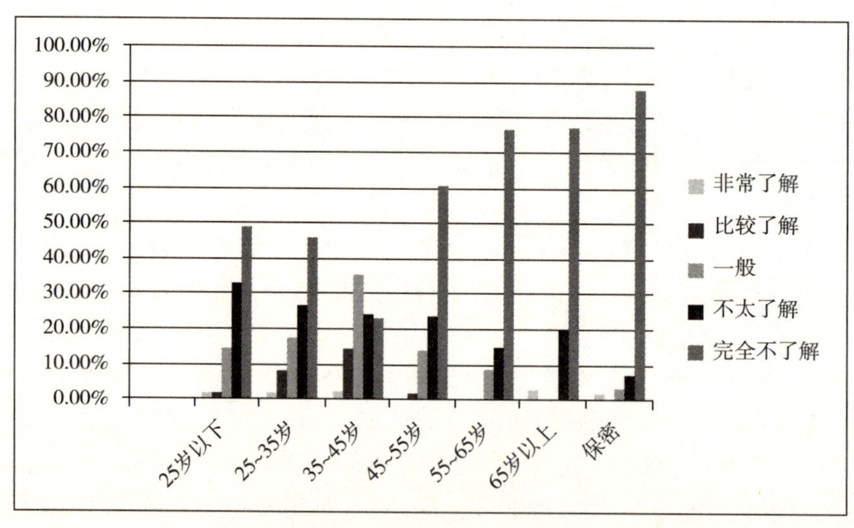

图2　不同年龄段的合肥市民对本地幼儿园的了解程度

二、合肥市民对本地幼儿园的满意度

关于对本地幼儿园满意度的调查中，表示非常满意的合肥受访市民只占到0.51%，表示比较满意的受访者占17.44%，对本地幼儿园满意度一般的受访者占比最大，达到42.05%，表示不太满意的受访者占13.85%，表示非常

不满意的受访者占 1. 54%，24. 62% 的受访者表示不清楚。（图 3）

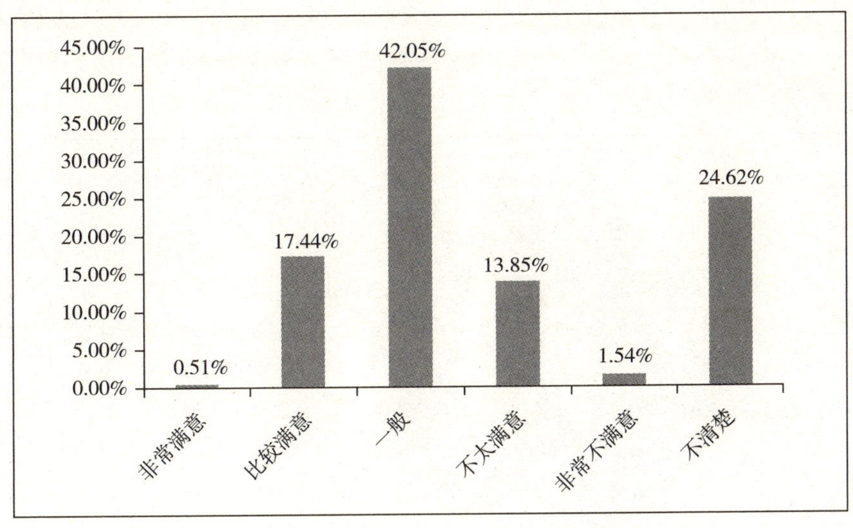

图 3　合肥市民对本地幼儿园的满意度调查

此外，在关于合肥市民对本地幼儿园收费多少合理的调查中，认为幼儿园每学期收费在 2000～4000 元合理的受访者有 120 人，占 61. 54%；认为每学期收费在 4000～6000 元合理的受访者有 46 人，占 23. 59%；认为每学期收费在 2000 元及以下合理的受访者有 21 人，占 10. 77%；认为每学期收费在 6000～8000 元合理的有 6 人，占 3. 08%；仅有 2 人认为每学期收费在 8000 元以上较为合理，占 1. 03%。（图 4）

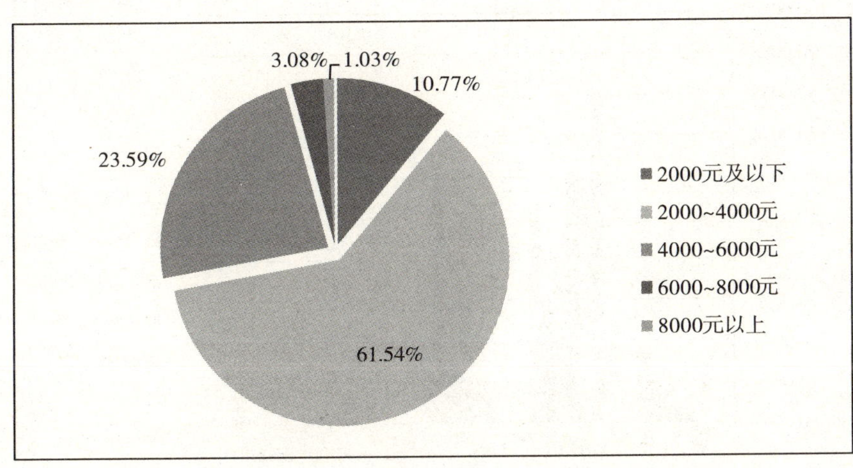

图 4　合肥市民对本地幼儿园收费多少合理的态度调查

在对合肥市民进行幼儿教育倾向度的调查中，倾向于课程学习（语数外等）的受访者有 9 人，占比 4.62%，倾向于兴趣培养（琴棋书画）的受访者有 70 人，占比 35.90%，倾向于身心发展的受访者人数最多，有 116 人，占比 59.49%。（图 5）

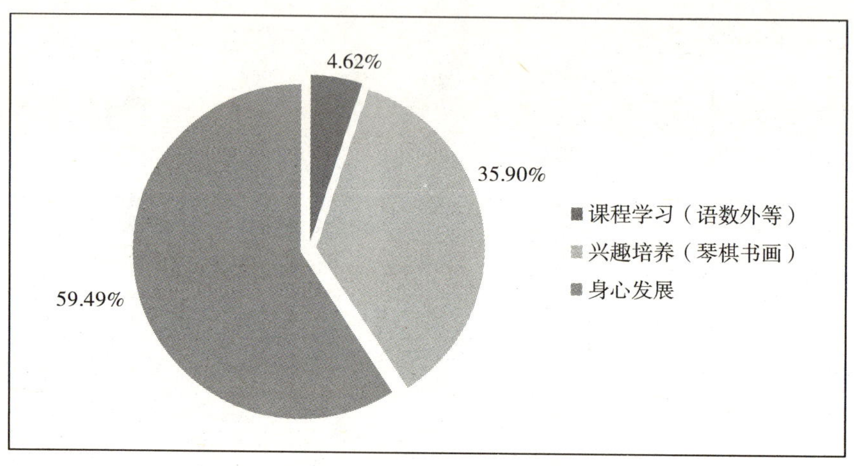

图 5 合肥市民关于幼儿教育倾向度的调查

在受访的合肥市民中，大多数认为幼儿园每学期收费 2000～4000 元比较合理，占比 61.54%。其中，月收入在 7000 元以下的人群更偏向于选择每学期收费在 2000～4000 元的幼儿园。而月收入在 7000 元以上的人群更偏向于选择每学期收费在 4000～6000 元的幼儿园。（图 6）

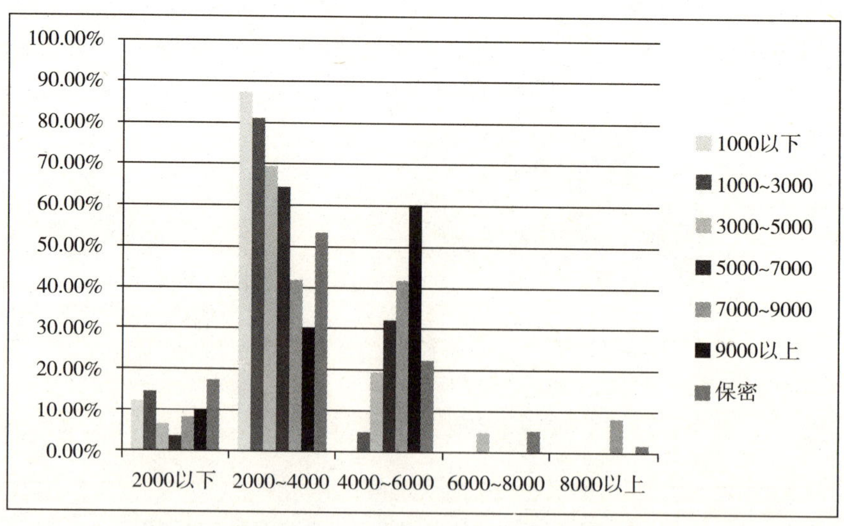

图 6 不同月收入合肥市民对本地幼儿园收费的认知

三、合肥市民对本地幼儿园的选择倾向

在诸多可能会影响合肥市民选择幼儿园的因素中，有62.56%的受访者认为幼儿园的安全问题是他们在选择幼儿园时会重点考虑的因素；而60.51%的受访者觉得师资力量的强弱是影响他们为孩子选择幼儿园的主要因素；60%的受访者表示，他们比较看重幼儿园的教学质量；超过半数（55.38%）的受访者还考虑到幼儿园周围的交通条件，交通越便利越受大家的青睐；56.41%的受访者认为，幼儿园的周围环境会影响他们对幼儿园的选择；另外，学杂费成为32.31%的受访者所考虑的因素；还有19.49%的受访者会受到学校名气的影响。数据显示，“安全问题”“师资力量”“教学质量”“交通便利”以及“幼儿园的周边环境”是合肥市民选择幼儿园时重点考虑的几个因素，而“学校名气”“学杂费”等其他因素则对大家的影响不大。(图7)

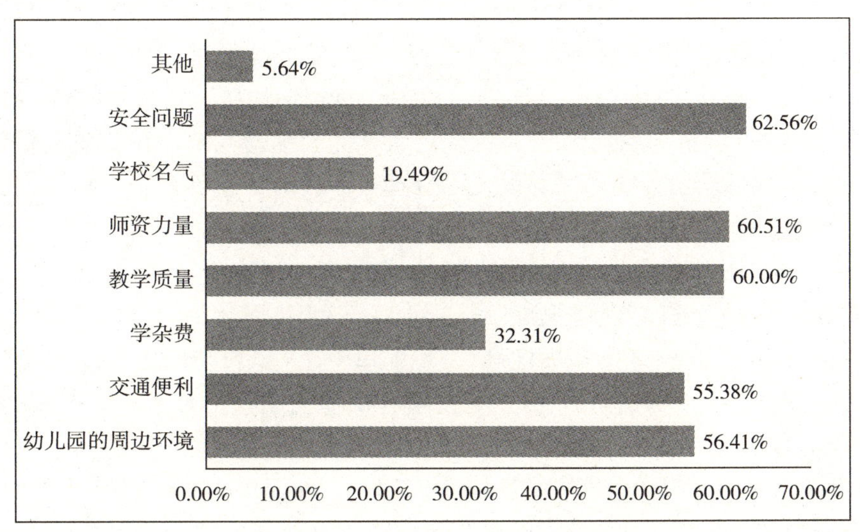

图7　合肥市民在选择幼儿园时重点考虑的因素调查

在对受访者进行关于选择幼儿园是倾向于公立还是私立幼儿园的舆情调查中，受访者中的74.36%选择公立幼儿园，选择私立幼儿园的仅占25.64%(图8)。其中，男性和女性受访者在选择公立幼儿园上占比相对持平，但在私立幼儿园的选择上相差较大，男性占比28.85%，女性为71.15%。在对幼儿园的了解程度上，了解程度越低的受访者更加倾向于选择公立幼儿园，反之，了解程度越高的受访者选择私立幼儿园的可能性越大。

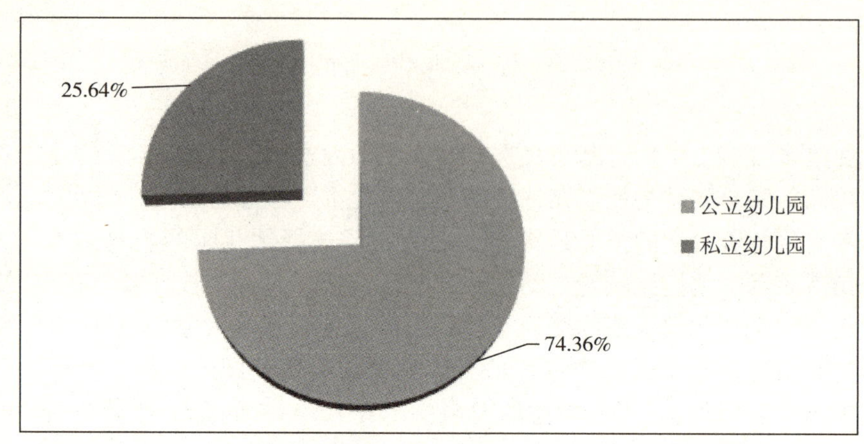

图 8　合肥市民对于选择公立幼儿园和私立幼儿园的倾向度

在对于“公立幼儿园有哪些优点”的调查中，有一半以上的受访者都选择了“教师队伍稳定，受教育程度高”和“管理规范”，分别占到 51. 49% 和 55. 90%，也有 40. 51% 的受访者认为公立幼儿园收费合理。但是在“公立幼儿园有哪些问题”的调查中，74. 36% 的受访者都认为公立幼儿园存在数量少，入园难的问题，只有 21. 03% 的受访者认为公立幼儿园存在“安全管理问题”，而“教育理念传统、课程设置不合理”“教师数量不足”“硬件设施陈旧”“服务态度”都约占三分之一左右。

在对于“私立幼儿园有哪些优点”的调查中，有一半的受访者都选择了“入园相对容易”和“管理规范”，占到 51. 79%，而认为“办园理念先进”“课程设置多元化”“老师积极性高”约占 42%，“家长与园方互动性强”稍高一点，占到 46. 15%。在“私立幼儿园有哪些问题”的调查中，71. 28% 的受访者认为私立幼儿园存在“教师队伍不稳定，素质不够高”的问题，较少受访者认为私立幼儿园“课程设置不合理”，占到 19. 49%。而“收费高”“办园资质难以考察”“安全管理存在问题”这些都被一半左右的受访者认为是私立幼儿园存在的问题。

四、合肥市民对本地幼儿园的发展期望

在“对于未来合肥市幼儿园发展建议”的调查中，提出“加强幼儿园的安全和规范管理”的市民最多，占被访市民的 75. 38%；认为“建立健全相关法律保障制度”的市民相对较少，占受访市民的 44. 62%。同时，认为需要

“增加幼儿园数量，扩大学前教育资源”“增强师资力量，提高教育教学水平”“降低收费标准，规范收费项目”“加大政府投入和监管力度”和“改善幼儿园办园条件，完善硬件设施”的受访者均超过半数。除此之外，还有24位市民提出了他们自己的建议，主要集中在以下几个方面：增加科学知识的启蒙，组织孩子们去参观博物馆科技馆等；增加手工劳作课，提高孩子们的动手能力；定期组织灾难演习等。(图9)

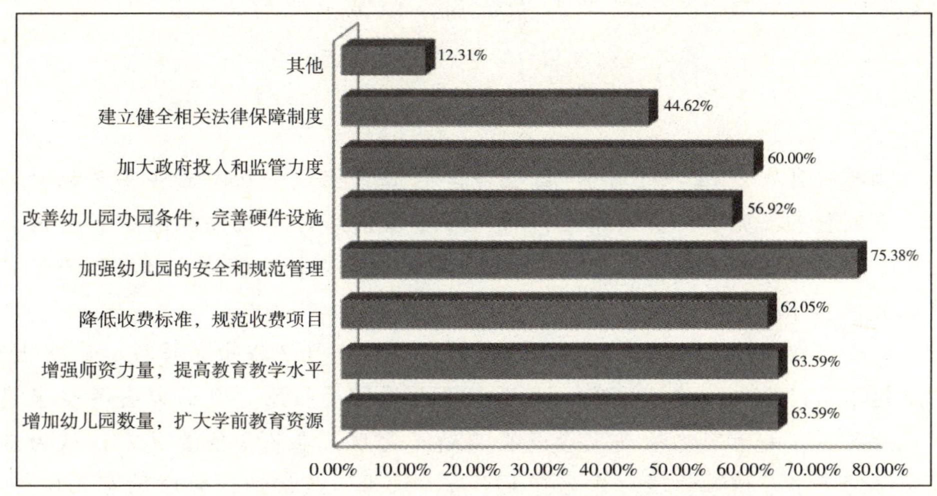

图9 合肥市民对于未来合肥市幼儿园发展的建议

合肥市民对网络约车的态度与意见的舆情调查

安徽大学舆情与区域形象研究中心项目组

摘要： 自从2012年3月，“摇摇招车”正式上线，在随后4年多的时间里，滴滴打车、优步、易到用车、神州专车等网络约车软件相继席卷全国各大城市。艾瑞咨询发布数据显示，截至2015年底，中国移动端出行服务用户乘客数量总计接近4亿人次。

但乘客在享受实惠的同时，对网络约车的安全性又提出了质疑。事实上，网络约车从诞生起，就让乘客、司机、平台等有些纠结。交通部去年征求意见统计显示，关于网络约车平台是否应纳入管理，在823条意见中，认为应将网络约车平台纳入管理的意见有497条，认为不应该纳入管理的有326条。为此，2016年6月20日，安徽大学舆情与区域形象研究中心对402名合肥市民做了关于合肥市民对网络约车的态度与意见的舆情调查。

现将本次调查的主要发现摘要如下，以供有关部门领导决策参考：

1. 合肥市民对于网络约车认知度一般。58.21%的受访者表示听过如滴滴、优步、神州专车等打车软件，在听说过打车软件的受访者中有58.12%使用过打车软件。合肥市民网络约车认知度受年龄和受教育程度的影响较大，受收入水平和职业的影响不明显。

2. 合肥市民是否使用网络约车受年龄影响较大，而受教育程度、职业和收入水平对其影响不明显。

3. 合肥市民在需要打车时，大部分优先使用网络约车，而不是传统的招手拦出租车。而他们选择网络约车首要的考虑因素是价格便宜、方便快捷。

4. 合肥市民对网络约车平台运营商提出了改进意见，如网络约车平台首先应该提高司机准入门槛，提高司机的专业水平；其次应该增强硬件设施配

报告执笔人： 周彤、贾南、侯普曼、王青龙、许文敏、彭志翔、洪安、鲍宪伟、李致君。

备、提高导航和定位的准确性；最后还应开通公开便捷的反馈渠道，价格的制定也要更加透明。

5. 对于网络约车平台的未来发展，大多数合肥市民认为需要政府进行统一管理。具体措施依次为：加强司机的资格审查、强制营运车辆的安全检测、建立公开透明的服务机制、建立优胜劣汰的准入机制、实行政府指导价、强制购买乘客安全保险。

本次调查采用随机抽样办法，运用国际先进的CATI（计算机辅助电话访问）调查设备，安徽大学新闻传播学院的24位访问员成功访问了402位合肥市民，覆盖全市7个行政区域。调查主要涉及三大部分内容：第一，合肥市民对网络约车的认知度和使用程度；第二，合肥市民对网络约车的态度和意见；第三，合肥市民对网络约车政府监管的态度和意见。

本次调查的被访者涵盖了不同性别、年龄、职业、收入和受教育程度的市民，具有广泛的代表性。其中性别方面，男性占45.02%，女性占54.98%；年龄方面，15岁及以下受访者占1.00%，16～25周岁的受访者占14.68%，26～35周岁的受访者占27.36%，36～45周岁的受访者占16.17%，46～55周岁的受访者占12.19%，56～65周岁的受访者占8.21%，65周岁以上的占10.20%，选择保密的占10.20%；职业方面，学生占7.46%，公务员占3.23%，事业单位人员占13.68%，企业工作者占29.10%，个体户占6.22%，自由职业者占7.46%，离退休者占17.16%，其他占4.73%，保密占10.95%；月均收入低于1000的受访者占比5.22%，1000～2000的占4.48%，2000～3000的占14.68%，3000～4000的占13.43%，4000～5000的占10.20%，5000～10000的占8.96%，10000以上的占3.73%，选择保密的占39.30%；受教育程度方面，小学及以下的占5.47%，初中占8.96%，高中或中专占15.67%，大专占22.89%，本科占28.36%，硕士研究生及以上占4.73%，选择保密的占13.93%。

一、合肥市民对网络约车的认知度和使用程度

在合肥市民对网络约车认知情况的调查中，有58.21%的受访者表示听过如滴滴、优步、神州专车等打车软件，有41.79%的受访者表示从来没有听说过网络约车及上述打车软件；说明合肥市民对网络约车软件有所了解。在听说过打车软件的受访者中，使用过打车软件的占58.12%，41.88%的受访者从未使用过打车软件。

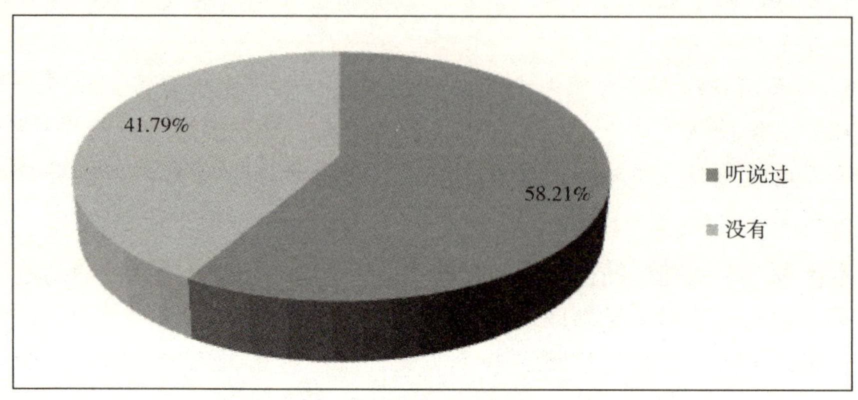

图 1　合肥市民对网络约车的认知情况

当问及是否听说过滴滴、优步、神州专车等打车软件时，16～25 岁人群中听说过的占比 84.75%，没有听说的为 15.25%。26～35 岁的人群中听说过的占比为 74.55%，没有听说的占 25.45%。而 56～65 岁人群中听说过的受访者占比 39.39%，没有听说过的为 60.61%。65 岁以上人群听说过的占 17.07%，没有听说的则高达 82.93%。由此可见基于移动互联网技术构建的网络约车平台，其辐射主体为中青年群体，而对中老年群体的影响有限。

项目组分别将“是否听说过网络约车”与“受访者年龄（q013）”“受访者教育程度（q015）”以及“受访者收入水平（q016）”这三组变量做了逻辑回归分析。如表 1 所示，其中 q013 对应的显著性值（sig.）为 0.000，小于 0.05 说明有统计学意义，即年龄对“是否听说过网络约车”有显著影响；q015 对应的显著性值（sig.）为 0.040，小于 0.05 说明有统计学意义，即受教育水平对“是否听说过网络约车”有显著影响；而 q016 对应的显著性值（sig.）为 0.055，大于 0.05，即收入水平对“是否听说过网络约车”无显著影响。也就是说，网络约车认知度受年龄和受教育程度影响较大，受收入水平的影响不明显。

由表 1 还得出，q013 对应的 B 值为 0.381，说明年龄（q13）在模型中对于因变量“是否知道网络约车”起到正作用，年龄越大，越倾向于不知道网络约车；q15 对应的 B 值为 -0.289，说明受教育程度（q15）在模型中对于因变量“是否知道网络约车”起到负作用，受教育水平越高，越倾向于知道网络约车。

表 1 受访者年龄、受教育程度、收入与是否知道网络约车之间的逻辑回归分析

分类表[a]

<table>
<tr><td colspan="3" rowspan="3">已观测</td><td colspan="3">已预测</td></tr>
<tr><td colspan="2">q002. 您是否听说过如滴滴、优步、神州专车等打车软件?</td><td rowspan="2">百分比校正</td></tr>
<tr><td>听说过</td><td>没有</td></tr>
<tr><td rowspan="3">步骤 1</td><td rowspan="2">q002. 您是否听说过如滴滴、优步、神州专车等打车软件?</td><td>听说过</td><td>128</td><td>23</td><td>84. 8</td></tr>
<tr><td>没有</td><td>52</td><td>34</td><td>39. 5</td></tr>
<tr><td>总计百分比</td><td></td><td></td><td colspan="2">68. 4</td></tr>
</table>

a. 切割值为 . 500

方程中的变量

		B	*S. E,*	*Wals*	*df*	*Sig.*	*Exp* (*B*)
步骤 1[a]	q013	. 381	. 103	13. 587	1	. 000	1. 464
	q015	-. 289	. 141	4. 200	1	. 040	. 749
	q016	-. 198	. 104	3. 670	1	. 055	. 820
	常量	-. 243	. 769	. 100	1	. 752	. 784

a. 在步骤 1 中输入的变量: q013, q015, q016.

项目组分别将“是否使用过网络约车”与“受访者年龄(q013)”“受访者教育程度(q015)”以及“受访者收入水平(q016)”这三组变量做了逻辑回归分析。如表 2 所示,其中 q013 对应的显著性值(sig.)为 0. 001,小于 0. 05 说明有统计学意义,即年龄对“是否使用过网络约车”有显著影响;q015 对应的显著性值(sig.)为 0. 596,大于 0. 05,说明无统计学意义,即受教育水平对“是否使用过网络约车”无显著影响;而 q016 对应的显著性值(sig.)为 0. 192,大于 0. 05,即收入水平对“是否使用过网络约车”无显著影响。也就是说,网络约车认知度受年龄影响较大,受教育水平和收入水平的影响不明显。

由表 2 还得出,q013 对应的 *B* 值为 0. 514,说明年龄(q13)在模型中对于因变量“是否知道网络约车”起到正作用,年龄越大,越倾向于不使用网络约车。

表 2 受访者年龄、受教育程度、收入与是否使用过网络约车之间的逻辑回归分析

分类表[a]

<table>
<tr><td colspan="3" rowspan="3">已观测</td><td colspan="3">已预测</td></tr>
<tr><td colspan="2">q003. 您是否使用滴滴、优步、神州专车等打车软件?</td><td rowspan="2">百分比校正</td></tr>
<tr><td>使用</td><td>不使用</td></tr>
<tr><td rowspan="3">步骤 1</td><td rowspan="2">q003. 您是否使用滴滴、优步、神州专车等打车软件?</td><td>使用</td><td>78</td><td>11</td><td>87. 6</td></tr>
<tr><td>不使用</td><td>33</td><td>29</td><td>46. 8</td></tr>
<tr><td>总计百分比</td><td></td><td></td><td colspan="2">70. 9</td></tr>
</table>

a. 切割值为 . 500

方程中的变量

		B	*S. E,*	*Wals*	*df*	*Sig.*	*Exp*（*B*）
步骤 1[a]	q013	. 514	. 152	11. 429	1	. 001	1. 672
	q015	–. 098	. 185	. 282	1	. 596	. 907
	q016	–. 160	. 122	1. 700	1	. 192	. 853
	常量	–1. 121	. 964	1. 355	1	. 244	. 326

a. 在步骤 1 中输入的变量：q013，q015，q016.

当问及不使用网络约车软件的原因时，44. 16% 的受访者表示主要是受个人出行习惯影响，如使用私家车、搭乘公共汽车、步行等出行方式；还有 24. 03% 的受访者认为打车软件实际操作比较复杂。

当需要打车时，44. 85% 的受访者优先选择使用网络约车软件打私家车；29. 41% 的受访者优先选择网络约车软件打出租车；只有 16. 91% 的受访者使用招手拦出租车的方式（图 2）。说明对打车出行有刚性需求的合肥市民中，大部分优先使用网络叫车，而不是传统的招手打出租车。

在对受访者进行网络约车软件的使用频次的调查时，75. 74% 的受访者选择一周使用 5 次以下；一周使用 5 ~ 10 次占比 18. 38%；一周使用 10 次以上的占比 5. 89%。说明合肥市民网络约车中有绝大部分并非出于通行需求。

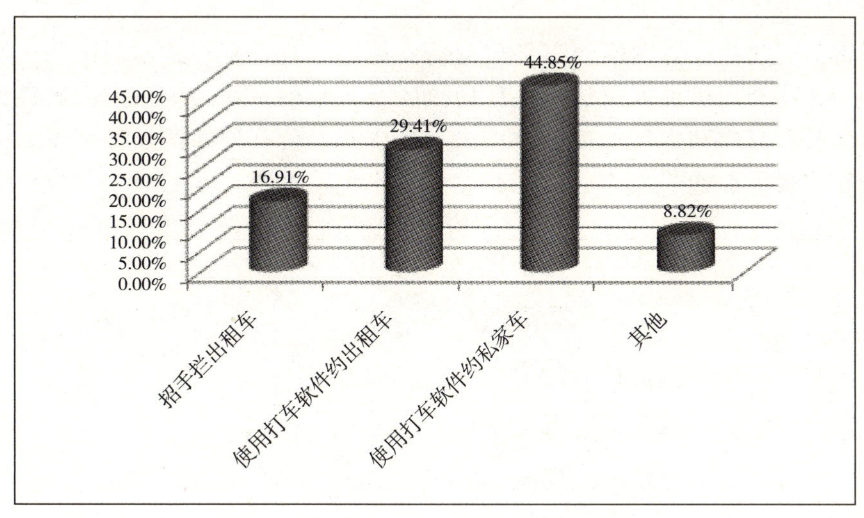

图2　市民优先选择打车方式比例分布图

二、合肥市民对网络约车的态度和意见

在问及使用网络约车的原因时，30.73%的受访者认为使用网络约车更容易打到车；22.42%的受访者认为打车软件的价格低廉；17.38%的受访者认为网络约车支付快捷，可以不用现金支付。由此可见，合肥市民在需要打车时，首要的考虑因素是价格便宜、方便快捷。

在问及使用打车软件时担心出现的问题时，选择“司机对路况不熟，影响效率”“乘客安全难以得到保障”和“个人信息泄露”的分别占比19.3%、18.71%和17.69%。女性受访者中有19.25%担心隐私泄露，23.6%担心安全得不到保障；而担心隐私泄露的男性占男性受访者总量的15.79%。担心安全得不到保障的只占12.78%。由此可见，在网络约车行为中，女性比男性更注意隐私及安全问题。

受访市民在被问及使用打车软件会对城市交通拥堵带来什么影响时，有15.81%的受访者认为网络约车软件的兴起在一定程度上吸引更多私家车在闲暇时段上路，加剧城市的拥堵；21.79%的受访者认为打车软件的拼车、顺风车功能，能倡导绿色出行，提高道路使用率，有助于减弱拥堵；39.74%的受访者表示网络约车对交通拥堵没有影响；有22.65%的受访者选择“不清楚”。

部分受访市民对网络约车平台运营商提出了改进意见，如网络约车平台首先应该提高司机准入门槛，提高司机的专业水平；其次应该增强硬件设施配备、提高导航和定位的准确性；最后还应开通公开便捷的反馈渠道，价格的制定也要更加透明。

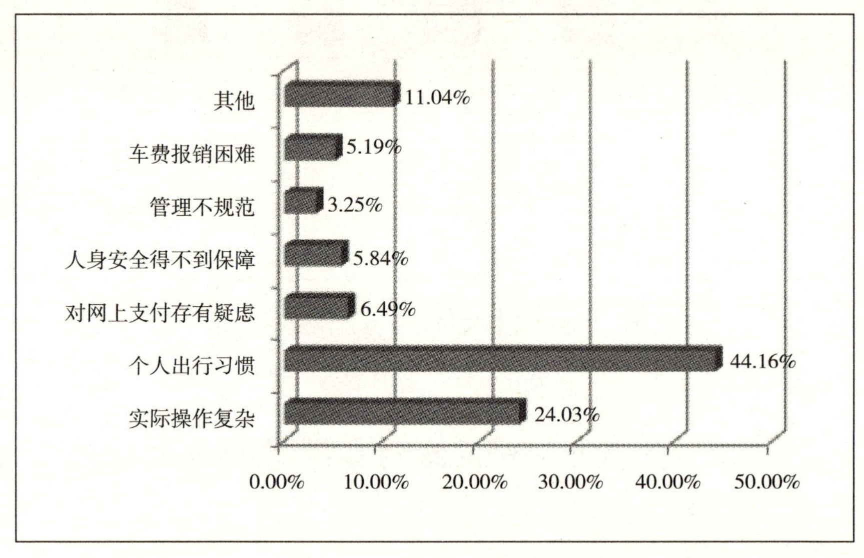

图 3　受访市民对网络约车使用中存在问题反映比例分布图

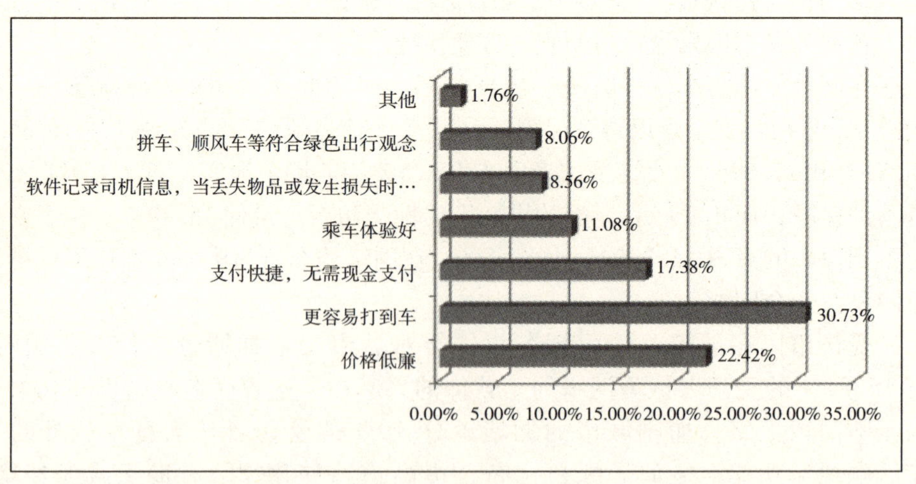

图 4　受访市民使用网络约车软件原因比例分布图

三、合肥市民对网络约车的政府监管的态度和意见

对于网络约车平台是否需要政府统一管理，在受访市民中，79.06%的市民认为需要，而仅有20.94%的市民认为不需要。可见，对于网络约车平台的未来发展，大多数市民希望由政府进行规划管理。

调查中，合肥市民认为政府应该从以下几方面对网络约车平台加强监管，措施依次为加强司机的资格审查、强制营运车辆的安全检测、建立公开透明的服务机制、建立优胜劣汰的准入机制、实行政府指导价、强制购买乘客安全保险。

合肥市民关于地铁开通的认知与期待调查

安徽大学舆情与区域形象研究中心项目组

摘要：随着合肥“十三五”规划建议的出炉，城市轨道交通建设也备受关注。根据《合肥市城市地铁建设规划》及相关支撑性文件，合肥将在2020年完成五条城市轨道交通线的运营。随着地铁1号线即将开通，合肥市将首次享受地铁福利，并迎来新的发展“转机”。在这样的背景下，安徽大学舆情与区域形象研究中心于2016年9月24日做了合肥市民关于地铁开通的认知与期待调查。

现将本次调查的主要发现摘要如下，以供有关部门领导决策参考：

1. 合肥市民对合肥市开通地铁的关注度很高，有86.61%的合肥受访市民表示知道合肥地铁将陆续开通，仅13.39%的受访者表示不知道。

2. 市民对“线路或站点”及“票价”的信息了解较多，对“运营时间”“乘坐流程”和“发车间隙”等信息了解较少。对于即将开通的合肥地铁，大部分市民更加关注“换乘的便利性”和“工作人员的服务态度”，对“运行速度”及“志愿者服务”关注较少。

3. 合肥市民选择乘坐地铁的意愿较高，其主要原因为地铁能节省时间，而不愿意乘坐主要是因为离站点距离较远。

4. 合肥市民认为地铁很大程度上缓解了交通压力，但地铁修建历时较长，期间会造成交通拥堵，给市民出行带来不便，但市民对此表示理解。

5. 合肥市民希望加快地铁建设速度，同时增强建设和运行的安全性；部分受访者建议已开通线路应增设站点。

本次调查采用随机抽样办法，运用国际先进的CATI（计算机辅助电话访问）调查设备，安徽大学新闻传播学院的45位访问员成功访问了127位合肥市民，覆盖全市7个行政区域。调查主要涉及三大部分内容：第一，市民对

报告执笔人：周彤、贾南、许文敏、洪安、戴淑文、卫凌霞、鲁曼、陈泽玺。

地铁开通的认知；第二，市民对地铁开通的态度；第三，市民对地铁开通的期待和建议。

本次调查的被访者涵盖了不同性别、年龄、职业、收入和受教育程度的市民，具有广泛的代表性。其中性别方面，男性占43. 31%，女性占56. 69%；年龄方面，18 ~ 25 周岁的受访者占 11. 02%，25 ~ 45 周岁的受访者占40. 94%，45 ~ 65 周岁的受访者占 28. 34%，65 周岁以上的占 13. 39%，保密占4. 72%；职业方面，学生占 6. 30%，公务员占 3. 15%，事业单位工作者占11. 81%，企业工作者占 23. 62%，个体户占 12. 60%，自由职业者占13. 39%，离退休者占 19. 69%，其他占 5. 51%，保密占 18. 90%；月均收入低于 1000 的占受访者 5. 51%，1000 ~ 3000 的占 24. 61%，3000 ~ 5000 的占28. 34%，5000 ~ 1000 的占 11. 02%，10000 以上占 11. 81%，选择保密的占18. 71%；受教育程度方面，小学及以下的受访者占 2. 36%，初中的受访者占13. 39%，高中或中专占 27. 56%，大专占 17. 32%，本科及以上占 7. 09%。

一、合肥市民对地铁的认知度

经调查发现，86. 61% 的受访者对合肥地铁多条线路将陆续开通的情况表示了解，13. 39% 的受访者则表示不了解（图 1）。数据显示，大部分合肥市民对地铁开通的信息有所关注。

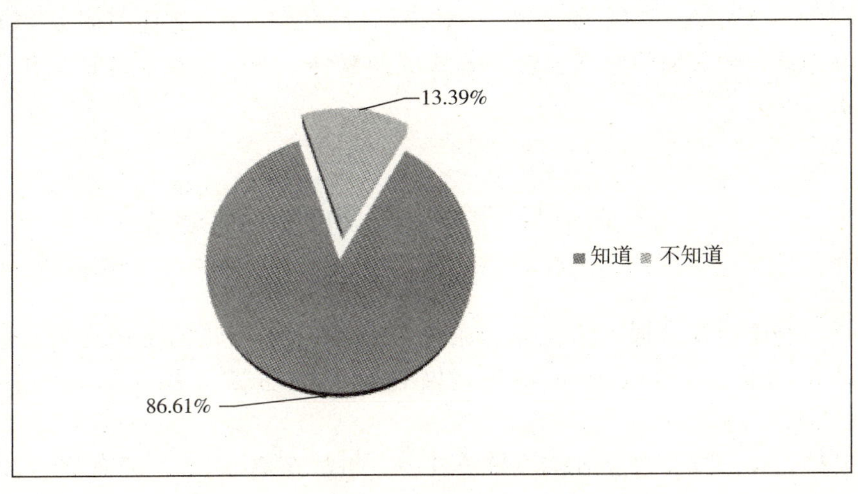

图 1　合肥市民对于地铁开通情况的关注

关于即将运行的地铁，市民对“线路或站点”及“票价”的信息了解较多，分别占比26.92%和21.98%；市民对“运营时间”“乘坐流程”和“发车间隙”等信息了解较少，分别占比14.29%、11.54%和7.14%。从中可以看出，合肥市民目前对于地铁的相关信息缺乏了解，因此我们应加强地铁宣传及志愿者服务工作。

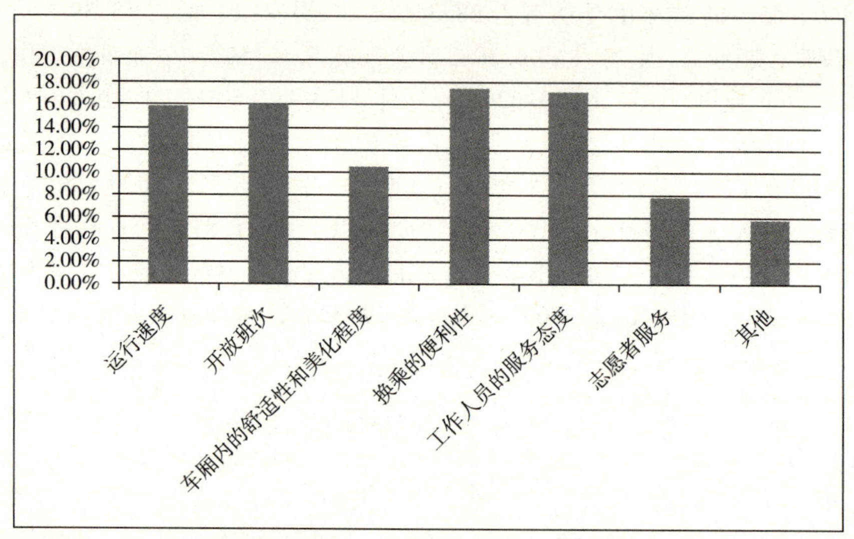

图2 合肥市民对于地铁信息的了解程度

数据显示，对于即将开通的合肥地铁，大部分市民更加关注“换乘的便利性”和“工作人员的服务态度”，对“运行速度”及“志愿者服务”关注较少。因此，相关部门应增强换乘方式的便利性，同时加强对地铁工作人员的培训。

二、合肥市民对地铁开通的态度调查

针对合肥地铁开通后市民是否乘坐的调查，74.55%的受访者表示会乘坐，20%的受访者则表示不清楚，仅有5.45%的受访者表示不会乘坐。（图3）

其中，在选择会乘坐地铁的受访者中，年龄在26~35岁的有20人，占比24.39%，因此其为主要地铁乘坐群体；收入在2000~3000元的受访者选择乘坐地铁比例最高，为17.07%，收入在10000元以上的受访者其选择乘坐

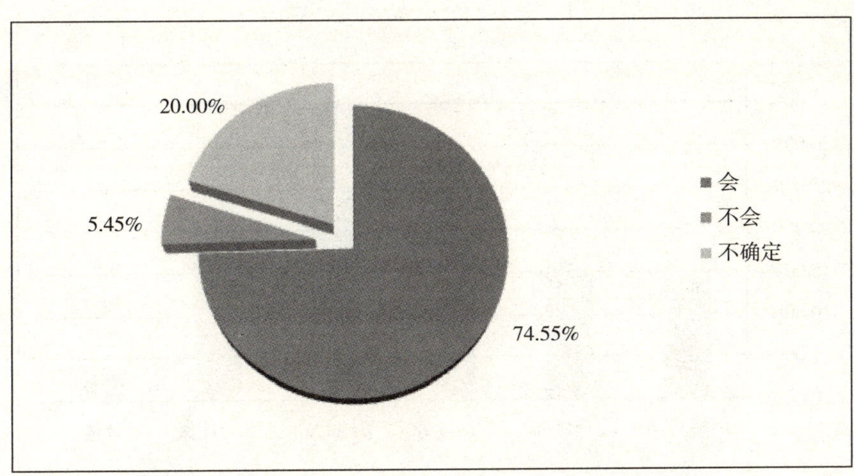

图3 合肥市民对地铁开通后乘坐情况的态度调查

地铁的不确定性最高，占比27.27%。此外，企业人员选择乘坐地铁的概率在所有职业阶层中占比最高，为26.83%。(图4)

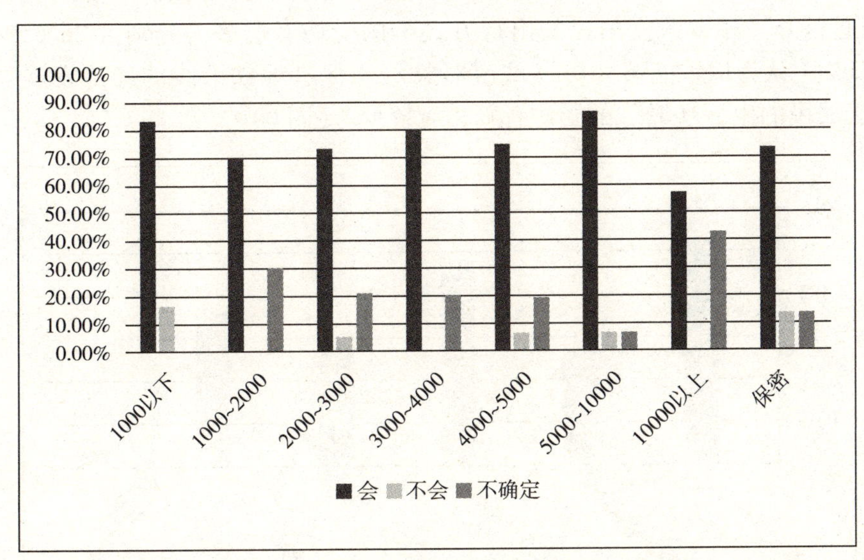

图4 合肥市民乘坐地铁的意愿与收入的相关性分析

对市民选择乘坐地铁的原因进行调查，35.04%的受访者表示乘坐地铁能“节省时间”，占比最高；对地铁车厢“舒适度”的要求则较低。62.16%的受访者表示，不会选择乘坐地铁的主要原因是“乘坐不方便”。此外，“价格因素”对市民选择乘坐地铁的影响较小。(图5)

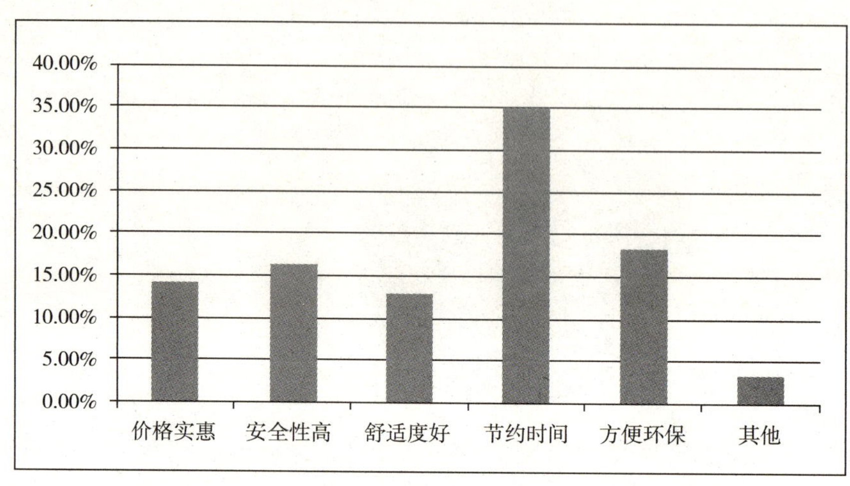

图5　合肥市民选择乘坐地铁的原因调查

当谈及地铁对城市发展和居民生活的影响时，大部分受访者认为修建地铁带来的积极影响大于消极影响。在积极影响中，认为地铁能“缓解城市地面交通压力”和“改变居民的出行方式”的受访者居多，分别占26.65%和23.65%；认为地铁能够“提升城市形象”“促进地铁沿线的经济发展”及“改善居民的生活环境”的受访者则相对较少。（图6）

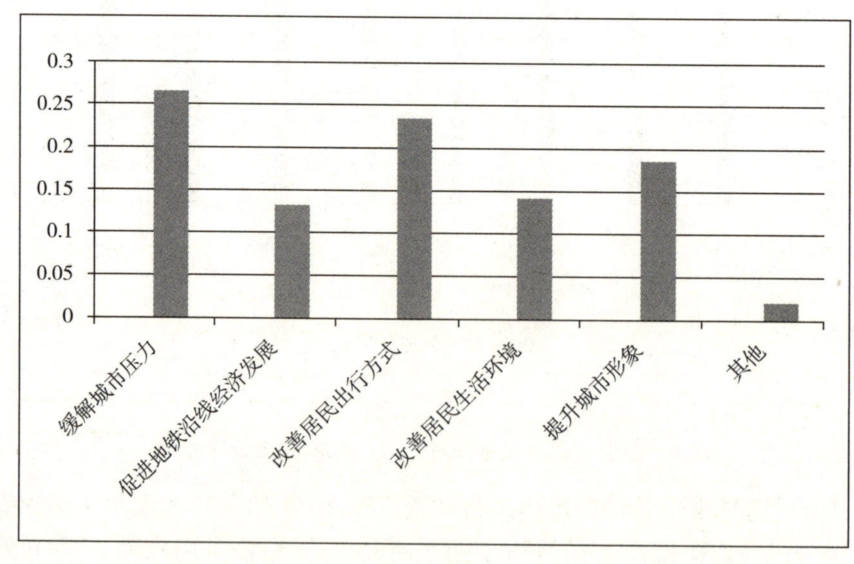

图6　合肥市民关于修建地铁的积极影响的调查

此外，从长远看，虽然修建地铁历时较长，期间会“造成交通拥堵”及“影响城市地质环境”等消极影响，但受访者对此表示理解。（图7）

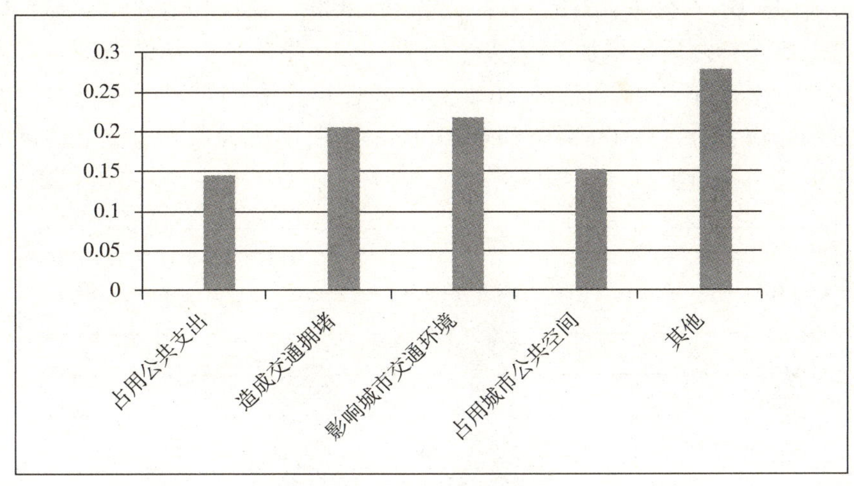

图7　合肥市民关于修建地铁的消极影响的调查

三、合肥市民对地铁开通的期待和建议调查

根据调查发现，80%的受访者认为暂定方案设置合理，即首班车6：00/6：30—末班车23：00，11.82%的受访者认为首班车应提早至5：00，末班车应延迟至夜间12：00。（图8）

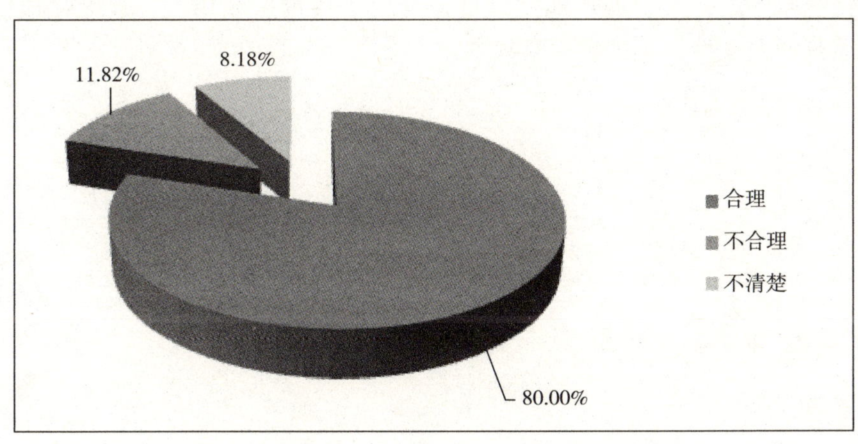

图8　合肥市民对首末班发车时间合理性的调查

在关于地铁票价的调查中，对于暂定的两套方案（方案一：0～4 公里，2 元；4～10 公里，3 元；10～18 公里，4 元；之后每增加 10 公里，加收 1 元。方案二：0～6 公里，2 元；6～12 公里，3 元；12～19 公里，4 元；19～27 公里，5 元；之后每增加 10 公里，加收 1 元。）只有 5.45% 的受访者表示对这两套方案都不认可，而 36.36% 受访者表示二者均可。此外，支持方案一、二的受访者分别占 11.82% 和 46.36%，表明受访者对于方案二认可度明显高于方案一。（图 9）

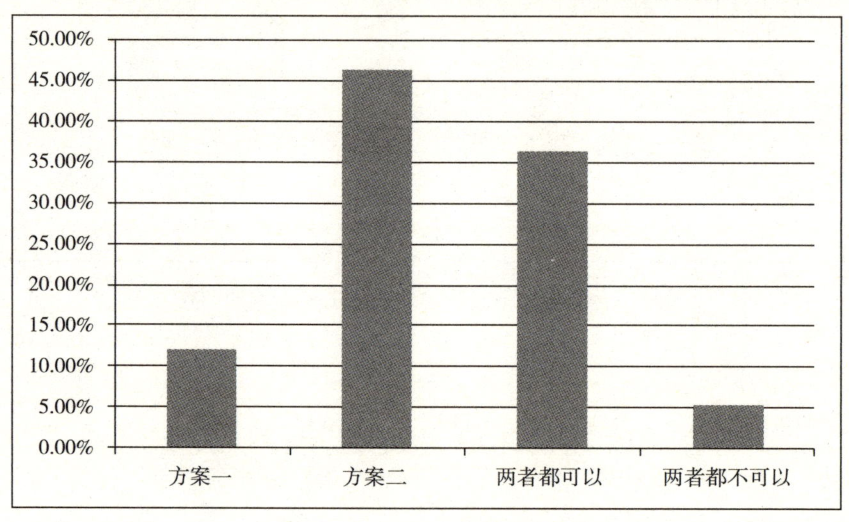

图 9　合肥市民关于地铁票价方案的态度调查

关于合肥地铁的建设，受访者提出以下意见和建议：一、增设站点，扩展地铁线路网络；二、加快地铁建设速度，尽快投入使用；三、增强地铁建设及运行的安全性，避免发生事故。

关于合肥电信诈骗现状及合肥市民防范治理电信诈骗态度的舆情调查

安徽大学舆情与区域形象研究中心项目组

摘要：电信诈骗是指犯罪分子通过电话、网络和短信方式，编造虚假信息、设置骗局，对受害人实施远程、非接触式诈骗，诱使受害人给犯罪分子打款或转账的犯罪行为。近年来，电信诈骗出现了日常化、专业化的趋势，其危害不仅是人民群众钱财的丢失，更有许多“隐形危害”慢慢作用于社会，滋生不稳定因素。比如电信诈骗犯罪分子常常冒充公检法等重要机关工作人员，以公办名义收取不义之财，这就可能给国家机关造成非常恶劣的社会影响。安全部门长期不断地打击电信诈骗，并在网络上和基层单位发布提防电信诈骗的警示，进行电信诈骗辨别的知识普及。为了更明确掌握合肥的电信诈骗现状、了解合肥市民防范诈骗的意识与能力，安徽大学舆情与区域形象研究中心于2016年10月25日做了合肥市民关于电信诈骗的认知情况调查。

现将本次调查的主要发现摘要如下，以供有关部门领导决策参考：

1. 合肥市民遭遇电信诈骗的概率很大。70.1%的受访者表示遭遇过电信诈骗（包括诈骗电话和诈骗短信），表明绝大多数合肥市民或多或少曾受过电信诈骗的骚扰，电信诈骗已经严重影响到合肥市民的日常生活。

2. 是否会遭遇电信诈骗与合肥市民的年龄、文化程度、收入水平等因素有关。数据显示，最有可能遭遇电信诈骗的人群为：年龄在46-65岁的中老年人群、受教育程度在本科及以上的高知群体或月均收入高于4000元的群体。

3. 合肥市民中，遭遇过电信诈骗的受访者中超过一半表示曾经历10次以上电信诈骗，可见电信诈骗辐射人群广且诈骗发生的频率较高。

4. 合肥市民遭遇电信诈骗的形式多样，其中最主要的诈骗形式为“冒充中奖信息诈骗”“冒充家人诈骗”和“冒充国家工作人员诈骗”，应针对

报告执笔人：周彤、贾南、许文敏、戴淑文、彭志翔、吴帆航、杜欣、杜洪雷、张敏、计可欣。

这几类诈骗形式展开专门的防诈骗知识宣传，提高市民防范此类电信诈骗的能力。

5. 合肥市民认为电信诈骗盛行的最主要原因是公民隐私的泄露和法律、法规的不完善；而电信诈骗屡禁不止，政府监管部门、电信运营商、诈骗团伙三方负有主要责任，个人责任相对较小。在防范电信诈骗的措施中，合肥市民认为自己提高警惕、保护个人隐私以及政府部门加强宣传力度这三点是最重要的。

6. 合肥市民遭遇电信诈骗后，超过3/4选择忍气吞声、置之不理或直接挂断（电话），而报警者不足3%，可见合肥市民维权意识相对薄弱。

本次调查采用随机抽样办法，运用国际先进的CATI（计算机辅助电话访问）调查设备，安徽大学新闻传播学院的45位访问员成功访问了361位合肥市民，覆盖全市7个行政区域。调查主要涉及三大部分内容：第一，合肥市民遭遇电信诈骗的现状描述与数据分析；第二，合肥市民对电信诈骗的认知与态度调查；第三，合肥市民对如何防范与治理电信诈骗的意见和建议。

本次调查的被访者涵盖了不同性别、年龄、职业、收入和受教育程度的市民，具有广泛的代表性。其中性别方面，男性占42.9%，女性占57.1%；年龄方面，16～25周岁的受访者占11.4%，26～45周岁的受访者占48.5%，46～65周岁的受访者占16.1%，65周岁以上的占8.0%，16%的受访者选择保密；职业方面，受访者中有3.3%为公务员，12.5%为事业单位工作者，36.8%为企业工作者，另有学生占比2.2%，个体户与自由职业者各占比5.8%，离退休人员有15.8%，其他及保密的共有17.7%；在收入方面，个人月收入低于1000元的受访者占比5.00%，1000～3000元的占12.8%，3000～5000元的占29.1%，5000～10000元的占9.1%，月收入10000元以上占4.2%，有39.8%选择保密；受教育程度方面，小学及以下文化的受访者有3.6%，初中文化的有5.8%，高中或中专占比17.7%，大专占比26.0%，本科及以上的占31.9%，有15.0%选择保密。

一、合肥市民遭遇电信诈骗的现状描述与数据分析

经调查发现，70.1%的受访者表示曾遭遇过电信诈骗（包括接听诈骗电话或收到诈骗短信），29.9%的受访者表示没有电信诈骗的经历（图1）。这表明，绝大多数合肥市民或多或少曾受过电信诈骗的骚扰，合肥市民遭遇电信诈骗的概率很大，电信诈骗已经严重影响到合肥市民的日常生活。

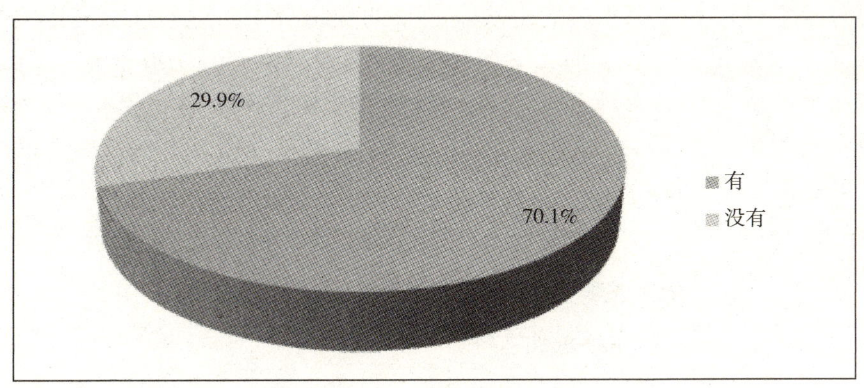

图 1　关于合肥市民有无遭遇电信诈骗经历的百分比图

在分析年龄与有无电信诈骗经历的关系时，研究发现，排除 15 岁以下的未成年受访者，在 16 岁以上的各年龄段，有过电信诈骗经历的人群多于没有此经历的。其中 46 ~ 55 岁及 56 ~ 65 岁两个年龄段的受访者中遭遇过电信诈骗的分别占比 82. 9% 和 87. 0% ，而在 26 ~ 35 岁、36 ~ 45 岁和 65 岁以上三个年龄段中该数据分别为 71. 8% 、70. 7% 和 72. 4% 。由于 65 岁以上的老年群体的社会活动往往较少、手机使用不频繁，与诈骗电话、短信的接触机会相对较少。综上可见，合肥市民中的中老年且社会活动较频繁的人群是电信诈骗的主要目标对象。(图 2)

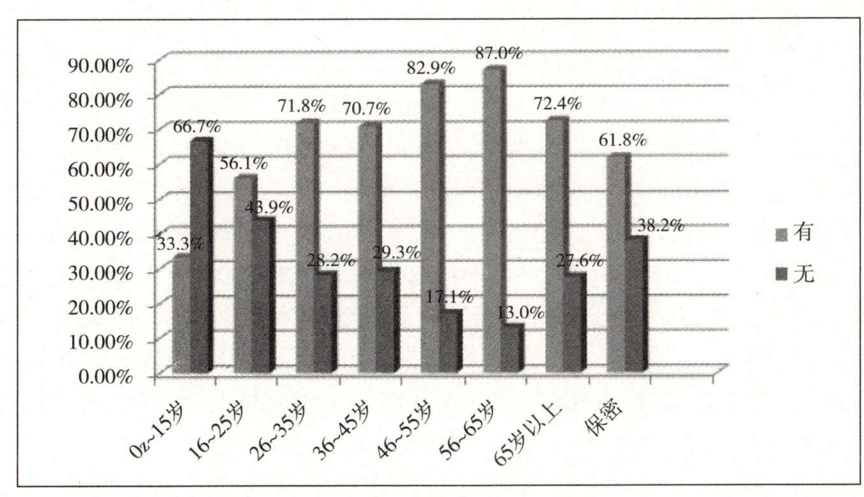

图 2　各年龄段受访者有无遭遇电信诈骗百分比图

在分析受教育程度与有无电信诈骗经历的关系时，研究发现，在受教育程度为“本科”和“硕士研究生及以上”的受访者中，遭遇过电信诈骗的比例高达79.8%和80.8%，而在受教育程度为“大专”“高中或中专”“初中”和“小学及以下”的受访者中，这一比例分别为66.0%、67.2%、71.4%和53.9%（图3）。数据表明，在合肥市民中，受教育程度在本科及以上的高知群体更容易遭遇电信诈骗。

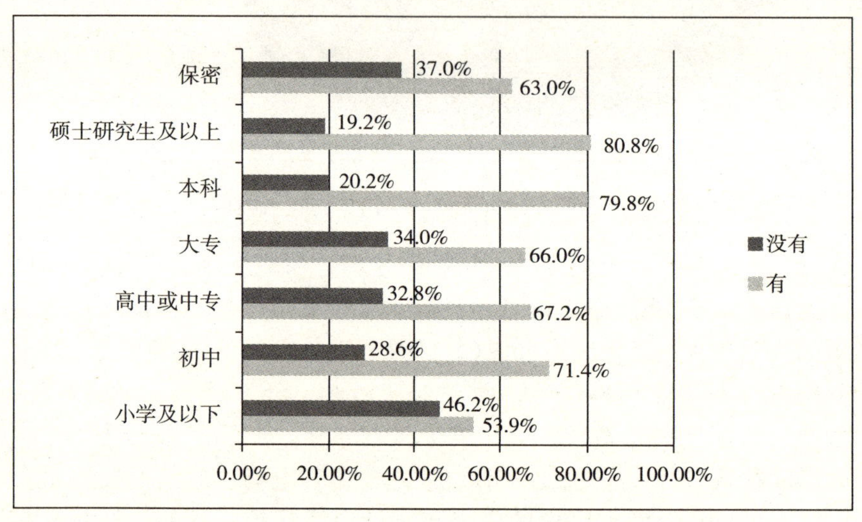

图3　各受教育程度的受访者有无遭遇电信诈骗百分比图

在分析受教育程度与有无电信诈骗经历的关系时，研究发现，月均收入为2000～3000元并且遭遇过电信诈骗的受访者在该收入群体受访者中占比64.5%，月均收入为3000～4000元且遭遇过电信诈骗的受访者在该收入群体受访者中占比64.4%，月均收入为4000～5000元并且遭遇过电信诈骗的受访者在该收入群体受访者中占比82.6%，月均收入为5000～10000元且遭遇过电信诈骗的受访者在该收入群体受访者中占比78.8%。而这一比例在月平均收入“1000以下”“1000～2000元”“10000元以上”的三组中分别为50%、73.3%和88.2%，但因这三组样本量较小，误差值可能较大，仅用作参考。总体来看，月均收入在4000元以下的受访者中遭遇过电信诈骗的比例普遍低于月均收入4000元以上的受访者中遭遇过电信诈骗的比例。（图4）

其中，有39.5%的受访者表示接收到诈骗电话或短信的次数在15次以上，14.3%的受访者遭遇到电信诈骗约11～15次，选择“5～10次”和“5次以下”的分别占比23.3%和22.9%（图5）。即遭遇过电信诈骗的受访者中超过一半表示曾经历10次以上电信诈骗，可见电信诈骗辐射人群广且诈骗发生的频率较高。

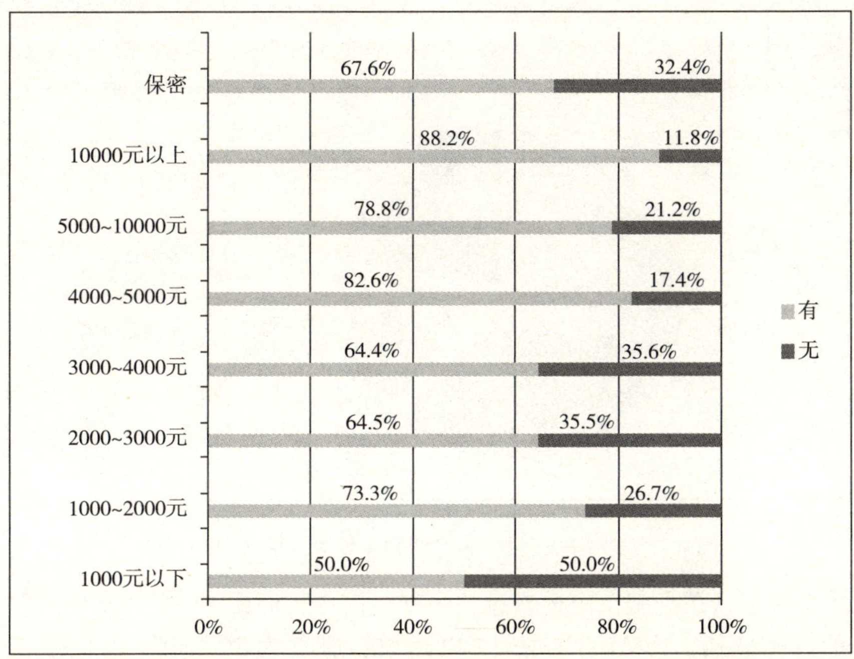

图4 各收入层次的受访者有无遭遇电信诈骗百分比图

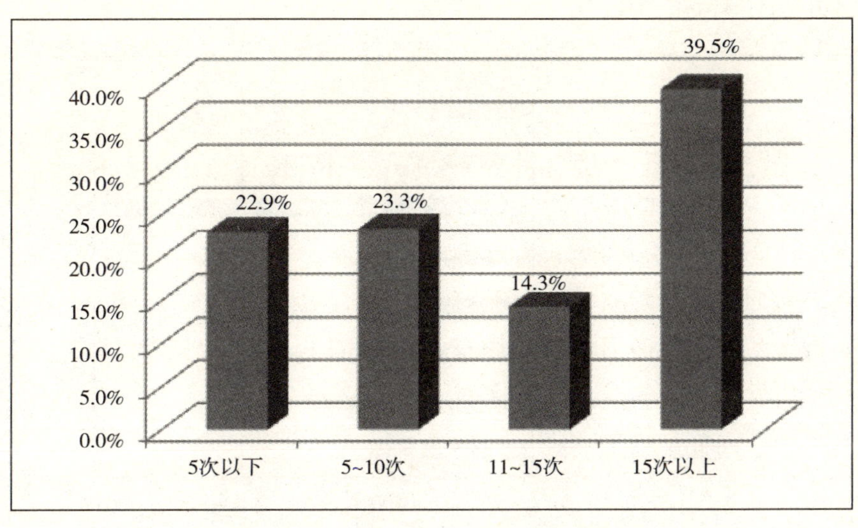

图5 合肥市民遭遇电信诈骗次数百分比图

调查中发现，22.5%的受访者表示只接听过诈骗电话，15.4%的受访者表示只接收过诈骗短信，而多达62.1%的受访者表示诈骗电话和诈骗短信都有收过（图6）。

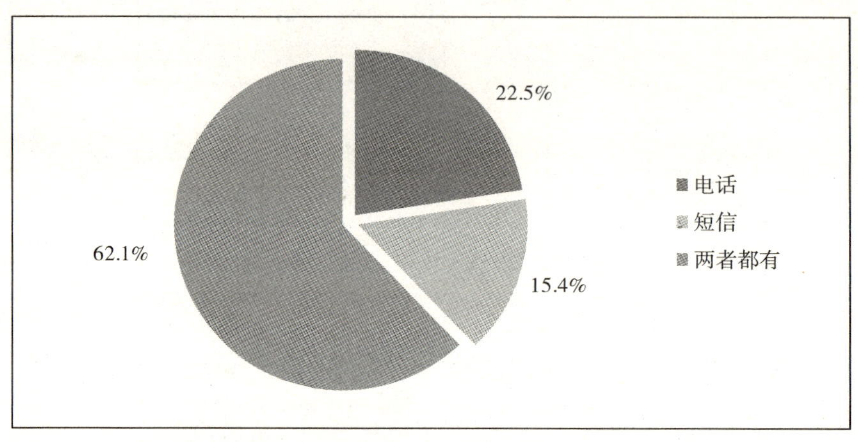

图6 合肥市民遭遇诈骗电话和诈骗短信情况百分比图

数据显示，在合肥市民遭遇过的多种电信诈骗形式中，“冒充中奖信息诈骗”的占比最高，为27.82%；“以退票、退费为由诈骗”占比最低，为7.13%；另外，冒充熟人和国家工作人员诈骗较多，分别占比15.98%和14.27%。应针对以上几类诈骗形式展开专门的防诈骗知识宣传，提高市民防范此类电信诈骗的能力（图7）。

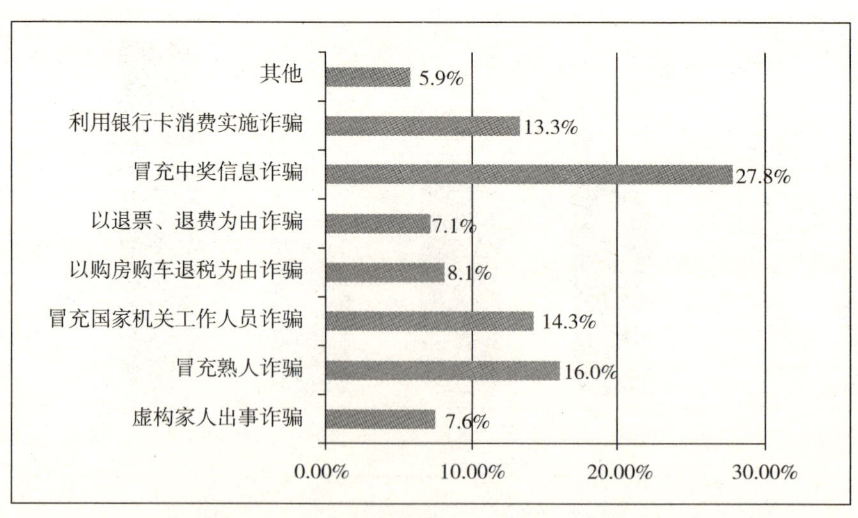

图7 合肥市民遭遇电信诈骗形式百分比图

二、合肥市民对电信诈骗的认知与态度调查

关于电信诈骗盛行原因的调查中，27.3%的受访者认为主要原因是公民隐私的泄露；22.22%的受访者则认为法律、法规的不完善导致电信诈骗盛行。而认同其他原因如不法分子牟利、市民防范意识较低、执法存在难度等的占比较小（图8）。

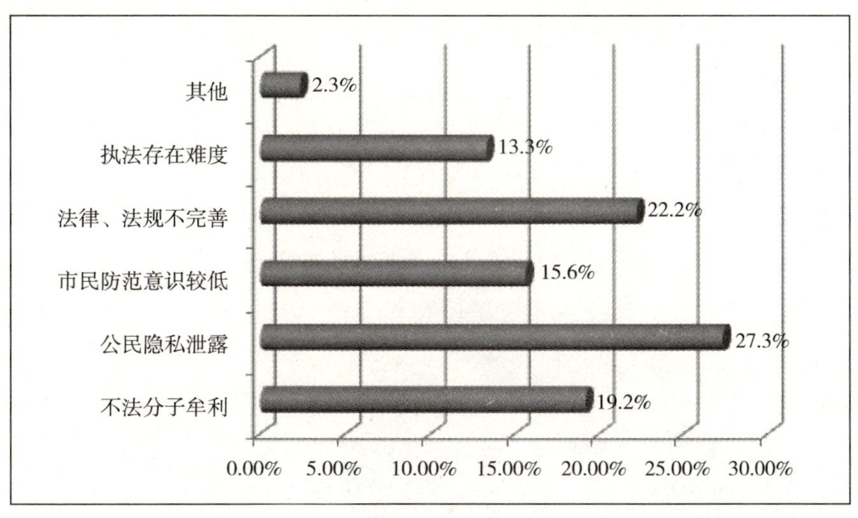

图8　合肥市民对电信诈骗盛行原因的认知百分比图

在遭遇过电信诈骗的受访者中，28.7%表示电信诈骗屡禁不止的责任在于政府监管部门，28.3%的受访者认为电信运营商应承担责任，认为责任在诈骗团伙的占比23.7%，仅有16.1%的受访者认为责任在于个人（图9）。可见，合肥市民认为电信诈骗盛行的主要责任方依次为政府监管部门、电信运营商、诈骗团伙，而个人责任最小。

在对“遇到电信诈骗后的处理方式”的调查中，44.2%的受访者选择“忍气吞声”，32.1%的受访者采取“直接挂断”或者“置之不理”，表示会“立即报警”或“寻求亲友帮助”的占比分别为11.0%和8.0%，仅有2.3%的受访者选择“寻求媒体帮助”，另外有2.4%的受访者给出了不同的答案，如（在电话里）“继续与诈骗者聊天，获得更多有用信息”（图10）。

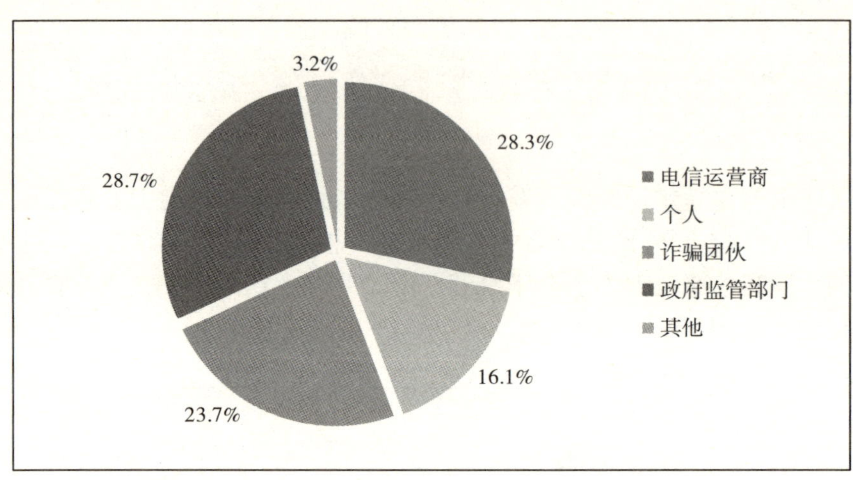

图9　合肥市民对于电信诈骗屡禁不止的责任判断百分比图

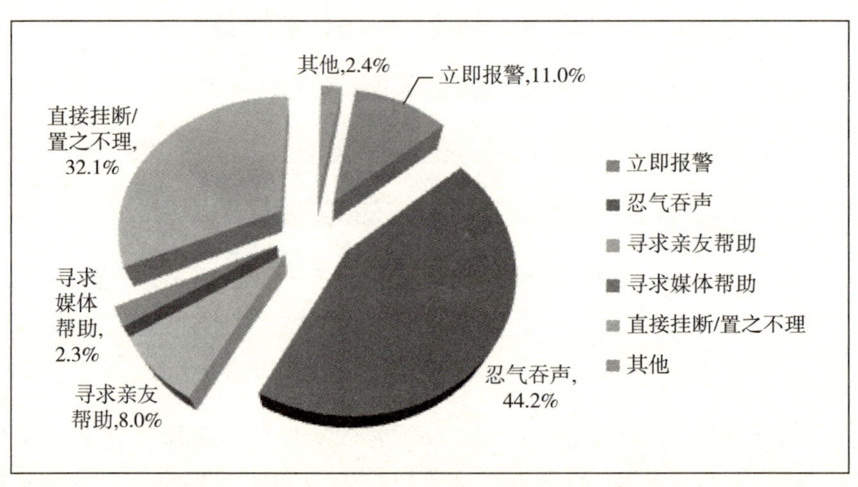

图10　合肥市民遇到电信诈骗时的处理方式百分比图

三、合肥市民对防范与治理电信诈骗的意见与建议

针对如何有效防范电信诈骗，选择“不轻信陌生电话或短信”“注重个人隐私保护”和“相关部门加强对市民的宣传教育”的受访者较多，分别占比27.1%、22.4%和21.0%，而认为应“手机上安装防诈骗电话的软件”和“市民主动学习防骗知识”的仅占比分别为16.1%和10.1%（图11）。这也

可看出合肥市民认为防范电信诈骗，自己提高警惕、保护个人隐私、政府部门加强宣传力度是最重要的。

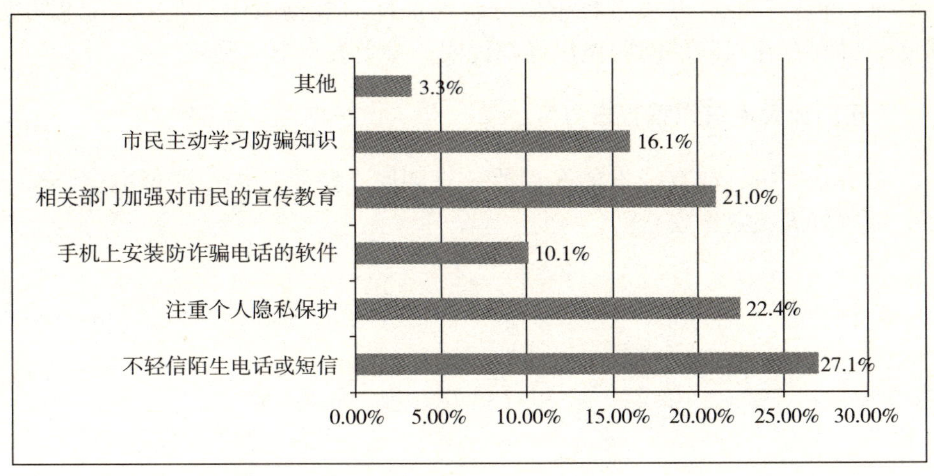

图 11　合肥市民防范电信诈骗方法百分比图

对于相关部门如何有效治理电信诈骗，受访者主要提出以下意见和建议：

（一）提高广大群众的防范意识

通过广泛宣传，进一步提高群众的防范意识。一方面，不轻信来历不明的电话号码和手机短信，不给不法分子进一步布设圈套的机会；另一方面，不透露自己及家人的身份、存款等信息。不转账到陌生人的卡号，保证自己银行卡内资金安全。

（二）加大防范电信诈骗宣传

首先，做防范电信诈骗专题宣传，提示广大人民群众，尤其是偏远山区、信息相对闭塞的群众，要提高警惕，加强自我防范，防止上当受骗。其次，通过电视、广播、短信等方式告知群众新出现的诈骗手段，避免无法甄别真假而上当受骗。

（三）制作防范电信诈骗提示牌

各银行在各网点 ATM 机、储蓄柜台等醒目位置旁边张贴《关于几起电信诈骗案件的风险提示》《防诈骗风险温馨提示》等提示牌，提醒市民注意最近经常出现的诈骗方式，并公布相关部门咨询电话。

（四）银行业务按章操作，防范风险

前台柜员在业务办理过程中做好身份证件的核查工作，严格按流程办理业务，并对存在风险的问题做出详细说明，避免客户上当受骗。

（五）加大电信诈骗打击力度

对群众举报，或有线索的案件要一查到底，坚决打击；严惩电信诈骗分子，保护好人民财产安全。

合肥市民对出租汽车行业改革意见的认知与态度调查

安徽大学舆情与区域形象研究中心项目组

摘要：为了贯彻落实国务院办公厅《关于深化改革推进出租汽车行业健康发展的指导意见》（国办发〔2016〕58号），积极稳妥地推进我市出租汽车行业改革，鼓励创新，促进转型，更好地满足群众出行需求，我市结合实际，征求社会各界和广大市民群众意见之后，提出了《合肥市人民政府关于深化改革推进出租汽车行业健康发展的实施意见》（征求意见稿）、《合肥市网络预约出租汽车经营服务管理实施细则》（征求意见稿）、《合肥市私人小客车合乘出行指导意见》（征求意见稿）等实施意见。意见自2016年11月1日起施行，有效期两年。安徽大学舆情与区域形象研究中心于2016年11月3日做了合肥市民对出租汽车行业改革意见认知与态度的调查。

现将本次调查的主要发现摘要如下，以供有关部门领导决策参考：

1. 合肥市民对于出租汽车行业改革的认知度较低。88.39%的受访者表示不了解合肥出租汽车行业的改革，仅有11.61%的受访者了解出租汽车行业的改革。

2. 在深化巡游车（传统出租车）改革的意见中，合肥市民关注“理顺价格形成机制”占比最多，为46.15%。

3. 对出租汽车行业的司机服务进行打分时，合肥市民打出的平均为6.54分（1分代表非常差，10分代表非常好）。给出低分（1~4分）的受访市民占10.41%，给出中间分（5~8分）的受访市民占比最多，为73.22%，仅有9.82%的受访者给出了高分（9~10分），表示不清楚的市民占6.55%。

4. 合肥市民希望政府从以下几方面对出租汽车行业进行改革，依次为增加出租汽车数量、提高出租汽车的服务质量、加强监管力度、加强司机的资格审查和建立公开透明的服务机制。

本次调查采用随机抽样办法，运用国际先进的CATI（计算机辅助电话访

报告执笔人：周彤、贾南、涂盛雪、许文敏、戴淑文、卫凌霞、洪安、彭志翔、陈泽玺、李子瑜。

问）调查设备，安徽大学新闻传播学院的30位访问员成功访问了336位合肥市民，覆盖全市7个行政区域。调查主要涉及三大部分内容：第一，合肥市民对出租汽车行业改革意见的认知与态度；第二，合肥市民对出租车汽车行业的态度与意见；第三，合肥市民对于出租车汽车行业改革的意见与建议。

本次调查的被访者涵盖了不同性别、年龄、职业、收入和受教育程度的市民，具有广泛的代表性。其中性别方面，男性占44.05%，女性占55.95%；年龄方面，15岁及以下受访者占0%，16~25周岁的受访者占13.39%，26~35周岁的受访者占35.71%，36~45周岁的受访者占21.13%，46~55周岁的受访者占12.50%，56~65周岁的受访者占3.27%，65周岁以上的占8.33%，选择保密的占5.67%；职业方面，学生占0.60%，公务员占2.38%，事业单位人员占18.45%，企业工作者占36.31%，个体户占10.71%，自由职业者占7.14%，离退休者占10.42%，其他占6.55%，保密占7.44%；月均收入低于1000的受访者占比3.27%，1000~2000的占3.87%，2000~3000的占12.80%，3000~4000的占19.35%，4000~5000的占21.73%，5000~10000的占12.80%，10000以上的占4.17%，选择保密的占22.01%；受教育程度方面，小学及以下的占2.68%，初中占7.14%，高中或中专占16.96%，大专占21.43%，本科占38.69%，硕士研究生及以上占8.04%，选择保密的占5.06%。

一、合肥市民对出租车行业改革认知度调查分析

在合肥市民对出租车行业改革认知情况的调查中，88.39%的受访者表示不了解具体的改革情况，仅有11.61%的受访者表示了解（图1）。表明，合肥市民对出租车行业将要改革的认知度低，相关部门应加大宣传力度。

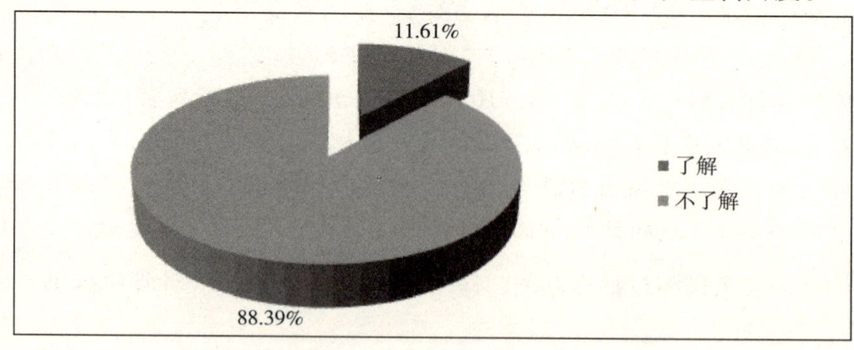

图1　合肥市民对出租车行业改革认知情况

在了解合肥市深化出租汽车改革政策的受访者中，大家关注最多的是“理顺价格形成机制”，其次是“推动行业转型升级”和“改革经营权管理制度”。

二、合肥市民对出租汽车行业改革意见的态度调查

在受访的整体市民中，30.06%的受访者出行倾向于选择“网约车”，21.13%的受访者表示选择“出租车”，22.92%的受访者表示“视情况而定”，25.89%的受访者表示“几乎不打车”（图2）。

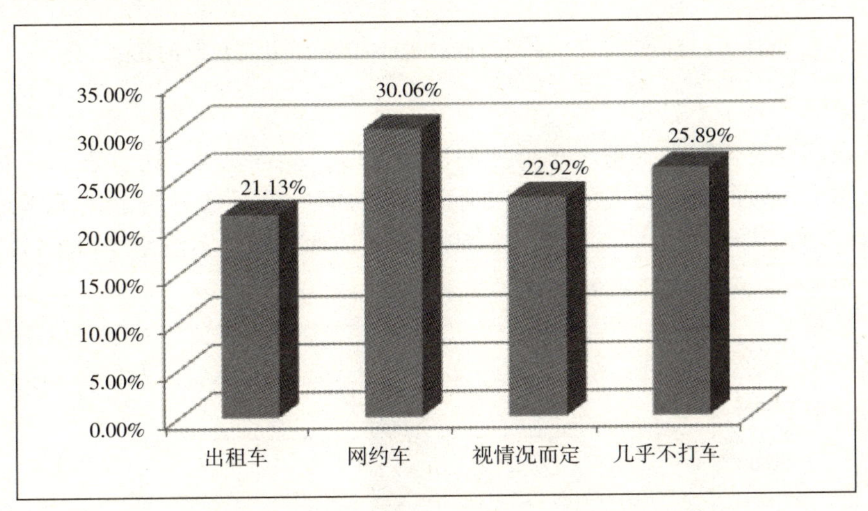

图2　合肥市民在出行中对于出租车和网约车的选择倾向

在“政府对网约车实行指导价”的市民态度调查中，54.46%的受访者表示支持，14.88%的受访者表示不支持，30.66%的受访者表示不清楚（图3）。其中，支持“政府必要时对网络约车实行指导价”的受访者在出行中更倾向于选择出租车，不支持的受访者则偏向于选择网约车，表明受访者担心政府的调控可能会引起价格上涨。

其中，倾向于选择出租车与网约车出行的受访者均认为合肥市出租汽车行业主要存在服务态度差、绕路现象及乘坐舒适度差等问题。因此，政府应加大力度对以上几个方面的问题进行及时处理，同时加强对出租车司机的服务水平及专业水平考核。就受访者年龄来看，55岁以下的受访者更倾向于选择网约车，56~65岁的受访者更倾向于选择出租车，而65岁以上的大部分受

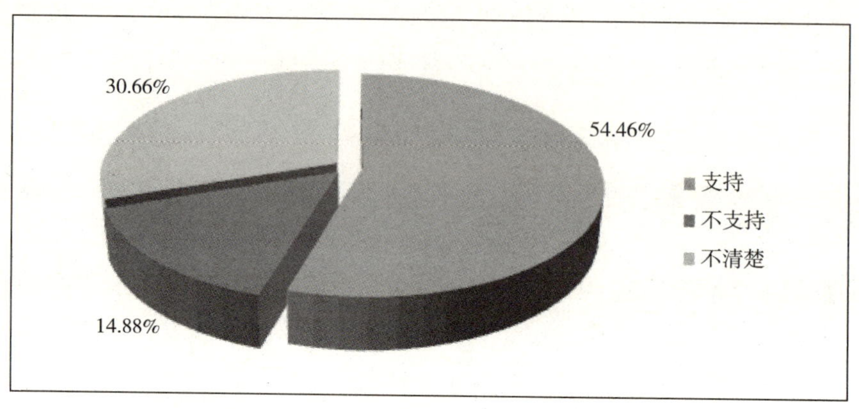

图3 合肥市民对“必要时政府实行网络约车指导价”的看法

访者表示“几乎不打车”。

在问及对合肥市出租汽车行业的满意度时，2.38%的受访者表示“很满意”，15.77%的受访者表示“比较满意”，16.67%的受访者表示“不满意”，51.49%的受访者表示“一般”，13.69%的受访者表示“不清楚”（图4）。

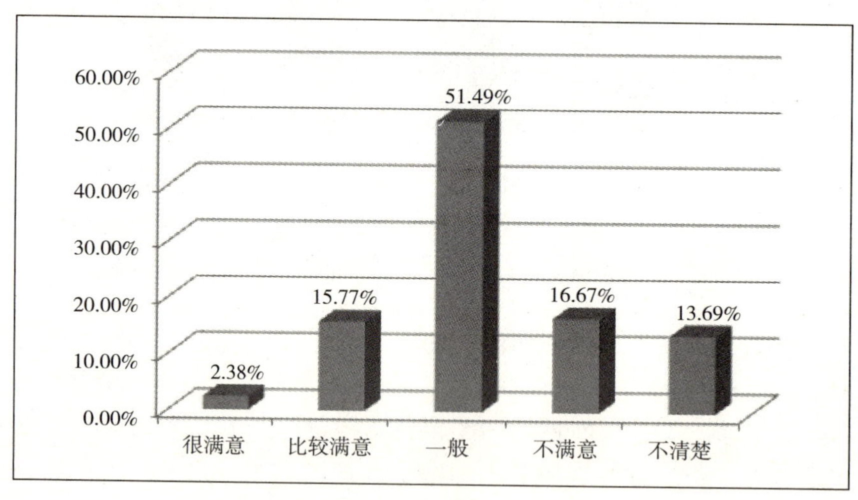

图4 合肥市民对目前出租汽车行业的满意度

对合肥市出租汽车行业的司机服务进行评价时，受访市民打出的平均为6.54分（1分代表非常差，10分代表非常好）。给出低分（1～4分）的受访者占比10.41%，给出中间分（5～8分）的人数占总打分人数的比重最多，为73.22%，而9.82%的受访者给出了高分（9～10分），6.55%的受访者表

示不清楚。(图 5)

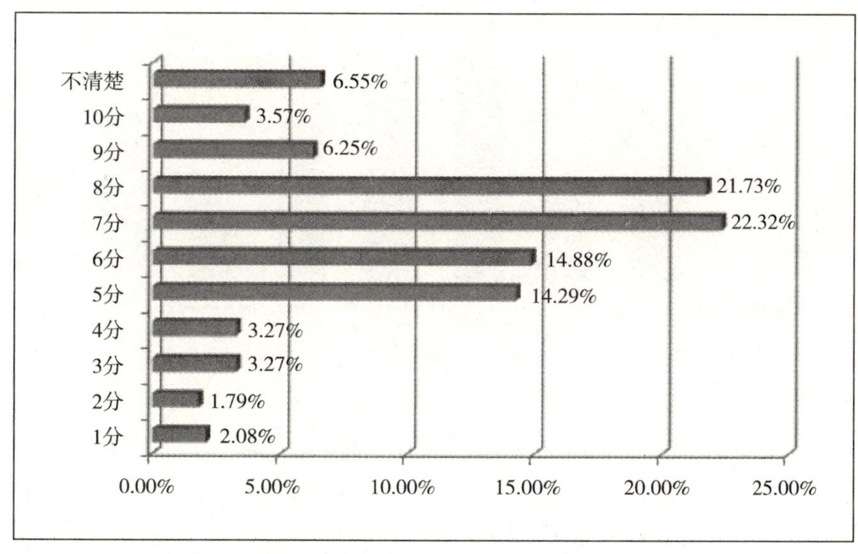

图 5 合肥市民对出租汽车行业的司机服务的评价

三、合肥市民对出租汽车行业改革的建议

针对“目前合肥市出租汽车行业服务存在哪些问题”进行调查时发现，大家反映的问题按主次排序依次是“服务态度差”“乘坐舒适度差”“存在绕路现象”“价格昂贵”“乱收费”和“没有安全感”(图 6)。同时，不少市民反映合肥市出租汽车行业存在“出租车少”“打车难”“拒载”“司机抽烟”等问题。

在被问及对“通过哪些手段来提高出租汽车行业的服务质量”时，受访者意见前三位分别是“应加强对出租车司机的服务水平考核”“加强对出租汽车司机从业的专业培训”和“政府应加大对出租汽车行业的政策扶持力度”。(图 7)

在调查中，合肥市民认为政府应该从以下几方面对出租汽车行业进行改革，依次为增加出租汽车数量、处理好网约车和出租车的平衡、提高出租汽车的服务质量、降低出租汽车的价格、加强监管力度、加强司机的资格审查和建立公开透明的服务机制。

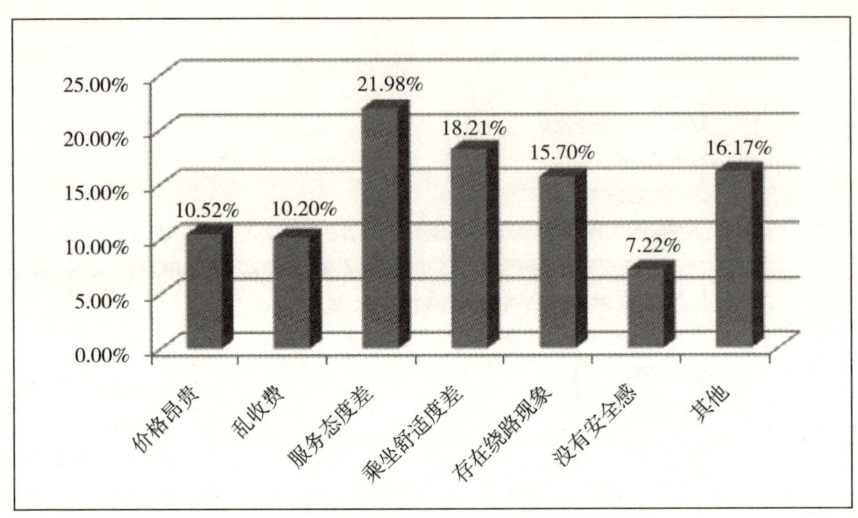

图6　合肥市出租汽车行业存在问题的调查

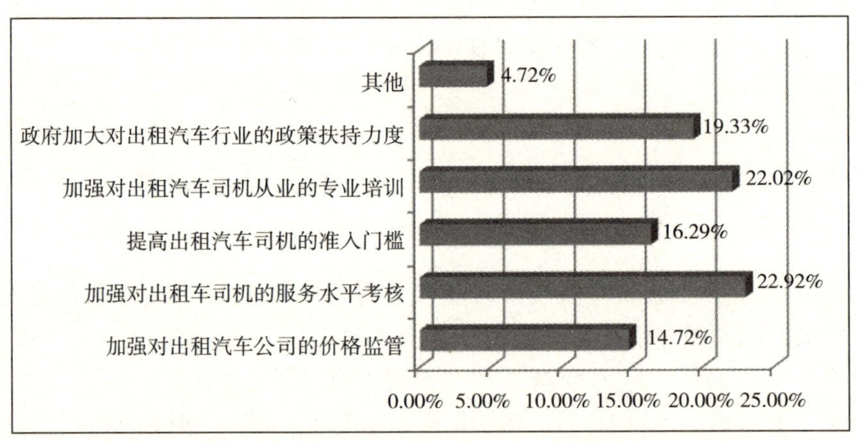

图7　受访市民对提高合肥市出租汽车行业服务质量的意见调查

三、专题研究

区域形象的域外呈现：Facebook 中的合肥

——基于国家形象的对外传播视角

刘 勇 朱丽娜

摘要：城市形象是国家形象的重要组成部分，国家形象是我国对外传播的重中之重。本文基于对外传播的视角，考察以《人民日报》（*People's Daily*）和《中国日报》（*China Daily*）为代表的中国主流媒体是如何借助西方社交平台 Facebook 来呈现国家形象的。本文拟从内容研究的角度出发，采用框架研究方法，以既是非发达地区也是非偏远地区的中部崛起城市合肥为切入点，概括出中国主流媒体对合肥市形象的媒体框架，从而总结出我国国家形象在对外传播过程中的特点和问题。

关键词：国家形象；对外传播；Facebook；合肥

国家形象是社会交往与互动的产物，是在一系列信息输入与信息输出过程中产生的、自我认知与国际认知博弈的结果。对外传播则是一个国家树立国家形象、增强国际地位、加强国际交流、推进国际化进程的一个重要手段。长期以来，国内外学界一般将国家形象系统细分为七个主要范畴：政治（Politics），包括政治体制、国家制度、政府信誉等；经济（Economy），包括金融实力、财政实力、国民收入等；文化（Culture），包括历史遗产、风俗习惯、价值观念等；社会（Society），包括社会凝聚力、安全与稳定、国民素质等，科教（Technology and Education），包括科技实力、创新能力、教育水平等；外交（Diplomacy），包括对外政策、外交能力等；军事（Military），包括军事建设、国防能力、军队素质等。事实上，"国家形象"是一个涵盖不同区域、种族、民族、城市等综合性、全面性的概念。从对外传播的视域出发，一个国家不同区域、地域、民族等的域外形象也是国家形象的一个重要维度。

作者简介：刘勇，博士，安徽大学舆情与区域形象研究中心研究员、执行主任；朱丽娜，安徽大学新闻传播学院硕士研究生。

基金项目："安徽省 2016 年高校优秀青年人才支持计划重点项目"（项目编号：gxyqZD2016006）。

因此，对于中国这样一个幅员辽阔的国家而言，全面展示其形象，是其对外传播的应有之义。

然而，在具体的实践中，中国国家形象的对外传播又常常显示出明显的偏向性，这主要表现为：传媒的关注点往往过度集中于两级——发达地区和不发达地区，而广大中部地区却被有意无意地忽略，尤其是那些特色不够鲜明的城市和地域更容易被传媒的聚光灯所遮蔽。譬如，我们在人民日报的官方微博中，以“北京”“上海”“广州”“合肥”为关键词进行搜索，分别得到3714个、1636个、805个和599个。数字背后呈现的正是国家形象传播中区域的不均衡。那么，在中国的对外传播中，是否也存在这个问题？循着这个问题，我们尝试选择一个中部城市的域外形象来反观国家形象的传播。

一、为什么是合肥

作为安徽省省会，合肥是中国中西部地区城市群的一个“缩影”：伴随改革开放，其城市发展逐渐步入快车道，却一直很难为世界所了解，因而具有强烈的对外传播诉求。2016年6月3日，国家发改委网站上公布了发改委、住建部印发的《长江三角洲城市群发展规划》，规划显示的范围包括江浙沪皖三省一市共26个城市，其中安徽省有8个，合肥明确被定义为I型大城市，与苏州、杭州在同一行列。根据规划的预测，到2030年合肥常住人口将达到1000万，这一数据超过了杭州的950万，与南京的1060万持平。

同时，伴随新媒体高速发展，以《人民日报》《中国日报》为代表的传统媒体开始转向Facebook等西方社交媒介来搭建国家形象对外传播的新平台。那么，国内主流媒体在这些平台上能否实现国家形象的全面呈现，则是关涉传播效果的一个重要问题。为此，本文没有选择研究长期以来饱受关注的东部较为发达的区域，也没有选择西部相对闭塞的区域，而是选择中部正在崛起的、具有一般意义的、非典型城市合肥，具备合肥特点的城市占据了中国的绝大多数，是不可或缺的部分，对此类城市传播方式的研究是最为客观的角度，中部发展区域形象的增强以及呈现方式的优化有助于提高我国以国家形象为代表的国家软实力。

二、研究的思路与核心问题

本文基于对外传播的视角，通过考察两大主流报纸《人民日报》和《中国日报》在Facebook平台上对合肥的呈现，反思国家形象传播的问题、路径与方法。本文通过对有关于“合肥”的64篇报道进行分析，拟解决如下问题：

① 中国主流媒体如何在西方新媒介平台上呈现合肥？

② 中国的主流媒体使用了哪些报道框架来呈现国家形象？这些框架具备怎样的特点？

③ 我国的主流媒体在对外传播我国的国家形象时是否采取了和国内宣传不一样的报道手法？

三、理论框架与研究方法

（一）框架理论的渊源

框架理论是20世纪70年代末80年代初西方兴起的传播理论，其概念最早可追溯至人类学家贝特森。1974年戈夫曼（Goffman）在其《框架分析》中将框架概念引入文化社会学，逐渐引起社会学、传播学、语言学等其他学科的注意。吉特林发展了戈夫曼的概念，提出了更明确的定义：框架就是“关于存在着什么、发生了什么和有什么意义这些问题上进行选择、强调和表现时所使用的准则”。

吉特林（Gitlin）在他的著作《新左派运动的媒介镜像》一书中阐释道：“媒介框架，在很大程度上是不可言说和超越认知的，为新闻记者和日益依赖于新闻报道的我们建构了世界。媒介框架是认知、解释和表达的连贯模式，是筛选、强调和排除新闻报道的过程。媒介框架是无法回避的，它能使新闻也有组织的管理他们的生产。”

对于“框架”这个概念，恩特曼（Entman）、塔奇曼（Tuchman）、甘姆森（Gamson）也纷纷展开研究并对其定义，其中美国学者甘姆森（Gamson）的定义较受推崇，他曾指出：“框架乃是人们组织事务的原则，其功能在于提供人们整体性的思考基础，针对一连串的符号活动发展出中心思想，建构其意义。”他可能是迄今引用框架理论最重要的研究者。

从20世纪70年代起，研究新闻生产的学者开始采用建构论观点，来分析大众媒体如何生产出特定的媒体框架。他们认为，对新闻工作者而言，框架意味着简化复杂的社会事实，按照某种常规和惯例，迅速地将大量社会事实“包装”进新闻报道里，以一种特定的方式来组织新闻事件，新闻工作者的分类、选择、判断和采写活动就建构出了一套新闻框架。

潘忠党总结新闻框架分析的基本理论：一是，新闻传播的意义在传播（或交往）的过程中得到建构；二是，传播活动是使用表达载体的社会活动，构成了一个社会符号生产的领域；三是，它发生在物质生产构成的实体领域；四是，因此受到规范该场域的公共利益以及政治与经济的逻辑之间的张力制约；五是，位处特定历史、经济、政治坐标点的社会个体或团体达到其特定理解或意义所遵循的认知或话语组织原则，就是他（她）们的框架。

学者陈阳（2007）《框架分析一个亟待澄清的理论概念》分别阐释探究了框架分析三大研究领域———新闻生产研究、媒体内容研究和效果研究中框架的作用机制。文中总结：架构分析并不将文本作为孤立的系统，而是将其置于社会行动和社会关系的场域中进行考察，但如何实证地考察话语的文本，依然是架构分析的瓶颈。

黄旦在《传者图像：新闻专业主义的建构与消解》一书中总结各家之言，提出了框架中心观点：媒介生产怎样建构、反映现实，最终通过文本或话语得以体现。

李希光（2002）指出，新闻框架“在某种程度上是观念框架、意识形态框架和知识框架的翻版”。

我国学界关于框架理论研究的视角众多，在此不一一列举。

在框架理论的具体应用方面，陈阳（2008）在《青年典型人物的建构与嬗变——〈人民日报〉塑造的雷锋形象》一文中通过抽样调查方法，在样本范围内反复阅读和比较《人民日报》上标题里出现“雷锋”词语的文章，将它们划分成若干意识形态包裹，分析这些意识形态包裹所采用的结构框架、隐喻、警句、口号、描述、诉求对象等，以求得出如何建构出一个核心的雷锋形象。

郭慕清（2012）在《〈人民日报〉汶川大地震报道框架理论分析》一文中运用框架理论，详尽而具体地分析《人民日报》在汶川地震发生后一个月内的所有报道，试图从研究中发现《人民日报》选择怎样的报道框架来呈现“汶川大地震”，进而为传媒报道提供借鉴。

（二）研究方法

1. 选择 Facebook 的原因

西语舆论场的三大社交平台是 YouTube、Facebook、Twitter。其中 YouTube 是世界上最大的视频网站，主要以视频新闻为主，文本信息仅限于评论。目前，Facebook 有 5 亿用户，Twitter 有 1.06 亿用户，虽然 Twitter 的用户交互性更强，但是在相关政治框架方面，Facebook 上更活跃、更具有代表性。

本文想要研究的重点不是用户对于国家形象的反馈，而是中国的主流媒体向世界展现的国家形象，故本文选择以 Facebook 为研究对象。

2. 选择《人民日报》和《中国日报》的原因

《人民日报》（*People's Daily*）是中国共产党中央委员会机关报，是中国主流媒体不容置疑的代表，虽然其历史悠久，但却在互联网时代历久弥新，作为国家意志的集中体现，一直扮演着重要的对外宣传任务。2016 年 6 月 25 日，在俄罗斯圣彼得堡举行的中俄媒体论坛上，人民日报副总编辑卢新宁表示："今天人民日报在脸书（Facebook）上的认证账号粉丝数已达 460 万，超过华尔街日报和今日美国等西方大报，在全球传媒中排第二位，仅次于纽约时报。"《人民日报》是唯一一家在 Facebook 上拥有平台的中国主流媒体，故具有研究性。

《中国日报》（*China Daily*）是中国国家英文日报，全球每期均发行 90 余万份，其中，海外每期均发行 60 余万份。《中国日报》作为中国了解世界、世界了解中国的重要窗口，是国内外高端人士首选的中国英文媒体，是唯一有效进入国际主流社会、国外媒体转载率最高的中国报纸，《中国日报》是我国政府对外宣传的一个重要喉舌，因此，选取它进行我国政府对外传播的研究具有相当的代表性，同时，最新数据表明其主页在 Facebook 上目前拥有 7740287 个赞。综上，本文选择分析《人民日报》和《中国日报》两个主流媒体，从而使得研究结果更加客观和公正。

（三）框架分析

1. 抽样

本文分别进入 Facebook 上《人民日报》（*People's Daily*）和《中国日报》（*China Daily*）的主页，以"hefei"为关键词搜索，历时长度 4 年（2012—2016），得出结果共计 85 篇，其中（不计重复次数）2016 年 40 篇，2015 年 25 篇，2014 年 8 篇，2013 年 8 篇，2012 年 4 篇。2012 年至 2013 年，有关于合肥的报道总体数量少、篇幅短，且相当一部分报道没有标题。2015 年至今，报道量成倍增长。

本文最终选择报道 64 篇（《人民日报》在 2015 年 6 月 15 日之前的新闻都没有标题，故不予录入）（见附表）。以"hefei"为关键词在两个主流媒体的 Facebook 官方平台的 search 页面进行搜索得出的所有报道中，选取文本中出现"hefei"的段落作为研究对象。由于文本中很多属于重复内容、有些仅仅提及合肥市，却并没有任何的实质性描述，故不予录入。

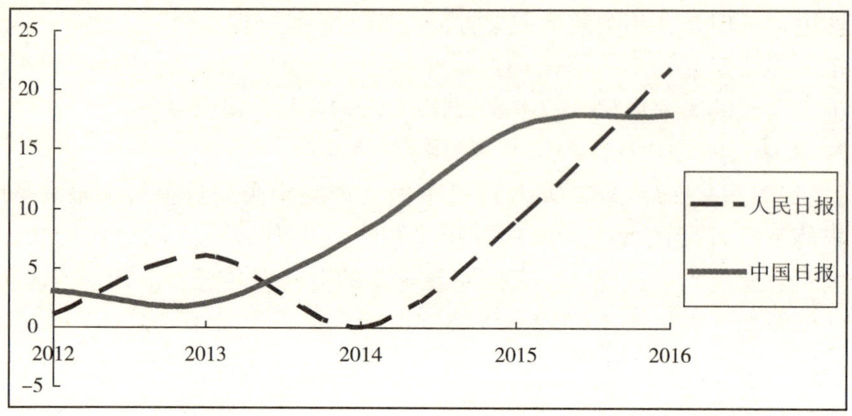

图 1　媒体报道量增长图

2. 类目建构

在翻阅关于“hefei”的这 64 篇报道中，笔者发现，《人民日报》和《中国日报》在对合肥的报道中存在一系列报道框架，媒体通过“为新闻事件赋予意义”来建构其报道手法。本文通过一系列的内容研究得出六个媒体框架：宣传框架、国际交往框架、成就框架、故事框架、归因框架、民生仪式框架。

媒体框架隐藏在新闻文本中，笔者在进行文本解读之后发现各个框架报道中心的关键词汇，这些词汇体现了媒体铸就框架的“选择策略”。

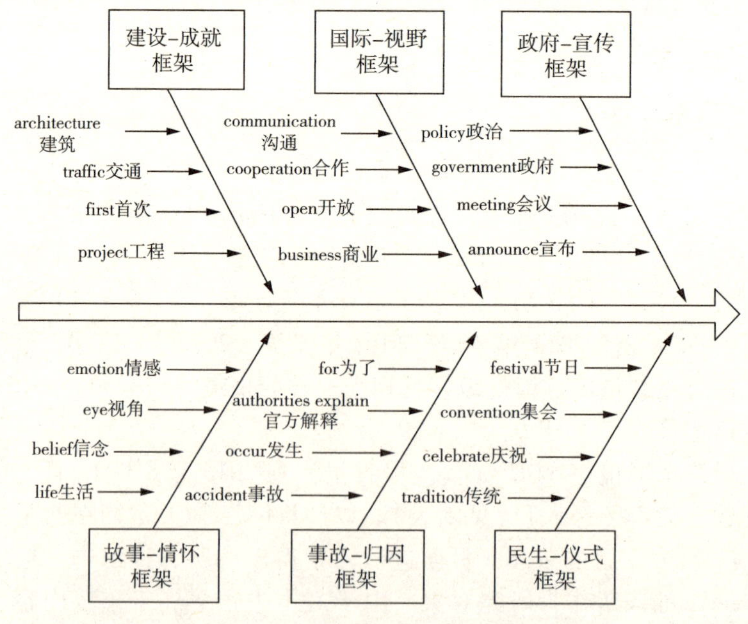

图 2　媒体报道重点关键词图

四、框架分析和研究

本文通过反复阅读标题和正文中含有“hefei”的文章，首先通过图2中的方法将其划分为若干的框架，其次通过“警句、隐喻、主要体裁、描述、结构框架、报道数量、事件属性、新闻主体”等八个指标对框架进行分析（表1）。目的在于发现《人民日报》和《中国日报》在对合肥这一类中部区域的新闻采取了怎样的报道手段。

（一）宣传框架

在“宣传框架”下，新闻报道的绝对中心始终围绕着政府及相关政策。在该框架下，合肥被塑造成“中国东部城市合肥市是创新城市人才之都”对外宣传，包含的报道隐喻合肥已经获得政策性的关注，这势必会使得合肥更加快速的发展。报道文本通过描写国家领导人的到访以及针对高房价出台的一系列政令来彰显合肥的政策优势形象。本框架的结构特点表现为以领导人发言作为标题和报道主体、强调政策拉动经济。在本框架中，新闻主体是政府和官员。无论是在图片的选举和报道中的直接引语上，都是以政府作为绝对主体。

选择是建构媒介框架的重要策略之一，这一做法同时也意味着排除某些内容进入读者视野。合肥市政府领导们也曾多次莅临中国科技大学，但是媒体却并未对此进行报道，因为其影响力远不及国家级领导人。

（二）成就框架

在“成就框架”下，7篇正面报道的报道中心均在展现合肥的建设成果上。

本框架下不断出现“吉尼斯纪录”“最美铁路”等标语，7篇报道中有6篇关于合肥所在的高铁线。目前合肥作为正在发展中的城市，交通的便利是对外形象的重要部分，故媒体在报道中着重于此。通过对合肥兴建铁路和大型建筑的描述，媒体侧重展现一个蓬勃发展、充满活力的城市。

媒体框架以前后一致的方式对新闻事件进行选择和排除，使得对事件的某些理解更为突出。在中国媒体的建构习惯中，彰显高铁等项目是体现大国风采的重要渠道，在对内宣传中，诸如《人民日报》等主流媒体也倾向于对其重点报道。

同理，如某建筑创造“吉尼斯纪录”“世界第一”等也是典型的成就框架下铸就的报道，国内受众看到此类报道会通过“刺激-反应”机制获得自豪感。

表 1　媒体报道框架表

框架类目	宣传框架	成就框架	国际交往框架	民生仪式框架	归因框架	故事框架
警句	East China's Hefei is a Hub for Talent and a Place for Innovation（中国东部城市合肥市是创新城市人才之都）	Guinness World Records（吉尼斯世界纪录）、most beautiful high-speed railway（最美铁路线）	Uber sees potential to chip away at the company's virtual monopoly outside first-tier cities（优步公司看到一线城市之外的区域的潜力）、What Gifts Did Chinese Premier and German Chancellor Exchange（中德领导会晤给合肥带来哪些福利?）	walking convention（步行大会）、Couple holds traditional wedding of 2,000 years ago（情侣集体穿着2000年前的装扮举行婚礼）	Firefighter flying down the 30th floor to rescue a woman from suicide（消防员为救轻生女子飞下30层）、Man Complains of "Missing" Kidney Following Surgery has Kidney Shrinkage Disease,（官方解释男子肾手术后丢肾是因为患有肾疾）	Li has already spent eight months collaborating with his colleagues But the complicated work is far from completion.（李和他的同事已经辛苦劳作6个月了,但离成功还有很长一段路）、he never imagined his life would change so much because of his photos.（他从来没有指望自己的生活会因为这些照片而改变）
隐喻	政治性聚焦必将带来经济腾飞	交通的便利是合肥形象重要组成部分	合肥已经获得了西方世界的关注;合肥希望对外进一步开放和交流	仪式的共享带来文化的认同	负面事件的发生和合肥形象无关	这个城市有着充满魅力的未知故事

（续表）

框架类目	宣传框架	成就框架	国际交往框架	民生仪式框架	归因框架	故事框架
主要体裁	消息	消息	消息	特写	消息	特写
描述	政府出台政策、国家领导人到访合肥	合肥市兴建铁路和大型建筑	领导互访、外企入驻、城市之间交流	市民活动、节日民俗和生活方式的共享	出现了一系列突发事件，但是都获得了官方的解释	从事非盈利职业、追随自己的信念的人物
结构框架	追随中央政策和领导人行程、以官方发言为主体	大力报道合肥的铁路建设	“中小型城市”振兴	节日庆祝、阅读城市、学生减负、古典婚礼	突发事件、负面新闻的澄清	小人物和大情怀
报道数量	8	7	8	26	5	7
事件属性	6个正面	7个正面	8个正面	23个正面、1个负面、2个中性	2个正面、2个负面、1个中性	6个正面、1个负面
新闻主体	政府、官员	市民、游客	政府、官员、商人、工人、消费者、村民、德国官员	市民、学生、动车工作者、厨师、科学家	市民、消防员、警察、机场工作者、医务工作者	艺术家、市民、医生

（三）国际交往框架

在“国际交往框架”中，媒体侧重于报道合肥与国际接轨的形象，文本中出现“优步公司看到一线城市之外的区域的潜力”和“中德领导会晤给合肥带来哪些福利?”等表达体现合肥在国际交往中的形象的描述。报道中不断强调合肥市是“开放的”“有潜力的”。框架不会是孤立存在的，随着我国经济政治文化的多元发展，过去的“举国”关注一线城市的现象有所淡化，媒体的注意力也逐渐转移到合肥这样各方面相对落后的城市上来，媒体通过“中小型城市振兴”的结构框架描述领导互访活动、外企入驻、城市之间交流等具体事件，将合肥形象置于国际视野中。

（四）民生仪式框架

媒体在“民生仪式框架”下的报道侧重于通过仪式的传播和共享来塑造合肥千姿百态的社会新闻。仪式的场景不断出现在该框架下的报道中，媒体通过对仪式的强调来塑造一个“拥有丰富文化积淀、尊重历史、将过去和将来完美融合的合肥”。

仪式框架下的新闻数量最多，达到26篇，平均字数最少，以短小消息为主。从媒体的报道重点来看，我国主流媒体对于合肥的报道是希望通过一系列传统节日、历史文化的展现，在跨文化传播的过程中获得文化认同。

（五）归因框架

在“归因框架”下，媒体的报道始终未脱离事件本身，报道的重点放在“负面性”形成的原因上，即将引起问题或解决问题的责任归于个人、团体或政府。结构框架主要是对突发事件、负面新闻的澄清。

我国主流媒体在报道相关事件时并未形成系列报道，也就是说，每个事件仅有一篇相关报道，而在媒体的选择上，我们可以发现，《人民日报》和《中国日报》所选取的报道都具有一个共性：给予突发事件权威解释。

（六）故事框架

“故事”使用特写的手段描写了7个“小人物”的“大情怀”。在此类框架下，媒体使用了和前五类框架截然不同的报道手法，媒体不再着墨于新闻事件本身，在这一个个人物特写中，媒体花费大量的笔触去描写各行各业的“小人物”的着装、日常生活以及对于理想和信念的坚持。诸如 Li has already spent eight months collaborating with his colleagues But the complicated work is far from completion（李和他的同事已经辛苦劳作 6 个月了，但离成功还有很长一段路）以及 He never imagined his life would change so much because of his photos（他从来没有指望自己的生活会因为这些照片而改变）等类似于情怀抒发的描述不断出现于文本中，留白等修辞也时常运用。

“故事框架”下的文章有 7 篇，篇幅相对较长，全部使用人物特写的手法，成就了关于合肥整体报道中最为“软性”的一个部分。

五、域外呈现的特点与问题

（一）特点

1. 城市形象“具象化”

媒体对于城市形象的域外呈现首先落实到具体客体上，即将市民个体形象与城市形象密切相连。在故事框架里，借以 7 个人物故事来叙述城市故事，不同职业、不同背景的人物身处在城市不同的角落，但都在不同的层面上展示着城市的形象；同时，媒体又将城市形象转化为具体的建设成就，在成就框架中，“高铁”和“鼓建筑”被反复提及，塑造了一个正在大发展大建设的合肥城市形象；而在篇数达到 26 篇的民生仪式框架下的报道通过一个个市民个体、群体的展现，跳脱了过于抽象的意识灌输，将城市形象“具象化”，使其更为丰满和立体。

2. 负面报道“归因化”

首先我们从文中的分析可以发现，63 篇有关于合肥的报道中，只有 4 个负面新闻。负面新闻主要出现在归因框架中。在负面事件的刻画上，形象呈现所展现的是一个“解释者”的角色，即为负面事件提供一个官方的归因解释，通过责任的认定将负面事件和城市形象剥离开来。如“安徽男子右肾丢失事件”，这个事件已经成为医患关系的一个典型的“罗生门”报道，而《人民日报》在对此进行报道时，事实还尚未明朗，但是在这篇新闻里，首先是以 Man Complains of“Missing” Kidney Following Surgery has Kidney Shrinkage Disease，Authorities Explains（男子抱怨“肾没了”，官方解释因肾脏手术后有肾脏收缩疾病）就已经给其下了定论，即原因全部在患者自身。

（二）问题

1. 传播与宣传

在宣传框架下的报道虽然数量不是最多，但是其报道最为翔实，基本都包含长文链接，同时会对领导人的行程等事件形成系列报道。而在成就框架下，报道一味地强调某建筑入选“吉尼斯纪录”，某铁路“中国最美”、会吸引大量游客等等。

在我国，“对外传播”和“对外宣传”的关系长期混淆不清。“对外宣传”作为一种传播现象在世界各国都长期存在，但将其作为主流意识形态话语被过分强调却是我国的独有现象。因为宣传只是单向地灌输，而信息的传播实际上是双向的，应当重视传受双方的互动及传播效果的反馈。在我国，长期以来“宣传”是带有强烈政治倾向的报道理念，突出的是媒体的“喉舌”功能，尽管我们的学术界早就认定必须由“传播”代替“宣传”，但是，从本文对60余篇对外报道来看，我国主流媒体想要通过大力宣传建设成果、单一强调领导人政策的方式来进行国家形象的宣传。

2. 对内与对外

通过对报道的框架分析，本文发现，在国家形象的对外传播上，时常会陷入“对外传播内宣化”的困局。在“宣传框架”中，时常出现对外网站、对内网站报道文本一致，甚至图片角度都雷同的情况。

《人民日报》和《中国日报》作为中国少数几家拥有合法权限使用Facebook社交平台的媒体，借由Facebook以推送的方式让国家形象直面西语受众，但是，面对不同价值体系和文化背景的受众，“走出高墙”的主流媒体却在某些框架下始终坚持着“一视同仁”的传播方式。

2016年4月27日，习近平主席到访合肥市中国科技大学，和该校学生亲密互动，并发表讲话希望年轻一代树立自信。27日的人民日报新浪微博主页上出现了相关报道（图3），标题是《总书记寄语大学生：增强文化自信》，该报道运用了上文中所分析的“政治框架”，是典型的对内宣传模式，同时，这篇报道也出现在人民网上。

3. 过于注重对“强力政府”的呈现

本文研究发现，《人民日报》和《中国日报》中使用“宣传”框架进行报道的文章占比不多，但是文章的篇幅却是所有框架中最长的，新闻主体基本围绕政府和官员，以领袖的照片和言论作为配图和标题。且报道的事件全部为正面事件，有些文章的链接直接援引“人民日报海外版”“人民网”等国内主流媒体的英文版，完全使用“中国式政治”的宣传方式。这样的“强大政府”形象不免使西语受众反感，因为他们所坚持的“民主”和我们所体现的“强大”是相矛盾的。

2008年以来，我国政府启动“大外宣”国家战略，加大通过网络空间塑造国家形象（很多时候，等同于官方的政治形象）的力度，希冀借由网络空

图 3　Facebook、新浪微博、人民网报道截图

间的内容建设争夺意识形态话语权，扭转长期以来西方主宰的国际政治格局。这样的“强权政府”形象虽然使得西语受众认识到了中国作为世界第二大经济体在经济、政治、军事上的长足发展，但同时也使得“弱势民主”的烙印深深影响中国的对外传播的国家形象，这也就是中国为何在国际社会上时常就“人权”“主权”问题遭受诘问的原因。

六、区域形象的呈现与国家形象的对外传播

（一）区域形象与国家形象的关联

当我们向外国人介绍我国绵延五千年的历史文化，我们会谈及北京的八达岭长城、陕西的兵马俑；当我们说到苏州时，我们会将其介绍为“中国的威尼斯”；当我们说到北京的中关村时，我们会将其解释为“中国的硅谷”。区域形象是国家形象的重要组成部分和基础，同时也是认识国家的交汇点和参照物，外国人认识中国，最终都是要落在具体的地域、城市、建筑等客体

上。因此，区域形象的对外传播对于国家形象的塑造具有不可替代的作用。

（二）对外传播的视角与方法

1. 对外传播要做到“内外有别”

对外传播是国家传播中的信息出境部分。以本国（包括本国政府、大众媒体和相关机构）为传播主体的对外传播，受众为国际社会中的其他国家或民众。“对外传播是指一个国家或文化体系针对另一个国家或文化体系所开展的信息交流活动，其目标是要信息接收国更多了解信息输出国，培养其友善态度和合作愿望，并创造一个有利于信息输出国的国际舆论环境，取得最高程度的国际支持和合作。”国家形象的塑造过程是跨国境、跨语言和跨文化的传播过程，这是我们在传播过程中陷入种种困境的根本原因。

就像史安斌教授所说的那样，当前对外传播这种单一模式最大的“短板”就在于其“官方属性”。尽管央视北美记者站聘请了美国资深新闻人担任顾问，30%的雇员为当地的专业人员，但这些举措也难以在短时间内改变当地受众心目中“官方媒体缺乏公信力”的刻板印象。尽管我们注册了Facebook账户，拥有大量的订阅者，但是我们这样大规模的对外传播“走出去”工程，却没有真正的“走出去”。

目前中国对外宣传中，宣传框架、成就框架、国际交往框架都是较为典型的“中国维度”下的“中国语境”。在宣传框架中，我们仍然看到政府和官员作为新闻主体频频出现在相关报道中。在对外国家经济形象的塑造上，相关仪式的展现是必要的，但是，对于外国投资者来说，更需要看到的是像“万达”和“滴滴”这样现实的例子，以及一些必要的经济方面的政策数据。当我们强调要让合肥对外更加开发，媒体不能仅仅停留在口号或者此类政治性宣传上，而应该着力展现最直观的数据，从而展现国家经济发展的潜力。

因此，我们在对外传播的过程中要做到内外有别，即考量域外受众的接收习惯，譬如，西方对宣传的敌视，因此以“传播”替代“宣传”；而在内容上，则要进一步地强化个体形象、具体形象、独特的文化意象、传播表征，从而避免西语受众对“强力政府”的敏感。

2. 传播的策略与艺术——讲好“中国故事”

习近平主席在宣传部长会议上说：“加强国际传播能力建设，推动传统媒体与新兴媒体融合发展，向世界讲好中国故事、传播好中国声音。”只有讲好“中国故事”才是对外传播的最好渠道。所幸，在一些软性新闻报道中，我国的主流媒体改变了以往的报道框架，开始向好的方向发展，在前文的分析中，我们发现，《人民日报》和《中国日报》的Facebook报道在社会文化框架中用短而小的事件特写和长而精的人物特写共同描画了一个充满人文情怀的历史古城合肥。虽然仍然以正面框架为主，但是新闻主体广泛，涉及各行各业，把视角聚焦在一个个性格鲜明的素人身上。正是这样真实的报道构成了一个平易近人而又充满内涵的国家形象。

在“故事框架”中，媒体塑造了典型人物的四个人物特写：捐赠遗体的援藏医生；穿梭于合肥大街小巷的街拍师；年过六旬的模型艺术家；爱好艺术的年轻小提琴家。在刻画他们的过程中，文笔呈现了近乎白描的手法，没有过多的形容词，也不存在新闻报道的任何时效性和价值性，所选取的新闻主体就是最普通的合肥市民，他们通过特定的职业、选择完成了一个个感人至深的举动，虽然篇幅较长，但是却能吸引人读下去，摒弃了西语读者所抗拒的“宣传”气息。

故事框架通过特写的手法呈现了不一样的特点，如果说人物的“故事化”更加细腻绵长，让受众潜移默化的受感，那么事件特写则是以短篇幅、强图片展现出冲击力极大的国家形象。

要想实现“全球化语境”，首先在新闻写作上更加靠近西方新闻作品的写作手法，强调现场性和故事性。塑造一个个鲜活的人物或场景而不是紧贴六要素阐述事实本身。

其次，不要总是强调整体，而是要立足于个体。在“中国语境”下，集体的利益是放在首位的，但是西语受众甚至根本不能理解和接受这样一个基本的出发点。我国的主流媒体在设立报道框架前要首先了解西语受众的基本价值准绳是怎样的，只有这样才能真正地“走出去”，从而讲好“中国故事”。

附表：

<table>
<tr><td rowspan="1">宣传框架</td><td>Twelve Chinese cities introduce policies last week to rein in soaring housing prices 限制高房价政策
New housing restrictions announced 新出台限制政策
President Xi Urges Young Generation to Build up Confidence 习主席强调年轻一代建立自信
Chinese President #Xi Jinping Greeted by Robots “Xiao Man” and “Jia Jia” 习主席和机器人问好
Xi：East China’s Hefei is a Hub for Talent and a Place for Innovation 合肥创新型城市
Hefei to unveil new policies to rein in property market 限制房价</td></tr>
</table>

（续表）

国际交往框架	Wanda opens theme park to rival Disney 万达开业 Workers make lanterns for coming Spring Festival in #China's Hefei 春节灯笼赶制 Uber eyes smaller Chinese cities to take on home-grown Didi 优步重点攻入中国小城市 Li：Markets to open wider for foreign firms 市场要对外国公司打开 Express delivery bursts in Singles' Day 双 11 快递 China to exempt new energy cars purchase tax from Sept 新能源汽车税 Qingfeng buns shipped by air from Beijing 食品引进 What Gifts Did Chinese Premier and German Chancellor Exchange 中德合作
归因框架	Toe transplanted onto man's hand to replace broken finger 医疗 Firefighter flying down the 30th floor to rescue a woman from suicide 救火 Plane makes emergency landing after fire in cargo area 飞机迫降 Man Complains of "Missing" Kidney Following Surgery has Kidney Shrinkage Disease，Authorities Explains 丢肾虚假新闻 Quick-witted Driver Drove Inflamed Truck Directly into Fire Station 汽车开进消防站
成就框架	China's first high-speed railway across mountainous areas 高铁 Hefei-Fuzhou high-speed railway will be put into service on June 28，2015，according to China Railways Corporation 高铁 High-speed rail getting popular for tours 高铁 Hefei-Fuzhou high-speed #railway put into operation 高铁 High-speed railway on trial run in China's farthest north 高铁 Largest drum-shaped building in Hefei sets Guiness record 大鼓建筑
民生仪式框架	Catch as much "cash" as you can 抢现金节目 Children make moon cakes to greet upcoming Mid-Autumn Festival 月饼庆祝 2016 RoboCup #China Open Kicks off in Hefei 机器人大赛 Train crew in #MonkeyKing costume celebrate Chinese Lunar New Year with passengers 美猴王表演 Huge QR code lawn that plays music in Hefei，Anhui Province 巨型二维码 China's "Man-made Sun" Sees Groundbreaking Progress 人造太阳 "Great Britain" promotion event seen in Hangzhou 节目 Getting to know Peking opera by making facial masks 面具京剧

（续表）

民生仪式框架	Couples hold traditional wedding of 2000 years ago 古典婚礼 China makes breakthrough in "Man-made Sun" research 人造太阳 Top 10 most well-read cities in China 阅读城市 Tens of thousands take part in spring walking convention 步行活动 RoboCup World Championships open in East China 机器人大赛 Children study callig during summer class 暑期补习 Anhui theater stages ballet Swan Lake in 3Draphy3D 芭蕾 Trending：Free breasts and the geek who got on at Alibaba 免费隆胸 An eye for the common folk 对传统文化的重视 Students pop stress before college entrance exam 学生减压 Robots kick off #soccer match in #China 机器人足球赛 800 students bang drums as new semester starts 学生击鼓庆祝 Mammoth mooncake served in E China 月饼 Couple holds traditional wedding of 2000 years ago in E 古典婚礼 Han culture fever sweeps Hefei 汉文化 Bikini models attend hot pot banquet in Hefei 比基尼模特吃火锅 Six-hundred-year-old Lotus Seeds Blossom in Eastern China 莲花开花 Primary students watch robots from robot team of USTC 机器人 科技 Graduation rings is new trends 毕业结婚 Disaster relief drills ahead of Disaster Prevention and Reduction Day 防震演习
故事框架	3 villages and a million startups 特色村庄 Music is food for the soul for young Chinese violinist 年轻音乐家 Re-creating ancient history 徽派建筑 ChinaLens A 64-year-old fan on model making 老艺术家 Trending：Free breasts and the geek who got on at Alibaba 免费隆胸 15-Year-old Girl Begs on Street with Bull Head Mask in East China 牛脸女孩 An eye for the common folk 街拍师 On duty doctor dies in Tibet，donates all usable organs 援藏医生捐赠遗体

参考文献：

[1] 冯惠玲，胡百精．北京奥运会与文化中国国家形象构建［J］．中国人民大学学报，2008（4）．

[2] 雷晓艳．报道框架、国家形象与新闻生产：《华尔街日报》的涉华报

道研究（1979—2013）［D］．武汉：华中科技大学，2015.

［3］罗建波．中国国家形象战略的基本框架与实现途径［J］．理论视野，2007（08）．

［4］高卫华，贾梦梦．美国主流媒体的中国多民族国家形象报道框架分析［J］．新闻大学，2016（4）．

［5］董海涛．全球化语境下我国对外传播中的平衡策略研究［D］．武汉：武汉大学，2012.

［6］史安斌．补齐两个“短板”讲好“中国故事”［N］．北京日报，2013-04-22.

［7］汤筠冰．跨文化传播与申奥片的国家形象建构［D］．上海：复旦大学，2008.

［8］邱凌．国家形象宣传片的跨文化传播策略［J］．现代传播，2011（12）．

［9］肖珺．认同危机：基于国家形象塑造的网络跨文化传播研究［J］．武汉大学学报（人文科学版），2013（4）．

［10］［美］托德·吉特林．新左派运动的媒介镜像［M］．胡正荣，张锐，译．北京：华夏出版社，2007.

［11］G. Tuchman. Making News：A Study of Social Construction of Reality［M］．New York：Free Press，1978.

［12］潘忠党．架构分析：一个理论亟需澄清的领域［J］．传播与社会学刊，2006（01）．

［13］陈阳．框架分析：一个亟待澄清的理论概念［J］．国际新闻界，2007（04）．

［14］黄旦．传者图像：新闻专业主义的建构与消解［M］．上海：复旦大学出版社，2007.

［15］臧国仁．新闻媒体与消息来源——媒介框架与真实建构之论述［M］．台北：三民书局，1999.

［16］陈阳．青年典型人物的建构与嬗变——《人民日报》塑造的雷锋形象（1963—2003）［J］．国际新闻界，2008（03）．

［17］郭慕清．《人民日报》汶川大地震报道框架理论分析［J］．神州，2012（14）．

城市新移民社交媒体使用与社会融合度研究

——基于合肥个案网络数据分析

郭艳军

摘要：近年来随着我国城市化进程的加快，“城市新移民”成为一个备受关注的群体，他们能否顺利地融入城市生活，成为城市未来发展面临的一个重要问题。本文从传播学的角度，重点考察社交媒介的使用对“城市新移民”的社会融合所带来的影响。基于合肥个案的网络数据调查，研究结果表明，城市新移民社交媒体的使用能够在一定程度上促进这个群体更好地融入城市生活，但这种影响是有限的，政府和社会应该加强对“城市新移民”群体的关注，为他们提供更好的生活交往平台。

关键词：城市新移民；社交媒体；社会融合；个案分析

2016 年 2 月 29 日，国家统计局发布 2015 年国民经济和社会发展统计公报。数据显示，我国城镇人口占总人口的比重为 65.10%，而伴随着城市化进程而产生的“城市新移民”群体则是其中的一个不容忽视的现象。作者以合肥市为例，根据合肥市统计网站的数据显示，合肥市的常住人口为 712.81 万人，这个数据同第五次全国人口普查的数据进行对比，十年间共增加 265.81 万人，2014 年常住人口为 770.53 万人，全年迁入人口为 8.1 万，全市迁入人口占全市总人口数的 1.05%（合肥市统计局，2014）。

据中国互联网信息中心（CNNIC）2015 年 1 月发布的统计报告，截至 2015 年 12 月，中国网民规模达到 6.88 亿，互联网普及率达到 50.3%，而社交媒体作为一种新的传播方式，已经根植于社会的大系统中，新的传播方式所带来的变革也正在塑造着新的社会关系，因此本文探讨的问题正是社交媒体的使用能否对城市新移民的社会融合带来影响。

一、文献综述

（一）城市新移民

2016 年 3 月 1 日凌晨，新华社受权发布《中华人民共和国 2015 年国民经济

作者简介：郭艳军，安徽大学新闻传播学院硕士研究生。

和社会发展统计公报》。公报显示，全国人户分离的人口2.94亿人，其中流动人口2.47亿人。而关于流动人口学界并没有一个明确统一的概念，一般是指离开了户籍所在地到其他地方居住的人口。通过文献的梳理，关于城市新移民的研究主要围绕城市新移民的就业状况、生存状态、权益保护、政府管理与救助、子女教育以及对新移民总体状况的研究。如，豆小红在《知识新移民的非正规就业与影响因素研究》中提出“知识新移民”这个群体受到多种因素的影响，集中表现在三个方面，父母地位、社会关系和家庭资本，而这个群体中的大多数所从事的职业呈现出非正规性以及代际传播的显著特征。[1]刘一伟、杜妍冬在《生活方式与城市新移民的健康水平》中对中国七个大城市新移民调查发现，蓝领、白领职工自评健康与体态健康在行为、状态、认知三个维度上产生影响，生活方式对蓝领、白领职工在自评健康与体态健康两项指标上存在反差。[2]

（二）城市新移民社交媒体使用

即时通讯、搜索引擎、网络新闻和社交平台作为互联网时代的基础类应用塑造了全新的社会传播图景。而对于城市新移民这个庞大的流动群体来说，新媒体在他们工作、生活交往中究竟扮演着什么样的角色是一个值得探讨的问题。丁未、田阡在《流动的家园：新媒介技术与农民工社会关系个案研究》中提出社会身份、职业组织、社会结构等传统的结构制度性因素依然是影响城市新移民社会融入的主导性因素，但是新媒介技术的发展在推动这个群体社会交际、更好地了解这个城市方面仍具有显著的效果。同时也成为我们观察城市化进程的一个有益的观点。[3]李智、杨子在《女性农民工使用社交媒体调查》中调查了女性农民工的生存状态，认为媒介在这类群体中扮演者不可小觑的作用，新媒体的作用主要集中在改善该群体的社会交往方式，丰富他们的文娱生活，为他们提供更多的就业信息。因此可以进一步改善媒介的服务性的作用，从而促进这类群体获取更多就业机会和权益。[4]周葆华在《新媒体与中国新生代农民工的意见表达》中通过对上海新生代农民工的问卷调查发现，新生代农民工表达意愿整体较高，其表达呈现“人际渠道—新媒体—机构渠道”递减的差序格局。[5]作者在另一片文章《城市新移民的媒体使用与人际交往》一文中通过调查和分析新移民群体媒体使用状况指出，报刊和电视媒体是他们接触这个城市的核心媒体，这种影响在塑造群体共识方面起到巨大的推动力。[6]田阡在《新媒体与现代性民工群体的传播》中提出，新生代农民工在陌生的城市中，往往借助新媒体来进行交往，但是这种交往依然局限于亲缘、地域等因素的限制，通过新媒介扩展交往范围，获取更多社会资本的人仍是少数。[7]关于新社交媒体的使用研究主要集中于其使用行为的研究，其群体也更多地聚焦于“农民工”这一群体，而其实“城市新移民”群体并不仅包括“农民工群体”，还包括城市中的“大学生群体”以及“非本地定居群体”，很明显对这两类群体的忽略并不能完整反映“城市新移民群体”社会融入的整体状况。其次研究方法也主要是定量研究，并没有深入群体内部去了解社交媒介带给他们生活、工作、交往以及认知的更加直观性的改变。

（二）社会融合

社会融合是个体与个体之间，不同群体之间，或者是不同文化之间相互配合，互相适应的过程，城市新移民群体能否顺利融入城市进行工作和生活，对于一个城市的发展而言至关重要，关于这方面的研究主要集中于新移民群体社会融合的状况分析，以及影响新移民融入的因素分析。张明新、杨梅在《城市新移民的传播形态与社区归属感》一文中指出城市新移民对媒介的使用对其更好地融入当地社会有显著影响，可以通过扩大其社会交往，激发他们对所在城市媒体传播内容的重视，能够为他们提供更加良好的传播环境，这些措施将有助于增强他们对所在社区的向心力。[8]李景治、熊光清在《中国城市新移民的政治排斥问题分析》中认为当前中国城市中存在着较为严重的对城市新移民的政治排斥问题，而积极推动户籍制度改革，给予城市新移民以市民权，将城市新移民纳入城市选举制度中来，促进城市社区建设和社区政治发展，加强社会融合是解决城市新移民的政治排斥问题的良策。[9]

“社会融合”这个概念在目前的学术界尚没有一个统一的界定，《中国流动人口发展报告2011》基于国家人口计生委流动人口动态监测调查数据构建了流动人口社会融合指数，包括公共服务、社会保障、经济地位、社区参与和身份认同5个维度，其下又包含子女就学、劳动合同、劳动环境、人际交往和心理认同等26个指标。本文对社会融合度的测量主要是根据《报告》中“城市新移民”对“社区参与”“身份认同”“公共服务”三个大的维度，以及“人际交往”和“心里认同”“劳动环境”等若干个小的指标，并提出进一步的改进措施。

二、研究方法

本文利用新媒体技术，对互联网参与者实行网络调查。在互联网中的社交媒体平台和部分合肥城市生活网站如合肥社区网（http：//www. hfbbs. com）、99度社区网（http：//www. view. bbs. ahwang. cn）、合肥都市网（http：//www. hefeishi. com/）等城市生活网站分发网络调查问卷，共得到有效问卷182份。

问卷设计主要根据“城市新移民”群体对社交媒体的使用频率，对社交媒体信息的信任程度、评价情况、社会参与等维度。

（一）样本的选取

所调查的样本中，女性群体占 40.4%，男性群体占 59.6%，平均年龄 24.34 岁，在受教育水平这一项中，以大专院校居多，占比 41.8%，样本群体的收入状况（按月计）为 1856.5 元。所调查的这部分群体中 62.1% 的人属未婚。按其职业分类，服务业占比最多（47.2%），其次是制造业（25.7%）以及建筑业（22.6%）。

（二）社交媒体使用状况

1. 对与社交媒体的使用状况，我们主要关注城市新移民的媒介“使用强度”和“使用模式”。

表 1　社交媒体的使用依赖

<table>
<tr><td rowspan="18">使用强度</td><td rowspan="2">媒体使用频率</td><td>报纸</td><td>广播</td><td>电视</td><td>杂志</td><td>手机</td><td>互联网</td></tr>
<tr><td>12%</td><td>15%</td><td>34%</td><td>14%</td><td>89%</td><td>87%</td></tr>
<tr><td rowspan="2">社交网站使用年限</td><td colspan="2">一年以下</td><td colspan="2">2 到 5 年</td><td colspan="2">5 年以上</td></tr>
<tr><td colspan="2">9%</td><td colspan="2">78%</td><td colspan="2">13%</td></tr>
<tr><td rowspan="2">日平均社交媒体使用时间</td><td colspan="2">1h 以下</td><td colspan="2">1h ~ 3h</td><td colspan="2">3h 以上</td></tr>
<tr><td colspan="2">43%</td><td colspan="2">27%</td><td colspan="2">30%</td></tr>
<tr><td rowspan="2">微博关注数量</td><td colspan="2">50 以内</td><td colspan="2">50 ~ 200</td><td colspan="2">200 以上</td></tr>
<tr><td colspan="2">38%</td><td colspan="2">33%</td><td colspan="2">29%</td></tr>
<tr><td rowspan="2">微博粉丝数量</td><td colspan="2">100 以内</td><td colspan="2">100 ~ 500</td><td colspan="2">500 以上</td></tr>
<tr><td colspan="2">65%</td><td colspan="2">22%</td><td colspan="2">13%</td></tr>
<tr><td rowspan="2">社交网站好友数量</td><td colspan="2">50 以内</td><td colspan="2">50 ~ 100</td><td colspan="2">100 以上</td></tr>
<tr><td colspan="2">43%</td><td colspan="2">32%</td><td colspan="2">25%</td></tr>
<tr><td rowspan="6">社交媒体的使用依赖性
（图 1：社交媒体的使用依赖性）</td><td colspan="6">1. 社交媒体是我生活中必不可少</td></tr>
<tr><td colspan="6">2. 使用社交媒体会让我觉得很时尚</td></tr>
<tr><td colspan="6">3. 使用社交媒体是我每天必做的事情</td></tr>
<tr><td colspan="6">4. 我觉得没有社交媒体我会与社会脱节</td></tr>
<tr><td colspan="6">5. 我感到自己是社交媒体社区的一员</td></tr>
<tr><td colspan="6">6. 如果没有社交媒体，我就觉得很沮丧</td></tr>
</table>

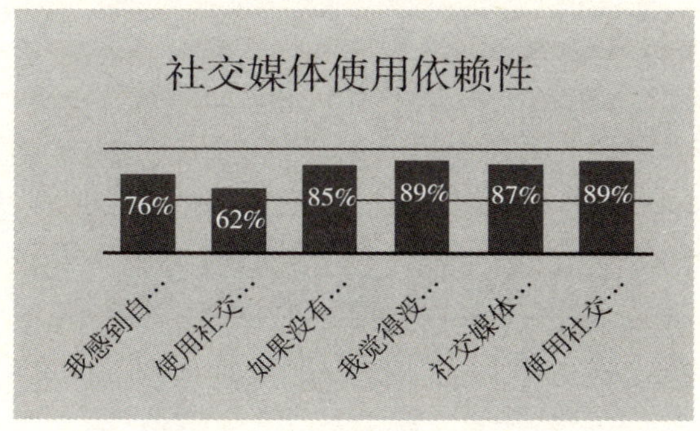

图1 社交媒体使用依赖性

关于使用强度的研究发现，样本媒体使用的频率由高到低依次为手机、互联网、电视、广播、杂志、报纸。87%的受访者社交媒体使用年限在2～5年，57%的受访者日平均社交媒体使用时间在1～3小时，57%的受访者社交网站好友数量在50人以上，而微博关注数量以及微博粉丝数量则分布比较均衡。从表1中可以看出，受访者对社交媒体的依赖性较强，8成以上的受访者认为使用社交媒体已经成为日常的习惯，习惯性把自己当作社交媒体社区的一员，并且认为如果离开社交媒体会与这个社会失去联系。

2. “使用模式测量”的三个因素：生产信息、获取信息、社交交往。

表2 使用模式测量

使用模式	生产信息	发布信息；转发新闻； 评论点赞；分享信息
	获取信息	浏览公众号，微博；搜索新闻或知识； 参与讨论新闻事件；在互联网上闲荡
	社会交往	搜索好友；下载社交应用；发起或参加网络或者现实中的活动；加入聊天组；使用社交工具；认识新朋友

关于“使用模式”的研究发现，从事最多的是“信息生产”，八成以上的受访者使用社交媒体进行“转发信息”和“分享视频图片音乐”；其次是“社交活动”，近八成的受访者使用社交媒体加入群组，结识新朋友；最后是信息获取，七成以上的受访者通过社交媒体，或者关注好友动态来获取信息。

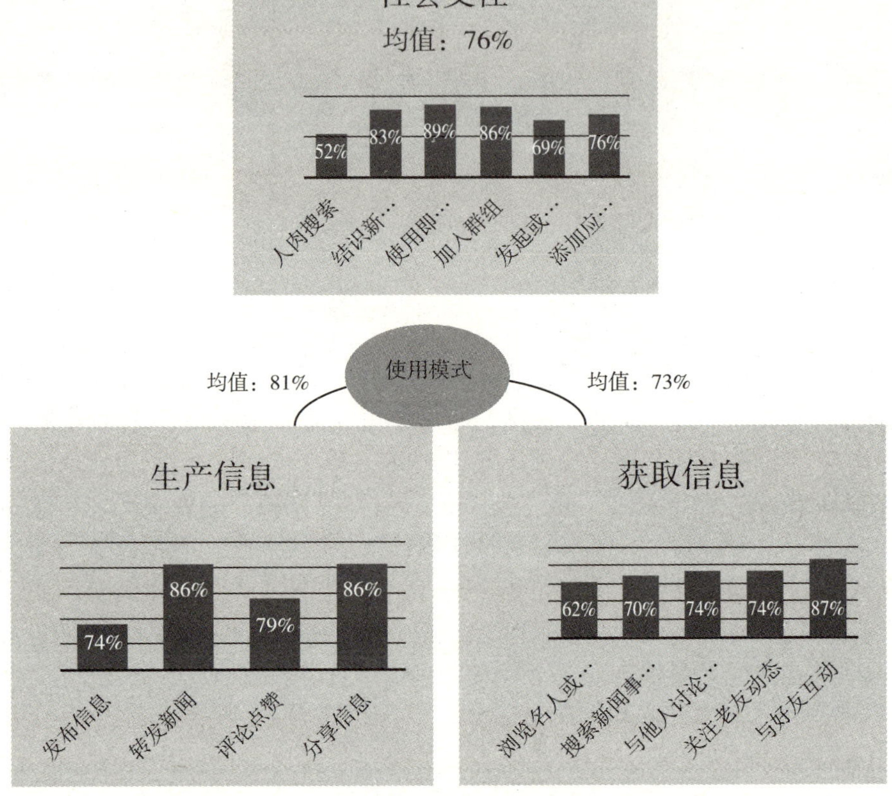

图2 使用模式测量

表3 社会融合度测量

社会认同	1. 我认为我是合肥人
	2. 我关注与合肥有关的所有事情
	3. 我愿意定居在合肥
	4. 我不想离开合肥且会想念它
	5. 我在合肥生活有归属感觉
社会参与	我愿意参与社区组织的志愿者活动、社区活动、公益社团活动、慈善活动（如地震捐款）、无偿献血活动、网上的公共讨论等

（续表）

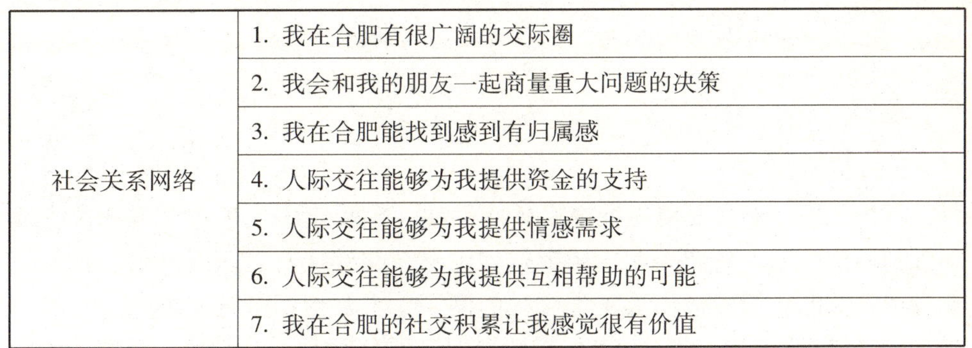

社会关系网络	1. 我在合肥有很广阔的交际圈
	2. 我会和我的朋友一起商量重大问题的决策
	3. 我在合肥能找到感到有归属感
	4. 人际交往能够为我提供资金的支持
	5. 人际交往能够为我提供情感需求
	6. 人际交往能够为我提供互相帮助的可能
	7. 我在合肥的社交积累让我感觉很有价值

备注：“社会认同”的测量的三个要素：“社会认同”“社会参与”和“社会关系网络”。

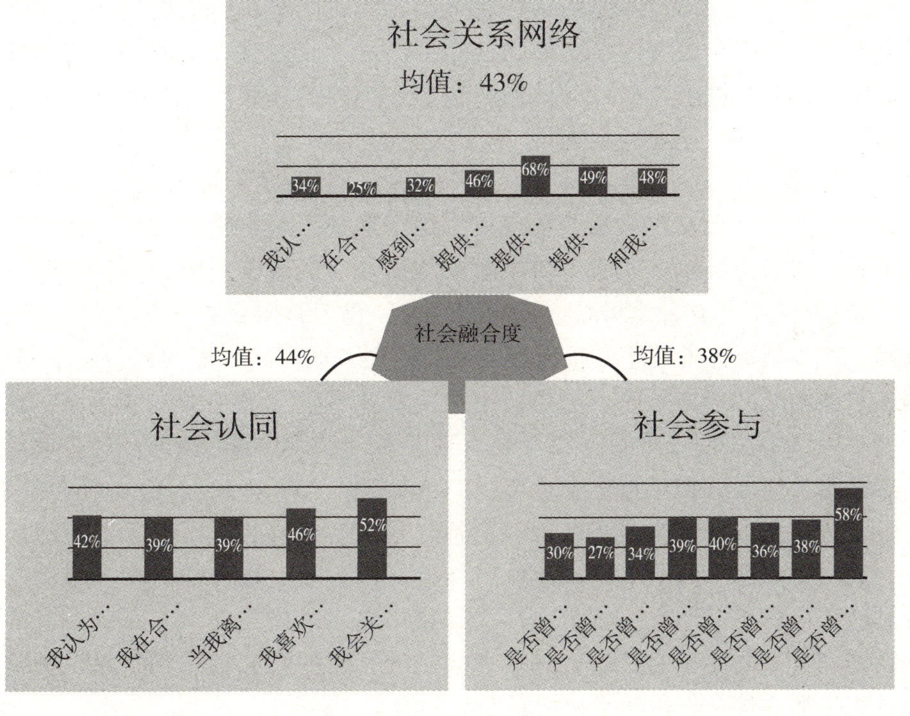

图 3　社会融合度测量

社会融合度的研究发现，在社会认同层面，不足一半的受访者表示在合肥有家的感觉，喜欢合肥并且愿意一直留在合肥，并会关注合肥发生的事情；在社会关系网络方面，近四成的受访者认为自己在合肥的交际圈广泛且能让其“更好地实现自我的价值”，能感到有归属感；在社会参与方面，样本所体现的社会参与度并不高，只有均值 35% 的受访者愿意参与参加志愿者活动、社区活动、兴趣社团活动，其中社会参与度最高的是网上的公共讨论（58%），可见新媒体对城市新移民社会参与的影响。

三、研究结论

首先，城市新移民使用社交媒体能够在一定程度上促进这个群体更好地融入到城市生活；研究表明，城市新移民对社交媒体有着很强的依赖性，而这种依赖性能够帮助他们去扩大交往的圈子，更好地认知这个城市，从而增加这个群体对所在城市的社会认同。他们最经常使用QQ、微信、微博，还有各类交友软件，调查表明这类群体会花费相当一部分时间来使用这些社交工具开展社会交往互动，而使用这些聊天工具的时间越长，他们的社会交往关系机会更加的广，而对这个城市的认知也会进一步增强，从而进一步提升这个群体的社会归属感。相对于他们所在现实生活，互联网的交往空间更能让他们找到归属感，建立社会认同。

但是另一方面，社交媒体的使用也会在一定程度上带来一些负面影响，比如影响他们社会交往和参与的深度。由于职业、稳定性、收入等诸多因素的限制，新移民群体在现实生活中融入本地社区的程度有限，这类群体更愿意“结群抱团”，这种结果就造成他们的交往仍旧被限定在“熟人”“老乡”的圈子中。新媒体的使用在很大程度上，扩展了城市新移民的社会关系网络，拓展了他们的社会交际面，但是使用社交媒体所建立的社会交往关系，更多的是一种“弱关系”，他们通过手机互通互联，寻求共同的兴趣爱好，共同的情感慰藉，甚至两个互相交往的人是从未谋面的“陌生人”。这些“弱关系”在一定情况下也会成为城市新移民群体，寻求社会支持的重要人脉资源。因此，我们得出这样的一个结论，城市新移民使用社交媒体能够在一定程度上促进这个群体更好地融入城市生活；其作用更多地体现在寻求虚拟空间的心理认同和社会弱关系的拓展，而对于他们的真正的社会资本积累以及促进其对真实生活的参与作用非常有限。

其次，根据Tajfel对社会认同的经典定义，群体认同对个体价值观的塑造有着决定性的影响，当个体认同所在群体的价值观，并从中找到归属感的时候，个体便会依照群体的价值取向来塑造自己，从而获得更多的情感和社会支持。因此，社会认同理论更多地强调群体的心理认同，是个体认可群体，接受群体之后所得到的积极的情感和价值意义并以此来塑造自我的过程（雷开春，2008）。在这一过程中，城市新移民群体在价值观、文化认同以及个人发展的碰撞中逐渐适应强势文化所带来的种种冲击，并学会去更好地适应它、利用它。因此，社会认同对于城市新移民能否很好地融入当地生活起到至关重要的作用，而其中的群体文化环境所带给他们的心理感受，则是直接决定了他们在城市中是否获得归宿感的决定性因素。

最后，本研究对城市新移民社交媒体的使用与这一群体“社会融合”进行相关性的分析。发现了新媒体对城市新移民具有一定的“赋权”功能，同时这种功能又受互联网普及程度、教育水平、心理认知等因素的影响。实践层面的意义在于，为政府和社会关注“城市新移民群体”以及促使他们更好地融入工作城市提供了有益的参考。除了在住房、就业、医疗、教育等方面为这个群体提供更好的生活保障和公共服务，政府和社区也需要帮助新移民拓展其交往的圈子，突破地域、血缘等因素的限制，使其能够更好地利用新媒体来参与城市的发展建设，提高其心理归属感，增加对所在城市社会认同，能够真正地融入社区环境中，提升其生活的满意度。

参考文献：

[1] 豆小红．知识新移民的非正规就业与影响因素研究［J］．中国青年研究，2012（4）．

[2] 刘一伟，杜妍冬．生活方式与城市新移民的健康水平［J］．当代青年研究，2015（5）．

[3] 丁未，田阡．流动的家园：新媒介技术与农民工社会关系个案研究［J］．新闻与传播研究，2009（1）．

[4] 李智，杨子．女性农民工使用社交媒体调查［J］．现代传播，2015（15）．

[5] 周葆华．新媒体与中国新生代农民工的意见表达［J］．当代传播，2013（2）．

[6] 周葆华．城市新移民的媒体使用与人际交往［J］．新闻记者，2010（4）．

[7] 田阡．新媒体与现代性民工群体的传播［A］//传播与中国·复旦论坛——交往与沟通变迁中的城市论文集［C］．2011.

[8] 张明新，杨梅．城市新移民的传播形态与社区归属感［J］．新闻与传播评论，2009（1）．

[9] 李景治，熊光清．中国城市新移民的政治排斥问题分析［J］．文史哲，2007（4）．

关于合肥大学生地域认同与就业情况的调查

付家美　岳　山　彭志翔　何　颖

摘要：随着近年来合肥房价的高企，房价高、就业难成为大学生毕业时面临的主要难题。一方面，随着合肥经济社会的高速发展，越来越多的大学毕业生选择合肥安家立业；另一方面，合肥的高房价、低工资也阻碍了大学生留在合肥发展的热情。就业是民生之本。如习近平总书记所说，“就业是永恒的课题”。

本研究立足于合肥，调查合肥在校大学生对合肥的地域认同及毕业后的去留选择。研究发现，绝大多数在校大学生认同自己作为合肥人的定位，对合肥发展的信息指数打分比较高。但是，只有不到一半的毕业生选择毕业后留在合肥发展，而影响毕业生留在合肥发展的主要因素是过高的房价和过低的工资。故而，本文提出用房留住人才；用具有吸引力的薪酬留住人才；用城市文化留住人才；用知名企业留住人才的四大解决措施。

关键词：合肥；大学毕业生；就业；地域认同

一、引言

据教育部公布数据显示，2017 届高校毕业生预计 795 万人，比 2016 年增加 30 万人。在空前的就业压力面前，大学生面临就业难的问题，而不少中西部城市面临留住、引进人才难的问题。地域认同作为一种情感因素，对大学生就业地选择的影响有极大的研究价值，可以为地方政府相关部门的决策提供有益的参考。本调查立足中部省会城市合肥，探究合肥在校大学生对合肥

作者简介：付家美，安徽大学新闻传播学院 2015 级本科生；岳山，安徽大学新闻传播学院讲师；彭志翔，安徽大学新闻传播学院 2015 级硕士研究生；何颖，安徽大学商学院 2015 级本科生。

基金项目：2017 年安徽大学大学生创新训练计划项目的阶段性成果（20170357108）。

的地域认同如何？毕业之后的去留选择情况？分析影响合肥在校大学生就业地选择的因素有哪些？

现将本次调查主要发现摘要如下：

1. 不到一半的受访者选择毕业以后留在合肥发展，略少于毕业以后不留在合肥的大学生。选择留在合肥的主要因素是“有熟悉的人脉和环境”（59.44%）、“看好合肥未来的发展”（54.55%）。

2. 受访大学对合肥市发展信息指数的平均分是3.66分（5分制）。给出4分和5分的受访者超过一半，占总人数的58.28%。表明多数大学生对合肥的发展有信心。

3. 问及合肥在吸引大学生方面的优势时，81.23%受访者选择“省会城市”、44.31%的受访者选择科教实力。

4. 问及留在合肥发展的原因时，59.44%的受访者因合肥熟悉的人脉和环境留在合肥，54.55%的受访者认为合肥发展潜力好而留在合肥。

5. 在受访者看来，房价高（76.92%）与工资水平低（76%）是合肥吸引毕业生的主要劣势。

本次调查采用分层和随机抽样结合的方法，选择985高校、211高校、高职专科三类学校，随机发放问卷，安徽大学新闻传播学院的5位访问员共发放350份问卷，收回326份，有效326份。调查主要涉及三大部分内容：合肥在校大学生对合肥的认同情况、合肥在校大学生毕业的去留情况、影响合肥在校大学生去留的因素。

本次调查的被访者涵盖了不同性别、年级、学校类别、专业类型和生源地的在校大学生，具有广泛的代表性。其中性别方面，男性占40.18%，女性占59.82%；年级方面，大一的受访者为18.1%，大二的受访者占30.06%，大三的受访者占16.82%，大四的占16.26%，研究生占18.76%。在受访者的学校类别方面，985高校、211高校占47.24%，普通本科占37.12%，高职专科占15.64%；在专业类型方面，社会科学占受访者的47.24%，人文科学占21.17%，自然科学占31.60%。在受访者生源地方面，合肥的占25.77%，省内其他城市的占53.99%，外省的占20.25%。

二、大学生对合肥的认同度

在“与你的家乡相比，您是否认为合肥的条件更好”问题中，60.33%的受访者回答了“更好”，可见在大多数人眼中，合肥的条件优于家乡的条件。

在“你对关于合肥的以下内容的了解程度”问题中，对合肥市风俗习惯了解程度给出3分、4分和5分的受访者超过一半，为58.59%；对著名景点、美食小吃、合肥名人、历史文化选项给出3分、4分和5分的受访者也均超过一半；在本土品牌这一选项中，34.36%的受访者给出了2分。这说明大多数人对合肥风俗习惯、著名景点、美食小吃、合肥名人和历史文化了解较多，对本土品牌了解较少。

表1　对合肥相关知识认知程度的打分情况

题目/选项	1	2	3	4	5
风俗习惯	11.89%	29.57%	33.54%	15.85%	9.15%
著名景点	5.18%	19.82%	32.62%	29.27%	13.11%
美食小吃	5.79%	21.65%	36.28%	28.05%	8.23%
合肥名人	8.23%	29.27%	33.23%	20.12%	9.15%
本土品牌	14.94%	34.45%	27.44%	14.94%	8.23%
历史文化	9.76%	27.74%	32.93%	21.34%	8.23%

在“你认为自己是合肥人吗”问题中，25.91%的受访者认为自己是外地人，61.89%的受访者将自己的身份定位为“既是合肥人又是外地人”，仅有12.20%的受访者认为自己是合肥人，说明多数人对自己是合肥人这一身份的认同度较低。（图1）

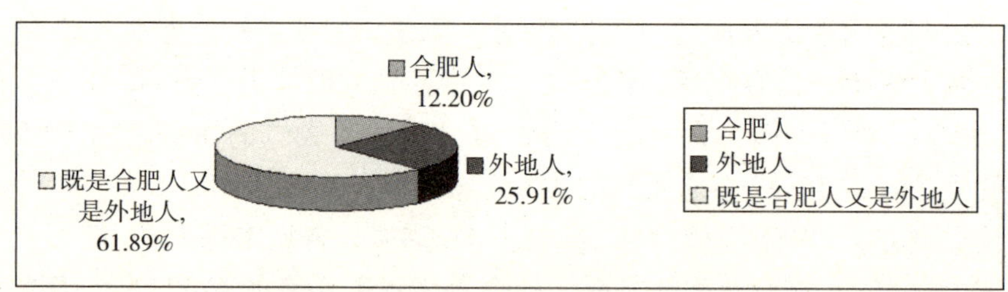

图1　受访者对自身身份的认同情况

在“你认为什么样的人可以称为合肥人”的调查中，“有合肥户口”这一选项占比最高，高达75.08%；“在合肥有家”这一选项所占比例为60.62%；“在合肥有稳定职业”为52.31%；“出生在合肥”“在合肥生活”“在合肥有房子”分别占比45.23%、49.54%、40.31%；“按照合肥风俗办事”占比较少，为28.92%。由上述统计结果可知，大多数人认为是否有合肥户口是判断其是否为合肥人的主要依据。（图2）

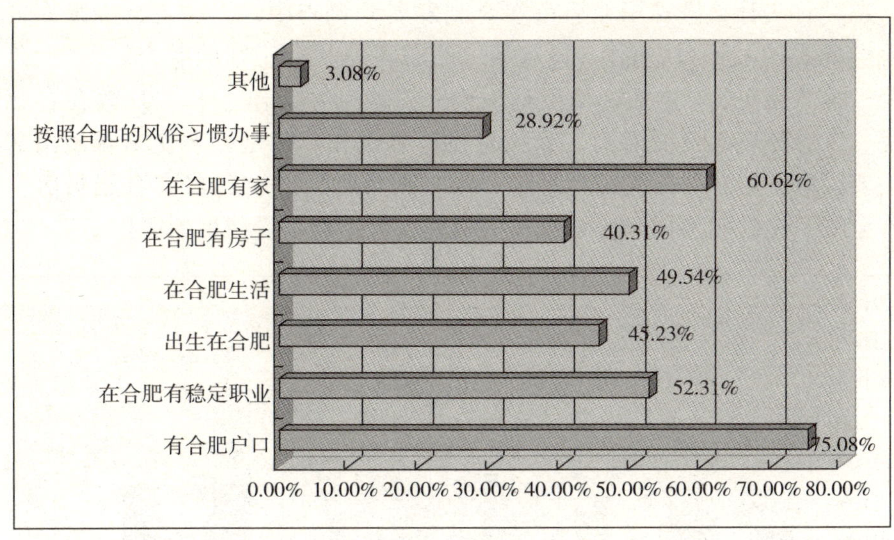

图2 受访者认为合肥人应具备的条件

在“您对合肥发展的关注程度”这一调查中，14.72%的受访者表示“非常关注”，53.68%的受访者表示“比较关注”。由此我们可以发现，大多数人一直关注着合肥的发展。

三、影响大学生就业的相关因素

在“您毕业以后是否留在合肥”的问题中，44.17%的受访者的回答是“是”，剩余的受访者则选择了“否”，可见在受访者中，愿意留在合肥的人略少于不愿意留在合肥的人。通过对受访者“专业”和“是否留在合肥”的卡方分析，受访者的专业对受访者是否留在合肥具有显著相关，不同专业对去留合肥有显著的差异。

表2 受访者“专业”和“是否留在合肥”的卡方检验

	值	df	渐进 Sig.（双侧）
Pearson 卡方	12.306[a]	2	.002
似然比	12.581	2	.002
线性和线性组合	11.442	1	.001
有效案例中的 N	327		

a. 0 单元格（0.0%）的期望计数少于5。最小期望计数为30.83。

在“你为什么选择毕业后留在合肥发展”调查中，受访者选择最多的原因是“熟悉的人脉和环境”，位居第二的原因是“合肥发展潜力好”，此外分别是“家人意见”“生活环境舒适安全”“找到好工作”和“户籍在合肥”。可见，人脉环境、发展潜力、家人意见、工作和户籍是影响受访者做出选择的主要因素。还有部分受访者是因“伴侣在合肥”和“已经在合肥买房”而留在合肥。这说明伴侣和房子也在一定程度上影响了受访者的选择。

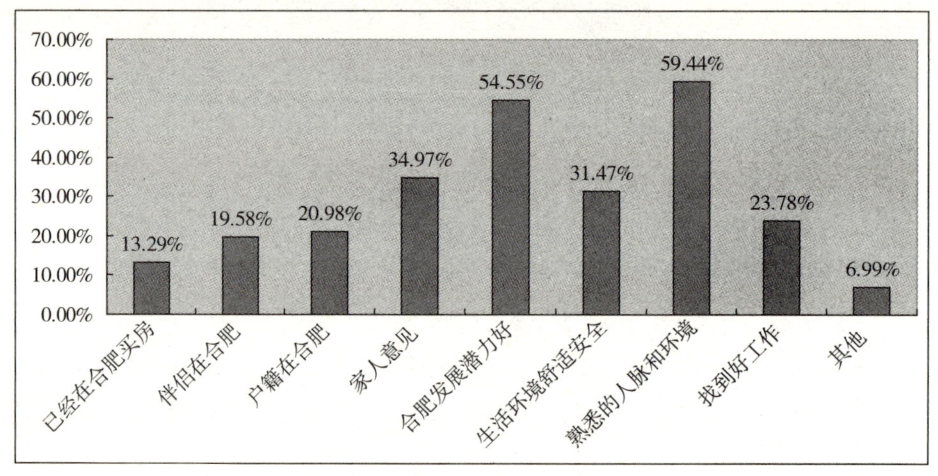

图 3 受访者毕业后留在合肥的原因

在“以下因素对您是否留在合肥的影响程度”问题中，受访者打出 4 分和 5 分占比最多的是房价这一因素，为 69. 02%，其次为经济发展水平和城市配套措施，分别占比为 63. 19% 和 60. 13%。由此可见，房价是影响大学生是否留在合肥的主要因素。

表 3 影响是否留在合肥的因素打分情况

题目 \ 选项	1	2	3	4	5
城市潜力	3. 35%	10. 06%	26. 22%	34. 45%	25. 91%
经济发展水平	3. 35%	7. 01%	26. 83%	35. 67%	27. 13%
物价水平	4. 57%	9. 15%	30. 18%	36. 89%	19. 21%
城市配套设施	3. 66%	7. 93%	28. 66%	37. 80%	21. 95%
城市生态环境	4. 27%	9. 76%	26. 83%	33. 54%	25. 61%
房价	5. 18%	7. 62%	18. 60%	33. 54%	35. 06%
饮食习惯	9. 76%	14. 02%	39. 33%	25%	11. 89%
在合肥的上学经历	10. 06%	12. 80%	29. 88%	29. 88%	17. 38%

针对“您对合肥未来发展的信心指数”这一问题，受访大学对合肥市发展信心指数的平均分是3.66分（5分制）。给出4分和5分的受访者超过一半，占总人数的58.28%。表明多数大学生对合肥的发展有信心。在关于“年级”和“对合肥信心指数”的相关性分析中，“年级”和“对合肥信心指数”呈现正相关关系，表明高年级学生对合肥更有信心。

表4 受访者“年级”与“合肥信心指数”的相关性分析

		3. 您的年级：	14. 您对合肥未来发展的信心指数（打分）
3. 您的年级：	Pearson 相关性	1	.109*
	显著性（双侧）		.050
	N	327	327
14. 您对合肥未来发展的信心指数（打分）	Pearson 相关性	.109*	1
	显著性（双侧）	.050	
	N	327	327

*. 在0.05水平（双侧）上显著相关。

四、合肥吸引大学毕业生的建议

在问及对大学生就业政策的了解程度时，70.55%的受访者表示不太了解。反映出大学生对合肥就业政策的关注较少；相关政府部门的政策宣传也不到位。

在“您认为合肥在吸引毕业生方面有哪些优势”问题中，受访者选择“省会城市”最多，占比81.23%；其次是“科教实力”“就业机会多”和“政策扶持”，分别占比44.31%、44%、42.77%；而“人文环境”占比相对较少。可见，合肥省会城市的头衔是吸引毕业生的主要优势。

在“您认为合肥在吸引毕业生方面有哪些劣势”问题中，“房价高”和“工资水平低”占比位居一、二，分别为76.92%和76%；紧随其后的是“知名企业少”和“平台低、视野广”，分别占比68.92%、62.46%；“产业落后”占比较少。由此可见，合肥的高房价和低工资成为其吸引毕业生的绊脚石。

此外，有不少受访者直接给出了相关建议，如“合肥环境比较差，希望

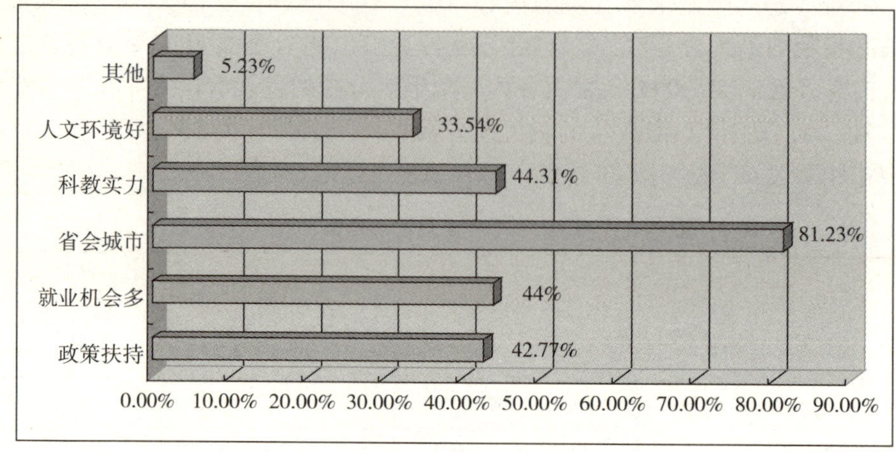

图 4　受访者认为合肥吸引毕业生的优势

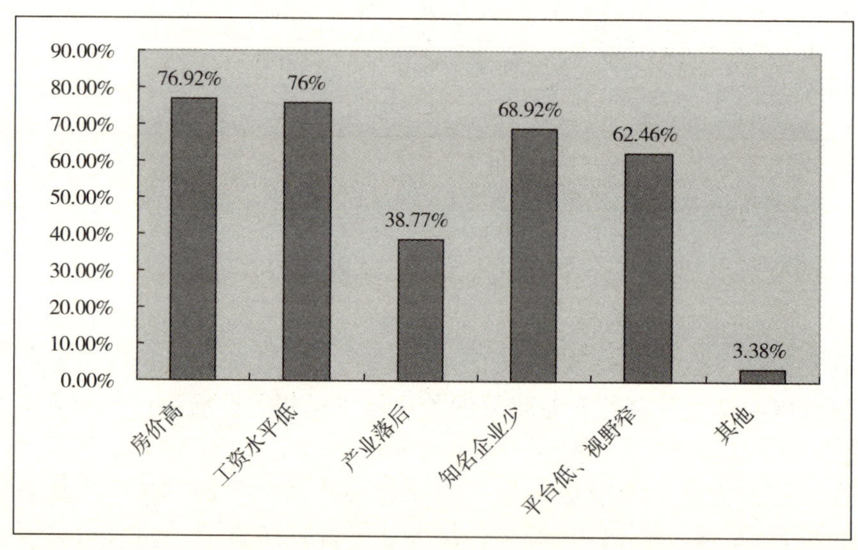

图 5　受访者认为合肥吸引毕业生的劣势

相关政府部门能加大环境治理，改善雾霾”“治理交通拥堵，加快经济发展速度，引进知名企业”“调控房价，毕业生买房可有扶持补贴政策”“打好科技、创新型城市这张牌”“多给非重点高校毕业生创造就业机会”等。可见，合肥在校大学生对合肥有着很深厚的情感，希望合肥能够抓住机遇，积极改善条件，为大学毕业生提供良好的工作、生活环境。

习近平总书记曾说，致天下之治者在人才。人才是衡量一个国家综合国力的重要指标，对于城市的发展，人才亦发挥着至关重要的作用。而大学生这一群体作为冉冉升起的新星，成为当今社会人才队伍的主力军。合肥，作为安徽的省会城市，在吸引大学生方面仍欠缺优势。为此，结合本次问卷的结果，特提出以下建议，以增强合肥在吸引大学生方面的吸引力，谋求社会和谐发展。

（一）用房留住人才

从问卷的结果中，我们得知合肥吸引人才最大的劣势就在于房价高。由胡润研究院与万国置地联合发布的“全球房价指数 2017”显示，合肥、厦门、南京以超过 40% 的涨幅，位居全球房价涨幅前三位。房价涨幅赶超一线城市，收入水平却没有跟上。从一定角度看，高房价会将高校人才“拒之门外”。合肥目前正处于经济发展时期，人才需求量大增。因此，合肥应当颁布相关措施，抑制房价，吸引人才。具体而言，合肥可以出台针对毕业生的购房补贴政策，比如通过减少税费和手续费的方式，降低购房者的交易成本。合肥也可以借鉴深圳的“人才安居”政策，将人才住房与保障性住房从现有的住房体系中相对分离，构建人才住房与保障性住房双轨并行的公共住房体系。

（二）用知名企业留住人才

由统计结果可知，知名企业少是合肥留住人才的一大劣势。一方面，合肥作为一座科教城市，其大型科技公司并不少，但知名度低。因此，合肥需加大对现有的企业的宣传力度，使其成为合肥的又一张城市名片。另一方面，合肥在其他领域的大型企业的确匮乏，应加强与知名企业的联系，采取优惠措施引入大量知名企业，在吸引人才的同时也能促进城市经济发展。

（三）用城市文化留住人才

由上述调查问卷的统计结果可知，大多数人对合肥这座城市的认同度不高。除了经济和地理位置等方面的原因外，城市文化也是导致该结果的重要原因。就此，合肥要注重文化激励和人文关怀，营造平等融洽的文化气氛，紧紧围绕“大湖名城、创新高低”这一城市标语，宣传合肥文化，增强城市凝聚力，使得身处合肥及外地人才都能感受到浓郁的城市氛围。

（四）用具有吸引力的薪酬留住人才

工资水平低作为合肥留住人才的第二大劣势，影响着大学生的选择。从整个城市经济水平看，房价节节攀高，物价持续上涨，但工资水平近乎停滞不前，而工资又为学生选择就业地的重要影响因素。就此，政府可以鼓励企业筹划建立一套系统的事业激励措施，如特殊人才持股方案。此外，政府应了解全国平均工资水平，比对其他城市薪酬水平，来检查分析合肥工资水平的合理性，以确保员工满意度，留住人才。

参考文献：

[1] 邵建平，李芳红．欠发达地区核心人才流失与地域认同度关系实证研究［J］．科技进步与对策，2012（13）．

[2] 郭云贵．大学生地域认同对返乡就业意愿的影响研究［J］．周口师范学院学报，2012（02）．

[3] 邵建平，张晓媛，邵千芸．地域认同度对核心人才流失影响的差异性研究——基于甘肃的实证研究［J］．开发研究，2012（05）．

[4] 苏虹，胡亚会．比吸引人才更重要的是留住人才［J］．商场现代化，2007（06）．

[5] 谢爱莲．中部地区崛起中人才资源开发战略研究［D］．南京：南京航空航天大学，2007.

[6] 姚晓芳，费孝保．合肥高新区人才环境评价与优化研究［J］．合肥工业大学学报（社会科学版），2011（04）．

喉舌：安徽媒体对“中国梦”的宣传现状探析

——以中安在线安徽新闻板块相关文章分析为例

黄卫宁

摘要：“中国梦”是新一届中央领导集体提出的宏伟战略目标。在我国“党管媒体”的大环境下，“中国梦”战略已成为我国主流媒体的首要宣传任务。从2012年底初次提出到现在，省级及地方媒体对“中国梦”的宣传形成了怎样的态势？在宣传“中国梦”政策的实践中是否有不足之处，有何不足之处以及如何改进？本文将着重解决这些问题并对今后省级及地方主流媒体在国家政策和战略宣传方面提出一些建议。

关键词：中国梦；政策宣传；地方媒体

一、绪论

（一）研究背景

中国梦，是中国共产党召开第十八次全国人民代表大会以来，习近平总书记所提出的重要指导思想和重要执政理念，正式提出于2012年11月29日。习总书记把“中国梦”定义为“实现中华民族伟大复兴，就是中华民族近代以来最伟大梦想”，并且表示这个梦“一定能实现”。2013年3月17日，中共中央总书记习近平在十二届全国人大一次会议闭幕会上，号召人们为实现中国梦而努力奋斗，第二次详尽阐述中国梦。

自中国梦提出以来，我国各级宣传部强调要组织开展广泛深入的中国梦宣传教育，切实加强对中国梦重大意义和精神实质的学习宣传，坚持用这一新的重大战略思想武装头脑，指导工作，推动实践，引导各界群众把个人梦融入民族梦，以“我的梦”托起中国梦。到目前，各级媒体对中国梦的宣传

作者简介：黄卫宁，安徽大学新闻传播学院硕士研究生。

已经形成一定的态势。

（二）研究问题及意义

自2012年底初次提出后，“中国梦”作为我国主流媒体当前新闻宣传的首要任务已经历时3年之久。省级媒体及地方媒体对中国梦的宣传是否对受众形成了预期的效果，在党管媒体的国情下，媒体作为中国共产党的喉舌在宣传“中国梦”政策的实践中是否有不足之处，有何不足之处以及如何改进是我国新闻媒体工作的重点之一。本文并将通过对中国梦宣传报道的内容分析，形成我国省级及地方媒体对政策宣传的几点注意事项以为今后媒体的政策宣传提供借鉴。

（三）文献综述

新闻媒体是中国国家政策与战略宣传的重要阵地。通过阅览文献，笔者发现，目前，“中国梦”与新闻传播在新闻传播学界的研究数量不多，且多集中在新闻媒体对中国梦宣传的义务与重要性，以及新闻媒体在报道宣传中国梦战略上。利用内容分析法进行目前新闻媒体在中国梦战略上的宣传现状的研究较少。

国内学者对于中国梦之于新闻传播学的研究一方面集中在新闻媒体对中国梦宣传的义务与重要性研究。如何丽霞在《浅谈新闻宣传对于实现“中国梦”的重要作用》中指出新闻宣传对于“中国梦”广泛传播的独特作用，通过高效的新闻宣传，全面地实现“中国梦”将对国际社会的和平发展具有巨大的促进作用。又如邢良军在《地方新闻媒体在打造中国梦进程中的社会责任探析》中提出，新闻媒体时时刻刻在传播信息，影响着社会公众的思想、生活和工作，在这个过程中，只有注意正确的舆论导向，向社会公众注入“正能量”，才能起到实现“中国梦”的助推器作用，为“中国梦”的早日实现加油鼓劲。地方新闻媒体其本身的特点决定了传播的贴近性，在传播范围、传播对象、传播效果等方面更具传播正能量的优势。

国内学者对于中国梦之于新闻传播学的研究另一方面集中在对媒体宣传中国梦战略的策略研究上。如冯建华在《论“中国梦”的报道视域及策略》中认为，当前“中国梦”的报道，既要防止出现“空洞化”，又要防止“碎片化”。只有站在历史、国际和发展的视野，采取虚实结合、点面结合、以人为本、突出特色等策略性原则，“中国梦”的报道才能真正起到凝聚人心和振奋人心的作用。又如田小平、储德武在《“中国梦”报道如何做出“地方味”——从广州日报“中国梦”报道看如何做有特色的主流新闻》中指出当前地方媒体的“中国梦”宣传应跳出传统的主流新闻报道的窠臼，做有地方特色的“中国梦”报道。

二、研究思路与编码设计

（一）研究对象

“中国梦”战略的宣传教育主要对象在基层，是中国广大的人民群众，因此本文将研究对象定为与基层联系紧密的省级以及地方媒体的有关新闻报道。本研究的案例定为中安在线安徽新闻版块关于“中国梦”的新闻报道。中国安徽在线网站简称中安在线，是以安徽本地新闻和本地特色服务信息为主的网上新闻发布平台，在整合了原隶属于安徽省广电局的中安网和原隶属于安徽日报报业集团的安徽在线两大网站基础上，于 2006 年 1 月 1 日开通的安徽省最大的综合性门户网站，隶属于安徽日报报业集团，是安徽省唯一重点新闻门户网站①。目前已成为继安徽日报、安徽人民广播电台、安徽电视台、安徽有线电视台、新安晚报等省级主要媒体共同参与建设的新型网络新闻媒体，介绍安徽概况和新闻的新兴省级主流媒体。其中，中安在线的安徽新闻板块集合了安徽各大省级及地市媒体的新闻报道，在内容上较为全面且权威性较高，部分新闻报道既在线上又在线下，受众涵盖面较广。因此中安在线安徽新闻版块的中国梦相关新闻报道成为本研究的研究对象。

（二）研究方法

本文在依托国内新闻传播学界对“中国梦”战略的宣传研究，在研究方法上主要采用内容分析的研究方法。内容分析法是一种对于传播内容进行客观、系统和定量的描述的研究方法。其研究过程包括建立研究目标、确定研究总体、选择分析单位、设计分析维度体系、抽样和量化分析材料、进行评判记录和分析推论六部分。

在样本选取上，笔者利用中安在线网搜索引擎输入“中国梦”字样进行搜索取样，去除与“中国梦”战略无关的样本，如“中国梦想秀”等，样本总数为 1150 篇文章。后将样本中安在线安徽新闻版块关于“中国梦”的新闻报道进行随机抽样，最终研究样本为 100 篇中安在线安徽新闻版块关于“中国梦”的新闻报道，并根据样本总体设计编码表。本研究由笔者和接受过内

① 中安在线 . http：//news. anhuinews. com/

容分析法教学的冯同学共同担任编码员进行编码，最终由笔者进行统计分析并得出结论。

（三）编码设计和编码表

本研究所采用的编码表如下：

Q1：编码员编号：

一、文章基本资料方面

Q2：文章编号：

Q3：出版日期：

Q4：文章标题：

二、文章形式方面

Q5：文章类型：

1 消息　2 通讯　3 人物专访　4 深度报道　5 评论　6 其他

三、文章主题方面

Q6：中国梦是文章的宣传主题么？

1 是　2 不是

Q7：文章内容主要为：

1 论述中国梦　2 会议综述　3 活动新闻　4 公务人员与中国梦（省领导在内的所有公务员）　5 老百姓与中国梦　6 各界名人与中国梦

Q8：文章描述或评论中所涉及的主要的有关中国梦的对象是

1 习近平总书记　2 安徽省领导　3 地方领导　4 商界名人　5 文艺界名人　6 突出百姓　7 学生　8 学者　9 无

Q9：文章所描述的地区是：

1 国家级　2 安徽省　3 地市级　4 乡镇级　5 村级　6 无

Q10：文章有无阐述“中国梦”战略的内容

1 有　2 无　3 有但不全面

Q11：文章中所涉及或所反映的中国梦是（多选）

1 经济富强。“中国梦”是中国人对于自己的国家、民族和自己个人未来前景的美好梦想，是“国家富强、民族振兴、人民幸福”，是在实现“两个一百年”奋斗目标基础上的梦想。

2 祖国统一。“中国梦”靠走中国道路、弘扬中国精神、凝聚中国力量来实现，也需要两岸同胞共同来圆，是包括实现祖国完全统一的梦想。

3 社会和谐。“中国梦”是坚持和平发展、坚持合作共赢、参与全球治理的梦想，是推动建设公正、民主、和谐的世界秩序的梦想。

4 政治民主，建设法治社会。营造公平正义的社会环境，真正做到权利公平、机会公平、规则公平。

5 文化繁荣。“中国梦”是维护人类文明多样性，不同文明、不同价值观相互交融和包容的梦想，是中国人为人类作出更大贡献的梦想。

6 世界和平。“中国梦”与世界和平发展紧密联系在一起。实现“中国梦”，不仅造福中国人民，而且造福各国人民。中国好，世界会更好；世界好，中国同样会更好。

7 生态文明。形成合理消费、绿色消费的社会风尚，营造爱护生态环境的良好风气，真正做到节约集约利用资源，推动资源利用方式根本转变，大幅降低能源资源消耗强度，建设资源节约型和环境友好型社会。

8 民生建设。安居乐业，安居是民生之基，就业是民生之本。病有所医，健康是促进人的全面发展的必然要求。21 世纪以来持续推进的新农合、城镇居民医保等，初步构建了全世界最大的基本医疗保障网。

9 学有所教。教育是民族振兴和社会进步的基石，也是实现人的全面自由发展的基石。

Q12：节选文章中包含“中国梦”的一句话：

____

三、统计结果与分析

（一）报道数量

“中国梦”战略于 2012 年底提出，本研究样本报道的时间分布为 2012 年底至 2015 年底。根据统计，在此时间内，中安在线安徽新闻版块共发布有关“中国梦”的报道 1504 篇。其中，2012 年底至 2013 年发布的报道最多，占样本报道总数的 44.08%。报道发布呈逐年下降趋势，2014 年一年报道占样本总数 29.59%，2015 年一年的报道占样本总数的 26.32%。中安在线安徽新闻板块有关中国梦的报道年发布趋势见图 1。

从图中可见，从“中国梦”战略提出以来至 2013 年底，中安在线安徽新闻版块有关“中国梦”的报道大量发布，有井喷之势。而在“中国梦”战略提出一年后的 2014 年报道数量便明显下降，并呈逐年下降之势。中安在线网站内的新闻报道除了中安在线自采新闻报道外，还包括安徽日报报业集团其

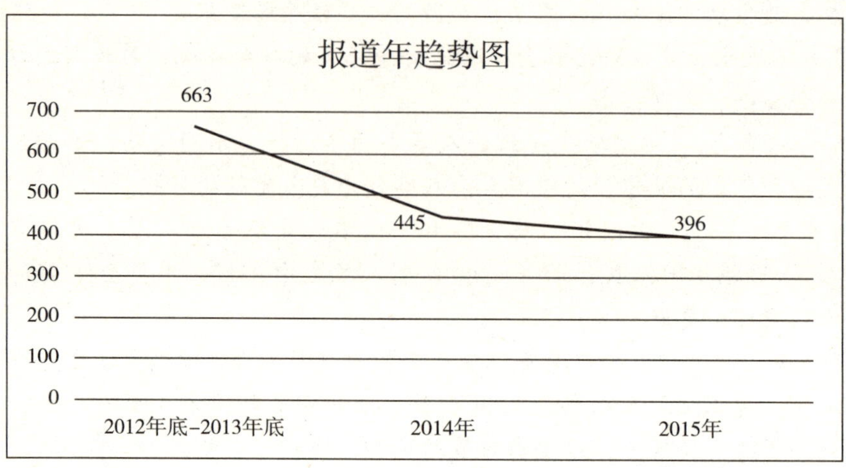

图1　2012 年底—2015 年底中安在线安徽新闻板块有关中国梦的报道年发布趋势图

他报刊如安徽日报、新安晚报、安徽商报等及安徽各地市级报刊如亳州日报、淮南日报等的投稿。由此可见，中安在线安徽新闻板块在某种程度上可称为安徽省及各地市级报刊的综合发布网站，其发布趋势在某种程度上可反映安徽省各报刊的发布趋势，即对“中国梦”战略的报道呈逐年下降的趋势。

（二）文章形式方面

在文章形式即新闻报道的体裁方面，根据样本抽样统计结果，新闻消息所占比重最大，为 32%。其次是新闻通讯与新闻评论，分别占调查样本总数的 19% 与 18%。深度报道和人物专访也是中国梦战略宣传报道的重要体裁，分别占调查样本总数的 16% 与 15%。具体分布由图 2 可见。

新闻报道的体裁作为新闻报道的一项重要指标对受众而言具有很大的影响，新闻报道在某个主题利用合适的新闻体裁进行报道将影响受众对该报道的关注度。然而，单一的新闻体裁又将带来受众的阅读疲劳。总的来说，中安在线安徽新闻板块在宣传中国梦战略的新闻报道上使用的新闻体裁类型较为多样，人物专访类的新闻报道独具特色。

（三）文章主题方面

在文章主题方面，本研究从以下几个问题着手研究：新闻报道的宣传主题是否为“中国梦”战略；新闻报道所体现的内容是什么；新闻报道所涉及的主要有关“中国梦”的对象是什么身份；新闻报道所描述的地区在行政区划上是何级别；新闻报道所涉及或所反映的中国梦是何种“中国梦”。并对文

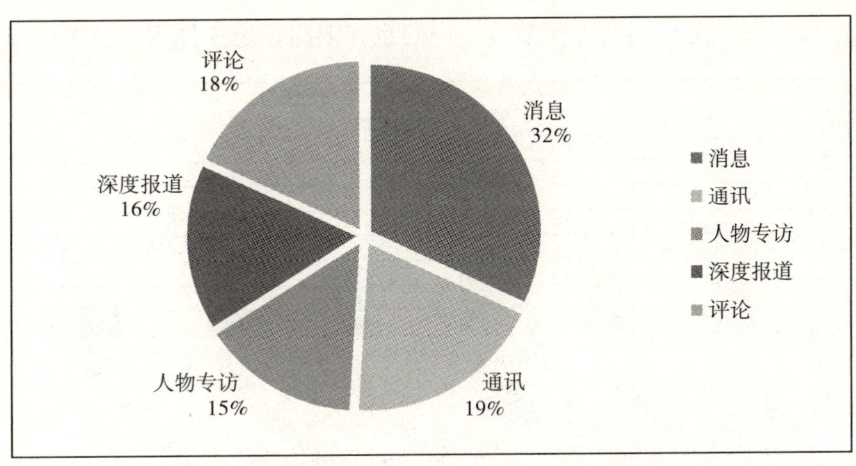

图 2　中安在线安徽新闻板块有关中国梦的文章类型分布图

章中提及“中国梦”字眼的语句进行内容分析，筛选有关关键词。

根据统计发现，研究样本中的新闻报道并非都是以宣传“中国梦”为主题的新闻报道，在一百篇研究样本中，41 篇新闻报道以宣传“中国梦”为主题，而 59 篇新闻报道则仅在文中对中国梦有所提及，并没有将宣传“中国梦”战略作为新闻报道的主要目的。（图 3）

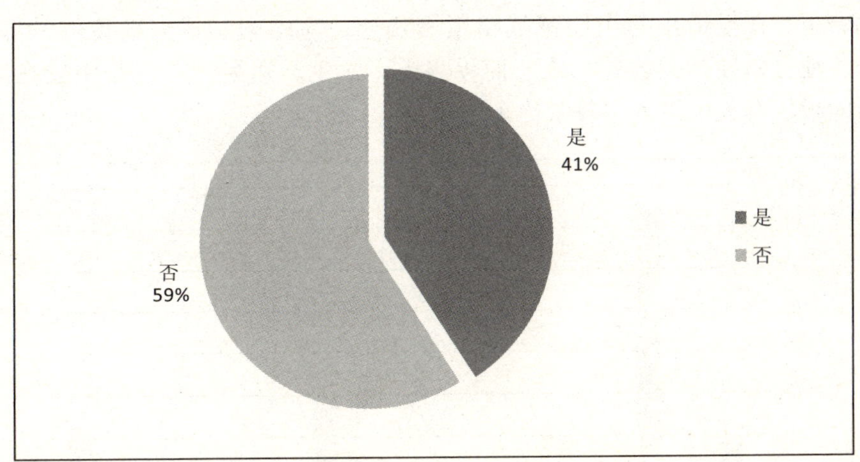

图 3　中国梦是否为文章宣传主题的分布图

在文章的主题内容方面，统计结果显示活动新闻的比重最大，占研究样本的 41%。活动新闻主要报道宣传“中国梦”战略的活动，其中包括文艺晚会、学生教育活动等。其次为会议综述，通过新闻报道传达省级及地市级政府会议精神，“中国梦”战略在会议中有所提及。“中国梦”最基本的是中国

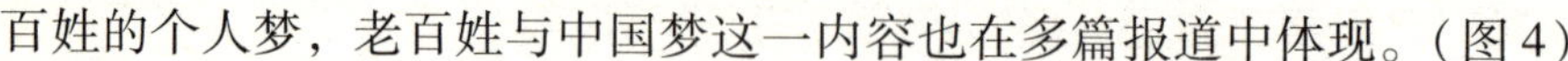

百姓的个人梦，老百姓与中国梦这一内容也在多篇报道中体现。（图4）

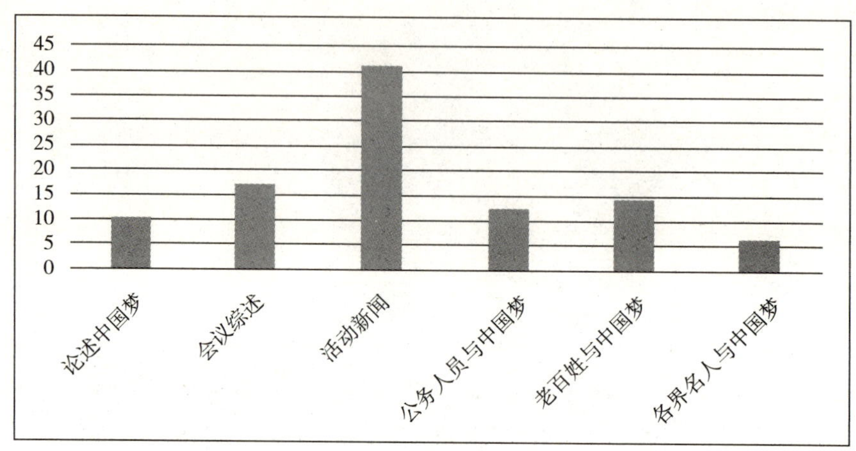

图4　文章主题分布图

与之相应，在文章描述或评论中所涉及的主要的有关中国梦的对象一题中，安徽省领导所占比重最大，占37%，安徽省领导作为报道中的角色主要出现在宣传中国梦的活动新闻中和会议新闻中。其次是有关突出百姓的新闻报道，主要体现在中国梦的背景下突出百姓个人梦的实现经历。再次是习近平总书记，在报道中与中国梦战略紧密相连，为中国梦战略宣传的一部分。另外，地方领导、文艺界名人、商界名人、学生、知名学者也是中安在线安徽新闻板块有关中国梦中较常出现的角色。（图5）

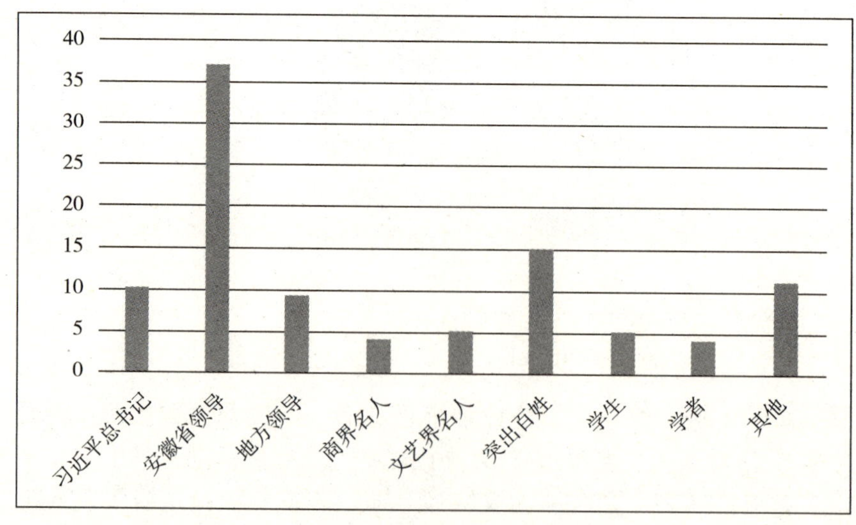

图5　文中中国梦涉及对象分布图

新闻报道所描述的地区在行政区划上的级别上，研究样本的报道内容所描述的行政区划可分为国家级、省级、地市级、乡镇级和村级。9%的新闻报道没有描述具体地区，而在调查样本中描述最多的地区为安徽省，占调查样本的51%。其次是地市级地区，占25%。描述乡镇级和村级地区的报道所占比重较少，两者共占调查样本的9%。从国家层面上进行报道的新闻也较少，占调查样本的6%。（图6）

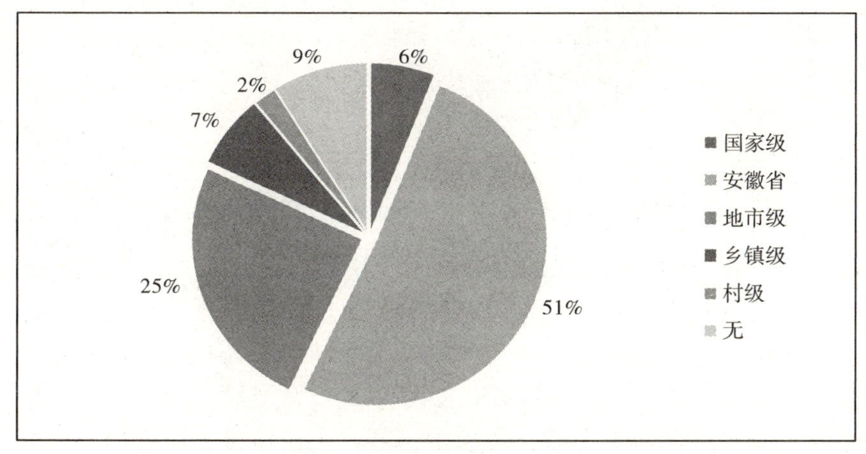

图6　文章所反映的地区情况分布图

而在本研究调查的100篇样本中，并不是所有的新闻报道都在提及中国梦的同时阐述中国梦的具体内容。笔者调查发现，相当一部分受众在问及中国梦时对中国梦这一概念仅停留在认知层面上，而很少在理解层面上有准确的了解。从中安在线安徽新闻板块中有关中国梦的文章中发现，仅有10%的文章对中国梦有较为准确的阐述，而大部分文章即63%的文章对中国梦的阐述不够全面，27%的文章对中国梦只是提及而毫无阐述。（图7）

新闻报道的基础是新闻事实，而在中国国情下，媒体作为党的喉舌有义务宣传党的政策。而且，“中国梦”战略与每个中国公民都息息相关，媒体在报道中宣传“中国梦”战略也建立在受众的需求上。中国梦战略作为党2012年底提出的重大战略之一，具有其丰富的内涵，具体包括：经济富强，“中国梦”是中国人对于自己的国家、民族和自己个人未来前景的美好梦想，是“国家富强、民族振兴、人民幸福”，是在实现“两个一百年”奋斗目标基础上的梦想；祖国统一，“中国梦”靠走中国道路、弘扬中国精神、凝聚中国力量来实现，也需要两岸同胞共同来圆，是包括实现祖国完全统一的梦想；社会和谐，“中国梦”是坚持和平发展、坚持合作共赢、参与全球治理的梦想，

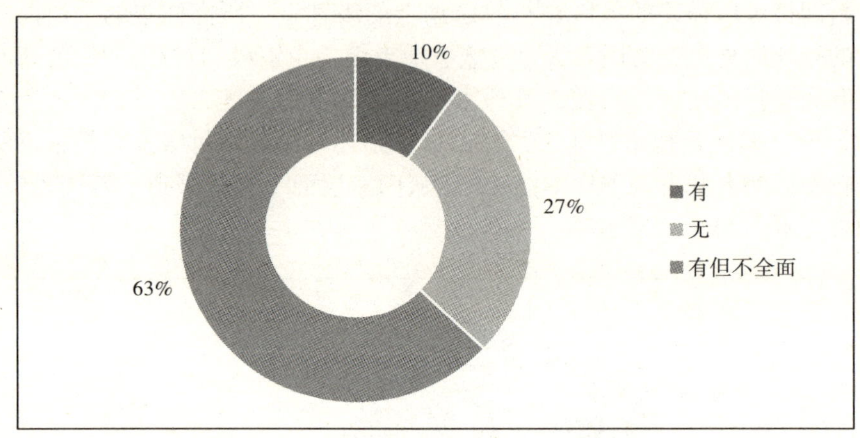

图7 文章有无阐述中国梦内容的情况分布图

是推动建设公正、民主、和谐的世界秩序的梦想；政治民主，建设法治社会，营造公平正义的社会环境，真正做到权利公平、机会公平、规则公平；文化繁荣，“中国梦”是维护人类文明多样性，不同文明、不同价值观相互交融和包容的梦想，是中国人为人类做出更大贡献的梦想；世界和平，“中国梦”与世界和平发展紧密联系在一起，实现中国梦，不仅造福中国人民，而且造福各国人民。中国好，世界会更好；世界好，中国同样会更好。生态文明，形成合理消费、绿色消费的社会风尚，营造爱护生态环境的良好风气，真正做到节约集约利用资源，推动资源利用方式根本转变，大幅降低能源资源消耗强度，建设资源节约型和环境友好型社会。

通过调查统计笔者发现，在宣传中国梦战略的过程中，中安在线安徽新闻板块并没有按平均的方式宣传中国梦战略中的各内容点，而是在内容选择上有所偏重，统计结果如图8。由于一篇文章有可能反映多个方面的中国梦战略，因此本题为多选题。64%的研究样本在提到中国梦时都提及“社会和谐”的中国梦；50%的研究样本在提到中国梦时都提及“经济富强”的中国梦；47%的研究样本在提到中国梦时都提及“民生建设”的中国梦。而就调查样本的情况来看，提及政治民主、文化繁荣、生态文明的中国梦的样本较少，占30%左右。而提及学有所教、祖国统一、世界和平的中国梦的样本最少，所占比重不到10%。由于中安在线安徽新闻版块所发布的新闻多为安徽省的地方新闻，提及祖国统一、世界和平的中国梦最少这一情况无可厚非，而在学有所教、政治民主、文化繁荣和生态文明的中国梦上，中安在线安徽新闻板块宣传有所欠缺。

在文章的内容方面，本研究对文章中提及“中国梦”字眼的语句进行了

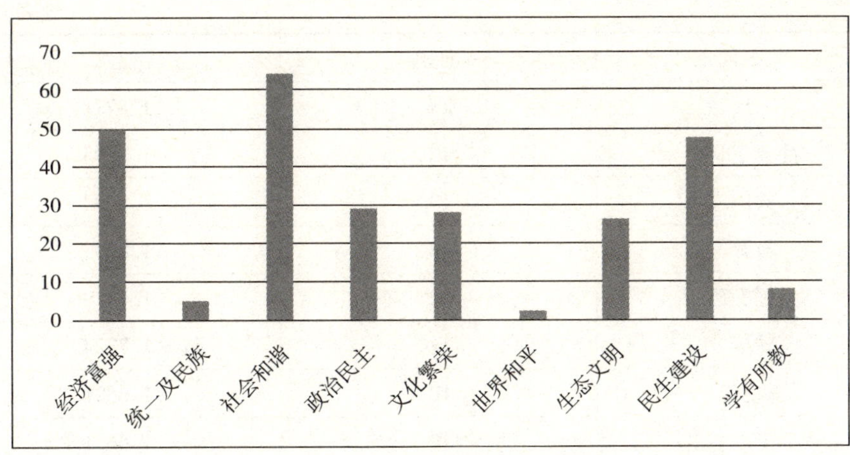

图 8　文章所反映“中国梦”的内容频数分布图

内容分析，使用图悦在线词频分析工具进行文本分析。在编码过程中，将每篇研究样本中提及中国梦的一句话进行摘录归总后输入图悦在线词频分析工具进行文本分析。节选频数前 29 位的关键词，统计结果如表 1。其中，词频指一词在文章中出现次数，出现的次数越多一般越重要，权重指一词在文本中的重要性。

表 1　有关中国梦文本的词频及权重分析表（前 29 位）

关键词	词频	权重
中国	131	3. 3845
中国梦	106	3. 239
习近平	18	3. 2348
安徽	24	2. 2312
精神	23	2. 2029
梦想	22	2. 1734
建设	22	2. 1734
伟大	20	2. 1103
复兴	18	2. 0409
美好	18	2. 0409
中华民族	16	1. 9638
伟大复兴	14	1. 8771

（续表）

关键词	词频	权重
人民	14	1.8771
社会主义	13	1.8293
共同	13	1.8293
教育	13	1.8293
美好安徽	12	1.7779
凝聚	11	1.7224
总书记	10	1.6621
十八	10	1.6621
宣传	10	1.6621
民生	10	1.6621
特色	9	1.596
群众	9	1.596
建设美好安徽	8	1.523
中国特色社会主义	8	1.523
青年	8	1.523
崛起	7	1.4414
实践	7	1.4414

去除表中与“中国梦”重叠的“中国”以及“中国梦”两词，样本文章在提及中国梦时出现词频最多的是“安徽”，其次是“精神”“梦想”“建设”“伟大”等，权重最高的词为“习近平”。根据统计可发现，文章在提及“中国梦”时意识形态色彩较浓，词频较高的词多为政治色彩浓烈词语。但是在100篇研究样本的文本中词频较高的词语出现的频率不超过30，说明中安在线安徽新闻版块有关中国梦的报道用词较为多样。

四、总结与建议

通过对中安在线安徽新闻板块的统计分析，笔者对当前省级媒体对“中国梦”的宣传现状总结如下：中国梦战略提出一年后省级地方媒体对中国梦的宣传力度呈下降趋势，使用的新闻体裁类型较为多样但文本模式化现象明显；在宣传主题方面力度偏重明显且对中国梦战略宣传多停留在认知层面，内容介绍不够全面；在文本用词方面虽较为多样但意识形态色彩较浓，过度强调政治性和纲领性。

就省级媒体目前的宣传现状及问题，笔者提出以下几点建议：

（一）注重宣传力度的持续性

就目前而言，中国梦战略尚为主流政策，需要各级媒体进行较多的舆论宣传，省级媒体应注意在进行中国梦战略的宣传时保持宣传力度的持续性。以“中国梦”为核心，持续主动地设置议题，认真选择话题设计、解读视角与传播方式，通过系列的新闻传播活动进行中国梦的宣传。在议程设置上形成一种态势，加深中国梦战略在群众中的影响。

（二）注重报道方式的多样性

目前省级媒体在中国梦的宣传报道中报道方式较为多样，但依然有提升的空间。省级媒体是中国梦战略宣传的重要一环，应在新闻报道上多形式、多角度地反映当前社会积极进取、昂扬向上的姿态，坚持不懈地为实现“中国梦”传递舆论正能量。用多样的体裁与形式吸引受众，让宣传不止于文字表面。

（三）注重新闻报道的贴近性

中国梦的基础是每个中国公民个人梦，省级媒体在宣传中国梦的新闻报道上要接地气，充分贴近群众，解读好国家梦与个人梦的关系，让“中国梦”照进现实，因地制宜、因时制宜，以小见大，避免说教和官话套话。关注地方民生，充分满足本地受众的需求，在宣传报道中注重迎合本地受众的兴趣爱好，形成具有本地特色的中国梦战略报道。

（四）注重有深度新闻报道

中国梦战略是有其丰富的内涵，而目前省级媒体及地方媒体的宣传报道多停于表面。在今后的宣传报道中应更加注重对中国梦战略的深度解析与报道，媒体在宣传报道中宜在合适的报道中加入对中国梦战略的权威且易接受的深度解析。为受众展现更为明晰的中国梦战略，让中国梦战略不止于名称上的战略而更成为让群众理解其内涵并能够使群众付诸实践指导的战略。

（五）注重发挥新媒体的作用

随着新技术革命和信息全球化时代的到来，网络、微博、微信、微电影等传播渠道成为重要的舆论平台，新媒体传播已成为重要的传播手段。中国发展的进步、社会的和谐、人民的幸福都可以通过新媒体平台来发出声音，让民众多渠道了解“中国梦”。笔者在调查中发现，中安在线作为新媒体在发布新闻报道时仍停留在传统媒体的发布报道模式上。省级媒体应利用好新媒体资源，提升中国梦的传播效果，强化与民众的双向互动。

五、结语

通过对中安在线安徽新闻版块“中国梦”有关新闻报道的研究，笔者发现目前以中安在线为代表的省级媒体在进行“中国梦”战略的宣传上仍有很大的改进空间。我国省级媒体在“制造共识”功能上仍有不足，对政策的宣传刻板印象较为明显，对群众的贴近性的达成较差，宣传报道尚未形成具有本地特色的吸引群众眼球的报道。尤其是在措辞方面，服务于群众的宣传报道多采用政治色彩浓厚的词句，而这种类政府工作报告的词句在某种程度上难吸引群众目光，难为群众所接受。

根据以上问题，笔者在结论与建议中提出一些看法与建议。由于研究人员与时间有限，本研究仍有许多不足，如研究样本的选取方面科学性不足，进行编码时编码员主观性代入较多，在调查研究中并未对作为受众的群众进行调查等。这些不足都在某种程度上减少了本研究的说服力。

参考文献：

[1] 风笑天．社会学研究方法［M］．北京：中国人民大学出版社，2001.

[2] 彭增军．媒介内容分析法［M］．北京：中国人民大学出版社，2012.

[3] 韩春秒．“中国梦”新闻传播效果初探——基于对国内城名都市白领的问卷调查［J］．青年记者，2013（12）．

[4] 田小平，储德武．“中国梦”报道如何做出“地方味”——从广州日报“中国梦”报道看如何做有特色的主流新闻［J］．新闻与写作，2013

(07).

[5] 严文明，张智慧．“中国梦”的新闻传播策略初探［J］．中国传媒科技，2013（11）．

[6] 邢良军．地方新闻媒体在打造中国梦进程中的社会责任探析［J］．视听纵横，2013（6）．

[7] 周尤．软实力视角下“中国梦”的报道及影响力研究［D］．重庆：西南政法大学，2014（3）．

[8] 孟东方，王资博．中国梦的内涵、结构与路径优化［J］．重庆社会科学，2013（5）．

[9] 冯建华．论“中国梦”的报道视域及策略［J］．云梦学刊，2013（9）．

[10] 何丽霞．浅谈新闻宣传对于实现“中国梦”的重要作用［J］．经营管理者，2015（12）．

[11] 人民网理论频道．【摘编】习近平关于实现中华民族伟大复兴的中国梦论述［EB/OL］．http：//theory. people. com. cn/n/2013/1205/c40555－23756883. html.

现代性语境下安徽人的地域认同研究

岳　山　彭志翔　郝国秀

摘要：随着近代性之于中国社会的影响越来越深。忙碌的现代人频繁地转换空间，身处不同的地域已是平常之事。那么现代人的身份认同究竟如何？本文聚焦于安徽，通过量化研究方法分析安徽人的身份认同情况，以及影响安徽人身份认同的因素。本文认为，安徽人拥有强烈的地域感情，但这种情感随着走出安徽，空间的转移而削弱。究其根本，安徽的经济社会发展情况成为影响安徽人地域认同的重要原因。在全球化时代，安徽在强化居民地域认同的同时，也要积极鼓励打破地域边界，拥抱多样性。

关键词：现代性；认同；地域；安徽

一、绪论

现代人的流动性日益加强，因为学习、工作、旅游等原因，人们很难固守一个城市或者村、镇等。如今越来越多的安徽人走出安徽，走向全国各地，甚至大洋彼岸。安徽是历史文化积淀深厚的省域，安徽地域文化是中国文化的有机组成部分，也培育出一代代的历史文化名人。安徽省是中国史前文明的重要发祥地，在繁昌县人字洞发现距今约 250 万年前人类活动遗址。总的来说，安徽地域文化由皖北道家文化、皖南新安文化和皖中佛教文化组成。从哲学的视角看，皖北道家文化具有本体性、人本性、批判性、境界性等特点；皖南新安文化具有伦理性、创新性、超越性、务实

作者简介：岳山，安徽大学新闻传播学院讲师；彭志翔，安徽大学新闻传播学院 2015 级硕士研究生；郝国秀，安徽大学新闻传播学院 2015 级本科生。

基金项目：安徽省教育厅高校人文社科重点研究基地招标重点项目的阶段性成果（SK2016A0075）。

性等特点；皖中佛教文化具有交融性、慈悲性、平等性、世俗性等特点。安徽地域文化的区域性特色，既彰显了安徽地域文化悠久的人文传统，又蕴含着丰富的现代价值。

到了现代，农村土地改革的步伐从安徽省的凤阳县开始。经过多年的自身努力以及国家政策的扶持，安徽省目前正在进入一个高速发展的时段，安徽省拥有中国四大科技之城之一的合肥，毗邻长三角经济发展圈，地理位置优越，拥有多个历史文化名城，发展资源优势明显，可以说安徽省未来的发展前途是很可观的。

虽说安徽省拥有很深厚的历史文化底蕴以及很可观的未来发展前途，但安徽人对安徽省的地域认同度又怎样，一个地区的人口对于这个地区的地域认同度的高低，关系着这个地区未来的发展前途。就如人才在推动区域与组织发展，甚至社会经济发展的过程中，由“二八”理论决定的少数核心人才的作用尤为关键，而地域认同度的多少影响着人才是否愿意留在安徽省帮助其发展。地方的意义与个人或社会群体身份认同的建构必然是密切相关的。身份与认同是个人或社会群体定义“我是谁”的方式。个人与社会群体通过将地方意义加入到一个整体的社会化过程中，可以将自我与他者相区分，同时获得自身观念与价值观的延续，实现自我的尊严与目标，最终形成一个完整的基于地方的身份认同。故而，人们以地域认同形成的一定社会关系网络，来谋求、维护一定的社会资源，就如安徽省目前也面临着一些文化资源之争，只有安徽人对安徽的地域认同度很高，在这一基础上形成一定的社会网络，相信这些资源真的是他们的，才更有机会去谋求、维护这些社会资源，才有更大的机会促进安徽省经济发展。

本次研究主要围绕安徽人的地域认同进行展开，我们通过问卷调查和相关文献查询的方式进行了解。在文献查询中，我们了解到地域认同是各种外部客观事项转化为相对固定的心理感受的过程，地域认同的外部事象主要是经济因素、生活环境、工作平台等。地域认同是以文化为载体附着在空间上的一种意义认知，因此它必然使个体行为表现出某种文化特征，并体现为地域归属感。而地域文化传播既传承地域历史文化传统，又构建地域现实文化精神，促使民众对地域文化形成双重认同。

二、研究方法及结果

本次调查采用问卷调查法，共发放问卷 320 份，收回 312 份有效问卷。

在回收的问卷中，性别方面：男性占比42.95%，女性占比57.05%；年龄方面：0～14岁占5.13%，15～24岁占49.04%，25～34岁占9.62%，35～44岁占11.86%，45～54岁占18.59%，55及以上占5.77%；文化水平为小学及以下占5.13%，初、高中占34.62%，大学占53.85%，硕士及以上占6.41%。

在问及“在省内，有人问您是哪里人，您会怎么说”时，有14.74%的受访者选择“我是安徽人”；有37.82%的受访者会具体到安徽某地（如安徽合肥人）；有43.59%的受访者会直接回答“我是某地人”（如我是合肥人），可见在省内，为了区分不同地域，安徽人更愿意回答具体地名，来凸显地域认同（图1）。在问及“在省外，有人问您是哪里人，您会怎么说”时，52.56%的受访者选择回答“我是安徽人”；只有7.05%的受访者会说“我是某地人”，表明在外省，安徽人作为一个群体认同感强烈（图2）。

安徽人大多有强烈的认同感，认同安徽，喜爱安徽，关注安徽。尽管地域认同感强烈，但远离安徽人的群体会感到孤单、不安全的人群比例与其他选项相比，相对较少。安徽人认同家乡，喜爱安徽，但不惧怕离开群体。通过方言和关注安徽的信息，在外地的安徽人获得关于家乡的想象和满足感，从而摆脱孤独的状态。（图3）

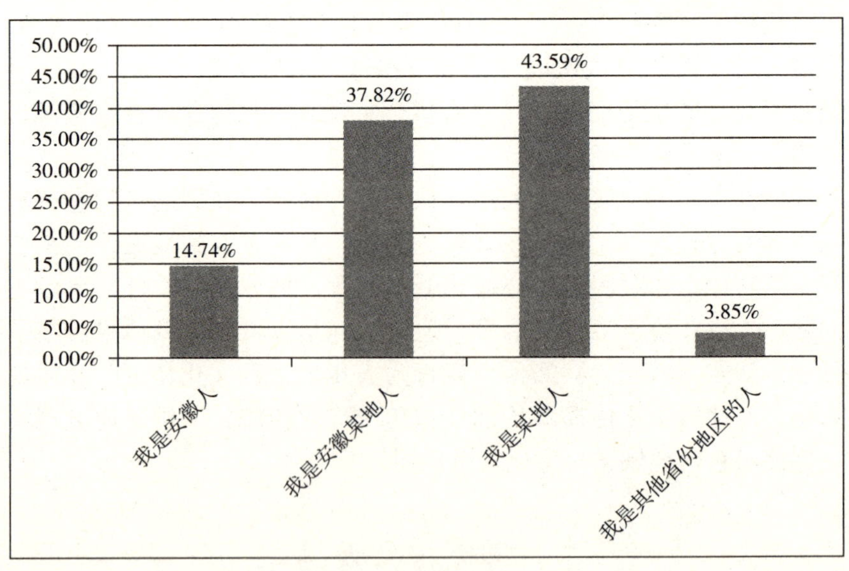

图1　在安徽，问及您是哪里人的回答情况

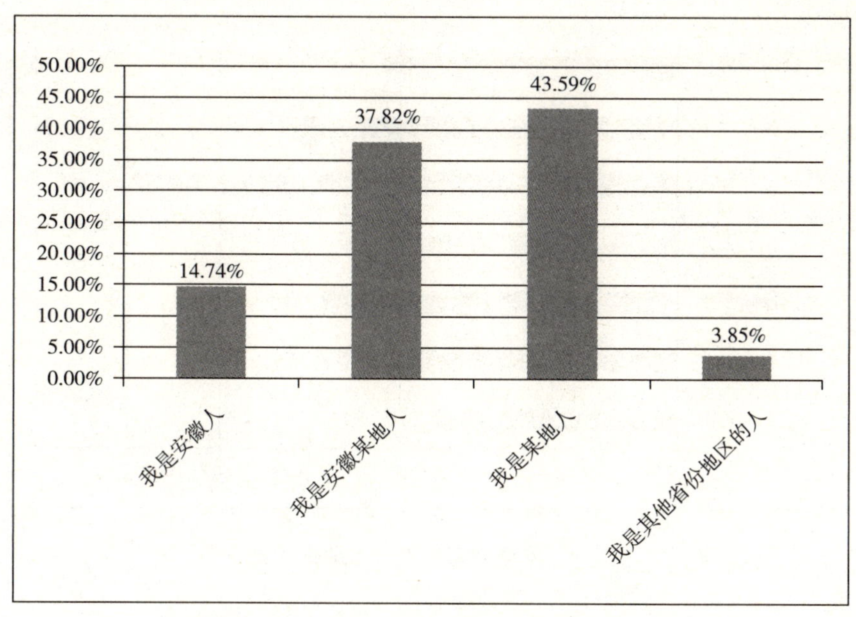

图 2　在省外，问及您是哪里人的回答情况

题目/选项	是	否
由衷地感到骄傲	73.72%	26.28%
觉得安徽人热情好客，勤劳朴实，值得信赖	83.97%	16.03%
远离安徽人的群体会感到孤单，不安全	34.94%	65.06%
平时会关注有关安徽的各种消息	76.28%	23.72%
听到有人说安徽（人）的坏话感到生气	83.01%	16.99%
在外地遇到老乡彼此之间会用方言交流	65.06%	34.94%

图 3　安徽人相关问题的反应情况矩阵单选

在安徽跟其他省市相比，人们认为经济基础是最重要的差距。教育以 4.36 的综合评分排第二位，思想观念以 3.95 的综合评分排在第三位。安徽人认同自己的安徽人身份，具有很深的归属感，但也普遍认同安徽省的经济基础发展较弱；合肥是全国四大科教基地之一，但还没有得到自省人的认同，不认为它能撑起整个省份的教育水平。

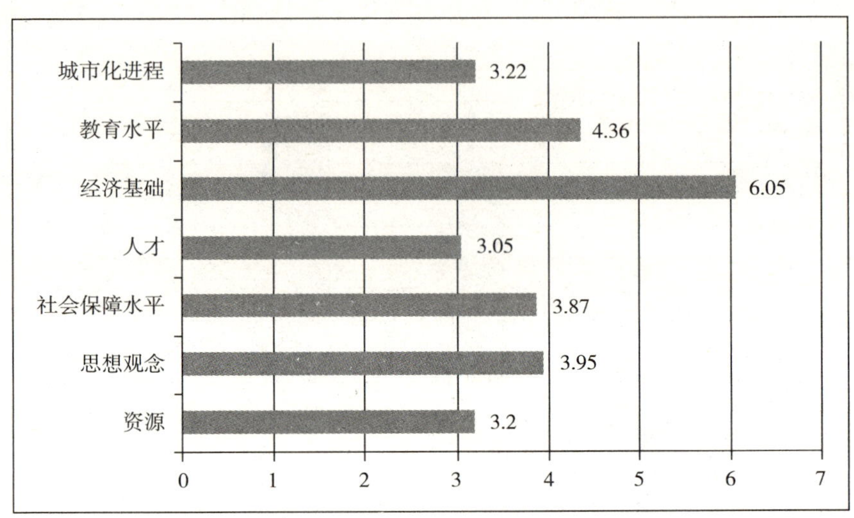

图 4　安徽和其他省份差别排序表

三、影响安徽人地域认同的因素

（一）观念因素

对于大部分安徽人来说，他们之所以认为自己是“安徽人”，是因为他们一出生就“被给予”了“安徽人”这一身份和观念意识，这种身份和观念具有极定向和继承性的特点。对于安徽人来说，他们可能并不很清楚自己为什么属于安徽，但是自出生以来，他们一直都被定义为“安徽人”，周围的人也在给他们灌输这种观念，这一身份和观念时时刻刻提醒着他们对安徽的归属。所以，在他们的思想观念里，他们就是安徽人。在我们的访谈中，一些上了年纪的人一生都没有出过安徽省，他们出生在安徽的某一个城市或是乡村，在那里长大、工作、结婚、生子，多少年都是围着一亩三分地转，始终就没出过安徽，所以他们是名副其实的安徽人，他们对安徽的认同是毋庸置疑的。

（二）情感因素

中国社会自古以来都是一个情感社会，“情感”是社会维系的重要因素，人与人之间的交往都注重感情。安徽作为一个传统文化氛围浓厚的地区，安徽人深受这种状况的影响。感情是人与地方联系的关键枢纽，安徽人之所以觉得自己是安徽人，之所以认同安徽，一个很重的原因就是他们对“安徽”有感情。其实，这种感情更多指的是与“安徽人”之间的感情，比如某人在安徽生活了很长时间，在安徽建立了深厚的情感和关系网络，与安徽人产生了密不可分的联系，那么长此以往，他就会觉得自己属于安徽。

（三）行为习惯因素

人们是否认同安徽还有一个重要的因素就是自己是否跟安徽契合，这主要是指思维、习惯、生活方式等方面。有些人认同安徽是因为他们能够融入安徽的社会环境中，成为安徽的一分子。在调查中，有些人的生活习惯和行为方式和安徽固有的通行的习惯和方式是类似的，那么他们就能够在安徽生活得“游刃有余”，能够跟得上安徽的节奏，他们就会认同安徽或者是觉得自己是安徽人。

（四）社会满足因素

我国有研究表明：“需求的满足是形成民族认同的根本动力。”那么同理，如果某一地域满足了人们的某些方面的需求，那么人们就会对这一地域产生认同感。安徽人认同安徽是因为安徽满足了他们的需求，这种需求有很多方面，包括生存需求、发展需求、情感需求等。满足生存需求是指安徽能够给安徽人提供一些条件，比如土地、房子、工作，这些条件可以让他们在安徽生存下来；满足发展需求是指安徽能够为他们提供受教育的资源和机会，给他们提供发展的平台以实现自我价值；情感需求是一种感情上的满足，一种心理上的认同，在安徽能够通过社会交往找到情感寄托，通过社会关系网络得到情感支持和满足，那么情感需求就会得到满足。人们的需求在安徽得到满足之后，就会形成一种发自内心的认同感。

四、结论与讨论

现代性的时空分延在本质上冲击着人们的身份认同，传统社会，人们稳定的身处同样的时空，体验的获得自然而然；时空分离后，人们离开家乡走向天涯海角，从而有了碎片化和不稳定感。大部分安徽人对安徽的地域认同度较高。调查显示，大部分的人对于安徽的文化名人、著名风景、特色产品等的了解程度较高，有 73.72% 的人作为一名安徽人会由衷地感到骄傲，85.9% 的人不后悔定居在安徽，83.01% 的人听到有人说安徽（人）的坏话会感到生气。由此可判断，多数的人对于安徽有一定的地域认同度，他们喜欢安徽，在一定程度上，安徽满足了他们对于生活很多方面的需求，可以为他们提供很多的资源、条件、机会以及一个舒适的生活环境，以此加深了他们对安徽的地域认同度。

安徽省目前发展程度和一些发达省份相比仍存在一些差距。在调查结果中可以了解到，大部分的安徽人都觉得安徽和其他发达省份存在一些差距，他们认为安徽存在经济基础并不是很好、教育水平也不是很高、思想观念落后等问题，这对于安徽省来说是一个巨大的挑战，经济的发展、教育水平的提高、思想观念的改变并非一朝一夕就可以完成的，是需要长久的积累才能实现的，但是这些问题在一定程度上也影响着安徽人的地域认同度。因此，在发展的道路上，安徽仍需要一段长久的时间，不过在发展的途中也要注意各地区的均衡发展，可以优先树立起一个良好的省会城市身份，但如果只是竭尽全力地发展省会城市，而剥夺一些其他城市的发展资源，区域发展的不平衡感也将会影响到大家对于安徽省的地域认同度，应该合理分配相应的发展资源。

本次研究可以得出，地域认同影响着一个区域的发展，目前的安徽省拥有着安徽人对它较高程度上的认同，但是安徽省也依然存在一些地方需要改进，这样才可以提高安徽人的地域认同度，才可以让安徽成为像北上广一样的地方，吸引着全国各地的人才来安徽定居。安徽省本身拥有优良的历史文化底蕴，是中国文化的一大宝藏，安徽也应该发挥它的优势，通过地域文化强化居民的乡土情怀和认同感，服务于经济社会发展的大局。

哈维（Harvey）认为一切基于地方性的激进行为本质上都是“反动”的，是将处在一个持续的、动态变化过程中的地方简单化为一种僵化的、单一的、带有排他性文化边界的封闭区域。因此，群体应当积极地拥抱全球化时代的文化多样性。通过研究我们发现，并不存在明显的安徽人的边界划分，但安徽人较为守旧的思维方式也阻碍了安徽人融入其他社群。在全球化的大背景下，多样文化和价值选择将不可避免地影响每一个人，安徽人在强化地域认同的同时，也应该积极拥抱全球化，推动边界的打破。

参考文献：

[1] Harvey D. From Space to Place and Back Again [M]. Justice, Nature and the Geography of Difference. Cambridge: Blackwell, 1996.

[2] 马杰伟. 媒体现代 [M]. 上海：复旦大学出版社，2011.

[3] 邵千芸．欠发达地区地域认同度与核心人才流失实证研究［D］．兰州：兰州大学，2012.

[4] 徐薇薇．三线职工第三代地域身份认同研究［D］．南京：南京航空航天大学，2011.

[5] 雷若欣．地域文化传播中的文化认同——基于对徽杭古道的考察［J］．绍兴文理学院学报（哲学社会科学），2015（04）．

[6] 省文史馆项目组．安徽地域文化五个特点解析［N］．安徽日报，2013-03-18（B03）．

[7] 杨守戎，梁文慧．基于哲学视角的安徽地域文化的特点和现代价值研究［J］．安徽农业大学学报（社会科学版），2013（06）．

[8] 阿布都哈德．地域认同与社会交往［D］．北京：中央民族大学，2007.

[9] 郭云贵．大学生地域认同对返乡就业意愿的影响研究［J］．周口师范学院学报，2012（03）．

[10] 朱竑，钱俊希．城市空间变迁背景下的地方感知与身份认同研究——以广州小洲村为例［J］．地理科学，2012（1）．

媒体融合环境下皖北新农村形象传播策略研究

——基于皖北新农村形象构建现状的现实调查

束秀芳　孟大伟

摘要：长期以来，对于地域形象的研究主要集中于城市形象方面，而随着中国农村建设的不断发展、农村网络化建设的加强，农村形象研究已逐渐成为一个亟待关注的研究方向。媒体融合为我们探讨农村形象提供了海量庞杂的信息，而它呈现的全新传播特点也促使研究者探索农村形象构建、传播的新策略。本文选取区域形象构建、传播现状较为复杂的皖北新农村作为个案，立足传播学理论框架，呈现政府及媒体构建、传播新农村形象与村民自我言说新农村形象的差异，并对差异原因加以剖析。同时，笔者结合城市形象研究现有成果对新农村形象构建、传播提出一些针对性思考。基于分析结果，笔者得出结论：媒体融合时期农村形象的构建与传播是系统化的过程和结构，既要对媒体无意、刻意构建与传播的新农村形象监控、管理和引导，也要将自我言说的新农村形象纳入构建和传播考量，只有进行自我言说与外部构建的有效整合，才能实现新农村形象传播的高度优化。

关键词：媒体融合；农村形象；自我言说；构建；传播

一、绪论

2005 年，党的十六届五中全会提出了“建设社会主义新农村”的重大战略任务。新农村建设逐渐成为各级政府的工作重点，对地区经济、文化的建设都有着重要意义。过去的传播不畅曾使人们对于农村形象形成了落后、贫

作者简介：束秀芳，安徽大学新闻传播学院副教授，硕士生导师；孟大伟，安徽大学新闻传播学院硕士研究生。

基金项目：2015 年度安徽大学舆情与区域研究中心招标课题研究成果（Y01002371）。

穷的刻板印象。即使在网络资讯传播日益便捷的今天，许多人对于农村的刻板印象还是并未有很大改变。导致这一现象的原因一方面是农村形象传播未引起社会的充分重视，另一方面则是科学系统的传播策略匮乏。长期以来对于地域形象的研究主要集中于城市形象方面，而随着中国农村建设的不断发展，以及农村网络化建设的加强，农村形象传播也在进入一个前所未有的不断变革中的新媒体时代。新媒体环境给我们去探索新农村的形象构建问题提供了海量但是庞杂的信息，而它所呈现出的全新传播特点也促使着我们去探索新农村形象传播的新策略。

传播过程的双向性、多媒体化和媒介功能的融合、媒介资源的丰富化、信息传播的非地域化，这些特点形塑新媒体的全新形式。这种形式也正在颠覆性地改变着现代媒体版图的格局。基于这些已有的特点认知，笔者尝试找寻这样的一种现代媒体版图格局下，新农村的形象如何被构建及传播？这种形象构建与传播是否客观正确？如何做好舆论引导帮助构建新农村的区域形象？是值得研究者进行探索的几个问题。在得出相应结论后，再结合城市形象传播所采用的策略，去根据新农村的实际情况论述新媒体环境下的新农村形象传播所应该采用的策略。笔者选取皖北新农村作为研究对象，一方面基于长期的农村生活环境，另一方面也是由于皖北新农村形象存在着被误读的现象。研究针对新媒体环境下皖北新农村的形象建构与传播展开，去对其形象进行系统阐释，继而探索形象建构背后的原因以及未来的形象传播策略。

二、媒体融合与区域形象研究分析

（一）媒体融合

传播技术的发展催生了一系列新媒体的产生，依托先进的技术手段，新媒体迅速抢占传统媒体的传播市场，展现出无限的活力。面临新媒体的冲击，传统媒体自然不会坐以待毙，寻求并学习新媒体的技术手段，为已所用，实现自身的突破和创新以挽回逐渐失去的传播市场，这成为传统媒体面对传播时代变革的必然选择。在这场抉择中，新媒体并非始终高歌猛进，作为一个新型的产物，稚嫩的根基在面临传统媒体经历时间沉淀而形成的传播权威时，显得太过柔弱。为提升自身的权威性与影响力，新媒体必须借助传统媒体。新老媒体的竞争之路，同时也是一条合作之路。

自 20 世纪 70 年代尼古拉·尼葛洛庞帝提出媒体融合这一概念以来，各国学者都试图对这一概念界定一个准确的含义。蔡雯教授在《角度、视野、轨迹——试析有关“媒介融合”的研究》一文中指出：“媒体融合是指以数字技术、网络技术和电子通讯技术为核心的科学技术的推动下，组成大媒体业的各产业组织在经济利益和社会需求的驱动下通过合作、并购和整合等手段，实现不同媒介形态的内容融合、传播渠道融合和媒介终端融合的过程。”

这一定义指出了媒体融合的根本动力是媒体技术，融合主体是媒体业相关组织，直接动力是利益需求，融合方式是多手段并存，融合结果是新老媒体传播内容、渠道、终端的逐渐融合。从一个较为立体全面的角度剖析了媒体融合的概念。

在媒体融合的环境下媒介生态环境发生深刻变革，同一新闻事件在新媒体与传统媒体呈现着形态各异却又息息相关的传播轨迹，展现出不同的传播样态。两者相互影响，交互共融，造就了现代传播时代独特的媒介生态环境。

（二）区域形象研究分析

1. 区域形象研究起源

20 世纪 60 年代，西方国家开始了区域形象研究，其中与此相关的文献最早的是《城市的形象》和《地方性和非地方性》。在《城市的形象》一书中，林奇首次提出“城市形象性”和“可识别性”概念，并通过实证研究将城市形象的概念应用于城市设计与规划中。早在 20 世纪 70 年代，美国科罗拉多州立大学的亨特撰写了一篇题为《形象——旅游发展的一个因素》的博士论文，开创了旅游地形象研究的先河，探讨旅游目的地在开发中形象因素具有的价值点。80 年代，范登伯格在《社会变革中的城市系统》一文中从城市动力学和区域竞争的角度分析了区域营销的起因和公共规划功能；阿什沃斯与伍德合作发表了《城市营销》一文，提出并论证了“城市营销是以市场导向的城市规划工具和技术”以及“可通过结构规划的过程操作来实施城市营销战略”这种观点。20 世纪 90 年代，美国西北大学教授、“现代营销学之父”科特勒陆续出版的数十本营销学著作，其中涉及地区营销问题的就有五本：《地区营销》《欧洲地区营销》《亚洲地区营销》《科特勒看中国和亚洲》和《国家营销》，形成了较为完善的地区营销理论体系，书中提及的地区形象理论是其理论体系的核心部分。

1997 年出版的《国家营销》一书将地区营销的理念和方法上升到国家层面，立足于全球竞争，指出国家形象对国家政治、经济发展道路等方面的影响；2002 年出版的《亚洲地区营销》一书，通过相关案例研究得出“可通过分析地区形象的可营销性来开展战略形象管理”的结论，从而充分赋予了地区形象在地区营销中的战略地位和作用。在《欧洲地区营销》一书中明确提出地区要像产品和服务一样对其进行营销并营销好。书中还给出了地区形象的定义，即“是人们加工和提炼地区大量原始数据的产物，是对相互关联的地区信息的精炼简化，从而形成的对地区看法、观念和印象的总和”。芬兰赫尔辛基大学的瑞尼斯特于2003年撰写了一篇题为《地区营销的成功要素》的博士论文，通过分析北欧和美国地区营销实践，总结提出地区形象是地区营销的九大成功要素之一。

2. 我国区域形象研究现状分析

20世纪90年代，我国学界开始了区域形象的研究，到目前已经涌现出一大批研究成果：众多省市形象管理者相继完成了一系列区域形象课题研究；专家、学者出版了一批区域形象研究著作和专题期刊论文。近年来，诸多区域形象研究成果被写进区域经济学、公共关系学教材。而且，区域形象研究还成为硕士、博士学位论文选题热点之一。

在这20年来，我国区域形象研究的重点在以下几个方面：将区域形象作为文化符号的研究、从信息交流和传播的角度研究区域形象、区域形象与区域的可持续发展研究、区域形象设计研究、区域形象评价研究、区域形象管理研究。在区域形象传播策略研究方面，学界针对区域形象传播策略的研究主要从旅游传播、公关和营销、媒介传播策略等角度着手，且切入角度比较单一，研究内容较少。

区域形象还局限于对国家形象和城市形象的研究和关注。在CNKI中以“国家形象”为题目关键词进行搜索，有1535条结果；以“城市形象”进行搜索有44628条结果显示；但是以“新农村形象”为题目关键词进行搜索，只有25条结果。在现有的区域形象研究中，研究对象大都集中在一、二线或者重要城市所在的区域，而忽视了新农村所在的区域。本文尝试以新农村为研究对象进行分析和探索，研究区域形象传播策略，还是较具创新意义的。

（三）媒体融合环境下形象传播新特点

1. 繁复庞杂的传播资源

网络的发展打破了传播资源的垄断，打开网页搜索任一地域的相关信息，都能找到众多信息资源，正是网络信息容量的无限性与信息链接的无限性实现了传播资源的无限性。繁复庞杂的传播资源为受众了解某一区域形象提供了充沛的资料，资源的丰富化彻底改变了少数大众传播机构垄断资源的状况，为更多社会成员、群体和组织成为区域形象能动的传播者提供了基础条件。然而参与传播的主体不同、素质差异，也导致了传播资源的良莠不齐，令区域形象的传播存在真实性的偏差乃至误读。

2. 传播的强交互性

媒体技术的发展改变以往形象传播的单向性，区域形象的构建描述一旦进入新媒体传播途径，便可随即获取受众互动、反馈。即时反馈增强了形象传播的交互性，媒体对于某一区域形象的构建不再是独自定制的过程，而是全体受众共同参与的。强交互性对区域形象传播而言，是一把双刃剑。一方面，区域形象传播在获取传播对象反馈后，可及时修正、完善，令形象传播针对性得以增强；另一方面，传播对象的反馈也可能直接影响预定形象传播效果，甚至在遭遇消极反馈或攻讦时，会导致区域形象受损。

3. 区域形象的非区域性传播

在过去，碍于传播技术发展落后的限制，区域形象传播往往局限于某一范围内，而互联网技术、新媒体技术的发展令区域形象的跨区域传播乃至全球性传播成为可能。区域形象的非区域性传播有两方面的含义。首先，受众不再局限于某一地域，某一区域的形象经由各类传播媒介，能够迅速为全球受众接收，从而影响大规模受众对该地域认知的变更。其次，某一小地域的形象往往会被视作该地域所处的更大地域形象被外界认知，如皖北农村形象经由网络传播后，往往被外界受众视作安徽形象加以认知解读。

三、皖北新农村形象的自我言说与外部构建

此次调查地淮北市，位于安徽北部，地处苏鲁豫皖四省之交，北接萧县，南临蒙城，东与宿州毗邻，西连涡阳县和河南永城市。南北长 150 千米，东西宽 50 千米，总面积 2802 平方千米，总人口 215.9 万人。辖相山区、杜集区、烈山区 3 个市辖区和濉溪县 1 个县。淮北市又称安徽煤城，是一座依靠丰富的煤炭资源发展起来的城市。虽然煤炭资源丰富，但是煤矿分布得却比较分散，难以集中开采，大部分煤矿都处于农村耕地及居民区上。为了扩大煤炭产量，煤矿开采前必须征收大量耕地，组织农村地区进行搬迁。此外由于煤层深，开采难度大，绝大部分煤矿无法采用露天开采方式，只能选择井下开采。这种开采方式极大程度上破坏了当地地层结构，导致耕地塌陷积水现象时有发生，耕地面积受煤矿开采影响日益锐减。基于上述原因，淮北市在过去十年一直致力于组织村民迁居城镇，推进新农村建设。笔者选取的主要调研对象孟口新村正是皖北新农村建设进程中的典型村落，共汇集孟口村、张庄村、于楼村、小赵庄四个原村落，人口 2900 多人，共 650 多户，全村耕

地面积2541亩，劳动力人口约800人，基本无流动人口。

（一）自我言说的皖北新农村形象

自我言说是当地新农村村民对于自身生活环境最直接的认知与描述，它不同于当地政府出于经济目的而做的刻意宣传、也不同于外界媒体对其地域形象的建构，这种描述最直接的体现在生于斯长于斯的庄稼人对故土的深刻记忆。对于历经皖北新农村建设变迁的乡村人而言，新农村的形象是基于他们的生活体验而得到的，因此是最为准确，也最能体现当地村民自我诉求。此次调研，笔者通过问卷调查和访谈方式调查当地村民所认知的皖北新农村形象，共计发放问卷300份，实际回收问卷287份。根据新农村建设满意度调查结果显示，82%的受访者表示对新农村建设较为满意。其不满方面主要集中于新农村建设中迁移款补助不足、基础设施完善周期较长、未来就业方向不明朗三个方面。而根据问卷调查和访谈结果，笔者发现当地村民所认知的皖北新农村主要体现于以下三个方面。

1. 变迁的乡村面貌与便捷的生活、教育条件

炊烟袅袅、阡陌纵横是新农村建设开展前皖北农村的主要面貌。随着新农村建设进程的推进，这种乡村图景已经逐渐远去。调查显示，孟口新村建设已完成，水电等设施建设也在有条不紊地进行中，有线电视、电话、宽带安装工作已完毕，后续绿化、照明也正处于完善中。孟口新村地处当地镇政府南500米，临近一个大型农贸市场、三个大型超市，相较于新农村建设开展前，村民生活条件有了较大改善。此外，当地大量村落聚集于镇中学附近，大量应求而生的幼儿园、小学也为当地适龄儿童提供了便捷的求学条件。

2. 根深蒂固的身份认知与渐趋迷茫的就业环境

乡村布局及生活条件这些外界因素历经改变，然而在访谈中笔者发现，任何一个年龄层次对于自身的身份认知并未明显改变，这一特点在中老年群体中尤为明显。据调查结果显示，97%以上的村民在迁居城镇后，身份认知仍旧是农民。然而即便对于自身的农民身份认知根深蒂固，但是随着塌陷区域的不断扩大，大规模农田已变成沼泽。越来越多的农民将在未来几年内面临无田可耕的窘境，今后的谋生途径、就业方向成为当地村民最大的忧虑。

3. 日益丰富的乡村文娱活动

在新农村建设开展前，皖北农村村落分布相对分散，两村间距离多在1000米以上，各村落住户多在200户左右，村内住户也相对分散。这导致一直以来难以集中建立一个完善的文娱活动聚集场所。随着新农村建设开展，各自然村聚合在一起成为一个大型村落，由统一的村集体进行管理。村落的

聚合、管理的统一促使村集体能够集中力量组织乡村文娱活动和建立文娱场所。近年来当地先后举办了村民篮球赛、广场舞比赛等赛事，并定期实施送戏下乡、送电影下乡，为当地村民提供了丰富的文娱活动；乡村图书室、棋牌室的设立也让村民在忙碌的劳动后有了休闲娱乐的去处。

（二）政府与媒体构建的皖北新农村形象

1. 传统媒体构建的皖北新农村形象

在对媒体构建的皖北新农村的分析中，笔者首先选取了安徽网、中安在线两家安徽本地权威媒体作为主要调查对象，以“皖北新农村”作为关键词对两家网站历年新闻报道进行检索。最终于安徽网检索到与皖北新农村直接相关报道12条，于中安在线检索到直接相关报道7条。随后笔者又通过新华社新闻检索窗口以“皖北新农村”作为关键词进行检索，共搜集相关报道76条，涵盖了新华社、中国新闻网、和讯网、凤凰网、新浪网等多家媒体报道。去除重复性新闻、领导讲话、当地政府官网宣传稿、相关性较弱的各类信息后，共获取与皖北新农村直接相关报道9条。综合统计后，检索到的有效新闻信息共计28条，在对其文本内容分析研读后，笔者对其报道倾向统计可知皖北新农村的正面报道21条、负面形象报道3条、中性新闻信息4条，分别占比75%、11%、14%。（图1）

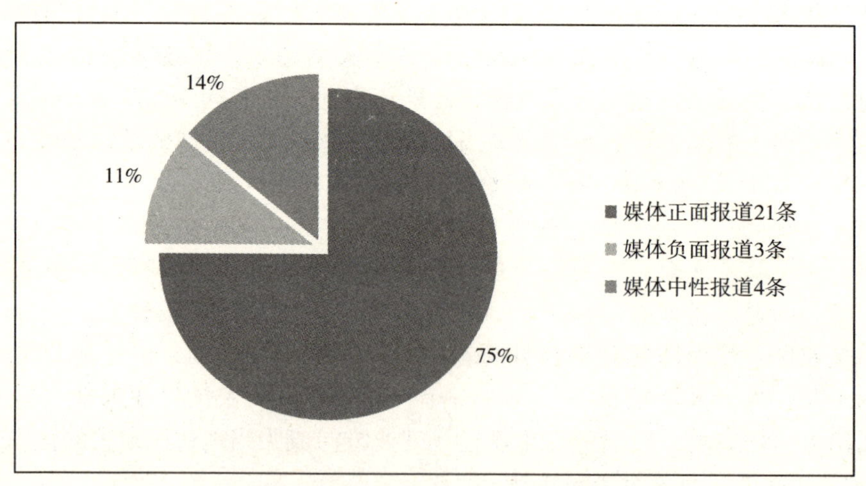

图1　皖北新农村形象媒体报道倾向分析图

媒体对于皖北新农村21条正面形象报道中，新农村的发展建设是其正面形象重点表现方面。发展建设主要涉及皖北新农村基层党建、乡村旅游、基础设施、引进投资、农业现代化、乡村文明、农村教育共计 7 个方面，根据报道中关键词出现频次，笔者得出图 2。

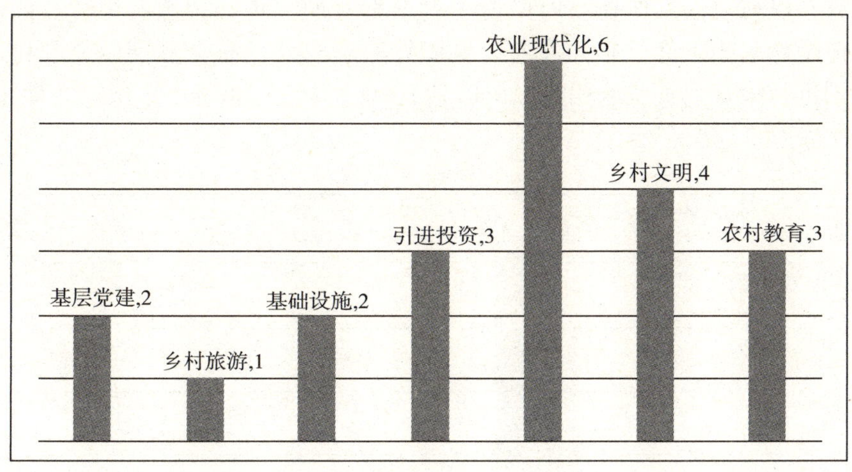

图 2　皖北新农村形象媒体正面报道关键词分析图

媒体对皖北新农村负面形象报道共计 3 条，其中皖北新农村在婚姻中收取高价彩礼占据两条，其中一条为人民日报报道后中安在线予以转发评论；皖北新农村在婚庆等庆典中出现的脱衣舞低俗表演是负面形象报道关注的另一重要方面。报道反映皖北新农村留守儿童生活现状；旱灾受灾情况；大批企业面临用工荒，当地招聘则是媒体以客观视角对皖北新农村做出的中性报道。(图 3)

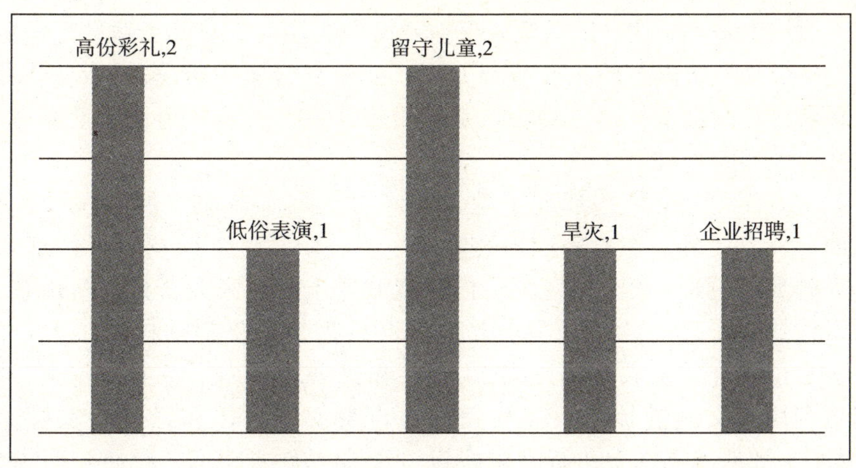

图 3　皖北新农村形象媒体中性、负面报道关键词

2. 政府宣传部门构建的皖北新农村形象

亳州、宿州、阜阳、淮北是我省皖北地区新农村建设重点推进的四个城市，其新农村建设工作在政府微博平台上都有所宣传和报道。笔者在四市官方宣传微博亳州发布、宿州发布、阜阳发布、淮北发布上分别以新农村作为关键词进行检索，各获取相关微博信息10条、31条、6条、2条，共计49条（图4）。

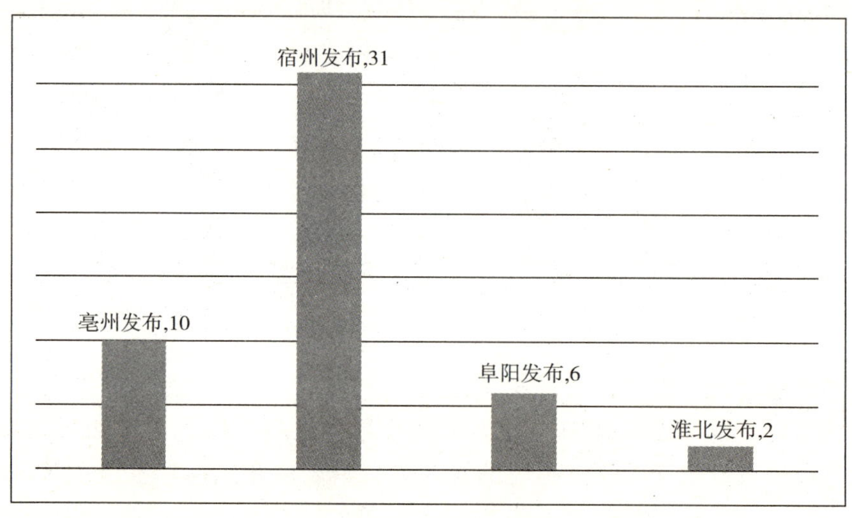

图4　各地市新农村形象新媒体平台宣传分析图

从这一数据可以发现，各地市利用新媒体平台对新农村形象进行宣传和构建方面用力并不平均。随后笔者根据微博内容倾向，对其主题进行了划分。新农村建设是微博内容的主要呈现方面，涉及乡村文明建设、新农村经济建设、新农村建设典型村落、新农村基础设施建设、新农村建设政策支持及服务完善五个方面。（图5）

五个方面较为立体地展现了皖北新农村正处于健康发展和积极建设中的正面形象。此外，在对其形象的构建中，政府宣传部门选取了精细到村、事、人的典型例证："天然气管道接入谯城区十河镇宋大新村、宿州东城的黄树秦村成立了环卫队、全国十大种粮标兵宿州市夏刘寨村种粮大户王化东从自身出发介绍新农村建设成就。"在积极展现正面形象的过程中，宣传部门也利用美文欣赏板块去让村民结合自身实际宣传和思考新农村建设，《俺村东头那块大石头》《新农村建设"要温饱更要环保"》便是两个典型的例证。

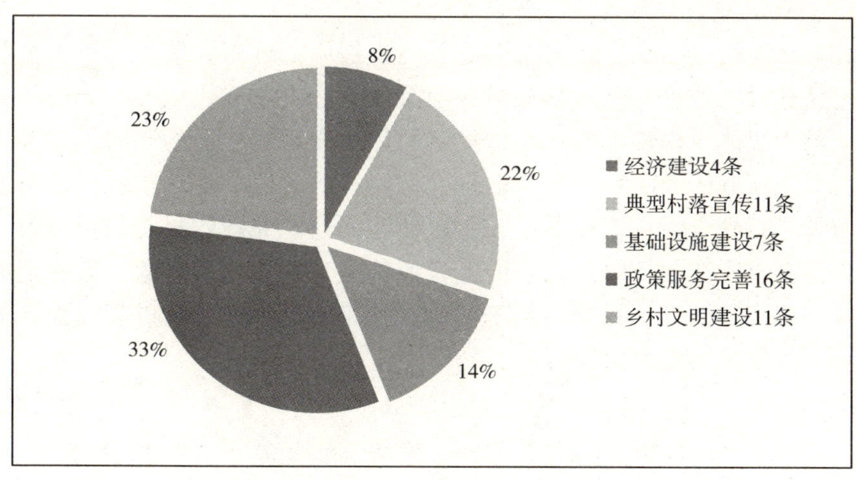

图5 各地市微博内容划分

（三）自我言说与外部构建的对比

大众传媒最基本、最首要的功能是传播信息。通过传播信息，传媒搭起了社会公众认识一个区域的桥梁，成为公众了解该区域的纽带，以及展示该区域的视窗。媒体也因而成为社会公众了解、认识区域形象的首要新闻信息来源。媒体技术的进步促使政府宣传部门有能力介入区域形象构建、传播之中。大众传媒与政府宣传共同实现了对于皖北新农村形象的外部构建与传播。本文所呈现自我言说与外部构建都是对皖北新农村形象的描述，然而两者存在相同之处，也有着一些差距。

1. 外部构建的建设成果与自我言说的生活现状

新农村建设的开展推进了乡村基础设施的完善与乡村文明建设的发展，这是从村民的自我言说及外部构建中都得到呈现的。然而两者所构建的关于皖北新农村基础设施与乡村文明建设的面貌却有所差别。外部构建的更为立体和全面，而村民自我言说的关于基础设施、乡村文明建设则是基于自身生活的感受所得到的。具体而言，外部所建构的新农村基础设施及乡村文明建设倾向于从新农村建设大局出发，立体展现建设成果。构建的形象囊括了环境建设、文化建设、电气设施等诸多方面。然而，村民是新农村建设的主体，也是新农村建设的亲历者，他们的生活是否因为新农村建设得到改善，这才是关注于皖北新农村建设的受众所切实关心的问题。在具体呈现某一个家庭、村民于新农村建设中的经济改善、生活环境改善的小例证相对匮乏，这是外部构建中亟待改善的。

2. 外部构建的经济发展与自我言说的就业窘境

在媒体所构建的皖北新农村的建设与发展中，运用大量的报道去渲染新农村经济建设的成就，从乡村旅游、引进投资、农业现代化各个方面都有所涉及。然而媒体所构建出的新农村经济总体呈现蓬勃发展的同时，却并未关注村民个人家庭的经济收入与就业现状。两者的对比令皖北新农村经济发展的现状并未得到全面且正确的呈现。媒体在构建皖北新农村正面形象时，各个方面虽都有所涉及，但是几乎所有报道都呈现同质化的现象。大而全的概括性描写居多，缺乏小切口的精细刻画，读来不免呆板，难以吸引受众去感受皖北新农村真实发展面貌。

四、媒体融合时期皖北新农村形象的构建策略

在互联网技术发展的推动下，全球已经进入了媒体融合传播的新时代。以计算机技术和数字化技术为主导，各种传媒技术实现了大汇流、大整合。皖北新农村形象的构建与传播也正处于这个时代的大潮之中。新时期的区域形象与区域的发展息息相关，大到影响外界经济实体对其认知，考量投资该区域经济发展；小到影响外界民众对该区域民众认知，直接关联个人就业。

在研究过程中笔者发现，尽管各类新媒体技术已逐渐深入到皖北新农村村民的生活中，然而村民利用新媒体平台表达自身需求、宣传家乡现状的全民传播意识并不明显。传播时代的变革、区域形象的重要性都要求探索新时期皖北形象传播的全新策略与传播思路。

（一）建立专业形象构建机构，积极实施互动传播

互联网时代的传播体现于“网”与“互”两个方面，“网”是网络各类资讯加以传播，“互”则是传受双方的高效互动。在互联网技术尚未普遍运用于传播之前，区域形象的构建主要源自于生活接触中人们对该区域群众的认知，而其传播主要依赖于交往中的口口相传、传统媒体的单向传播。区域形象经历长期的过程加以构建和传播，而且一旦形成就难以变更。互联网时代传播的即时性与交互性决定了传统区域形象构建与传播的格局必然被打破。关于某一区域的某一新闻事件出现并经历发酵成为舆论热点后，必然引发大规模受众的关注与互动，迅速形成燎原之势。建立专业的区域形象构建与传播管理机构，尤其在关于皖北新农村的负面危机信息传播中利用互联网的即时互动特性，及时发布相关信息、实行危机管理，可以最大限度地避免危机

扩散，在最短时间里获得最佳的传播效果。

（二）时刻关注民间声音，坚定依靠全民传播

媒介技术的发展让普通受众发出自己的声音、表达自己的意见成为可能。在这个传播时代，每一个受众既是区域形象的接收者，也是区域形象的构建者与传播者。皖北新农村的村民是这一区域的构建主体，同时也是这一区域的形象构建与传播的最大主体。培养村民的全民传播意识，让每一个生于斯长于斯的普通村民都深切意识到家乡的形象构建、传播与自身的成长、发展息息相关；自觉利用各类自媒体平台积极参与家乡形象的构建传播中，对提升区域美誉度必然大有裨益。个人自媒体传播拥有着最为庞大的传播群体与受众群体，其传播能力及影响之大毫不逊色于专业媒体机构。这是一把需要小心利用的双刃剑，个人对于区域负面形象的构建传播乃至抹黑都存在引发危机传播的可能性。因此，在构建专业的形象构建与传播机构之外，也须增强对全民传播的重视，既提升全民传播仪式，也要提升全民责任意识，积极引导、规范管理，将危机传播的可能性与影响降到最低。

（三）把握受众群体特征，做精做细分众传播

对于某一区域形象的认知，各个受众群体基于自身定位会产生不同的要求。以皖北新农村形象传播而言，作为一个寻求投资方向的投资商而言，关注的是该区域的人力资源、生产环境、相关政策；对于一个计划假期进行乡村旅游的游客而言，关注的是乡村环境、交通状况、居住条件、特色旅游项目。针对不同的受众群体，实施分众传播，多方面立体呈现区域形象十分必要。媒体技术的发展令分众传播成为可能，更具不同传播平台受众群体的特点，分析其可能的信息需求，对皖北新农村的具体形象面貌加以呈现，能够做到有的放矢，实现针对性传播。政府网页、传统媒体等权威传播平台宣传皖北新农村各类资源条件、政策优惠、交通设施，构建一个宜资宜业的区域形象加以传播；利用各类新媒体平台宣传人文、自然景观、乡村游特色项目、健康朴实的风土人情，构建一个乡村旅游绝佳去处的形象加以传播。如此做精做细分众传播能有效避免资源浪费，实现皖北新农村形象构建与传播最佳效果。

（四）关注媒体融合传播

媒体融合是当今传媒业发展的必然趋势，同时也为新时期区域形象的传播提供了新的机遇与挑战。政府有效整合皖北地区各类电视、电台、报纸、网站等传播资源，集中力量宣传打造皖北新农村全新形象，积极实施融合传播、互动传播、分众传播；同时引导当地民众参与全民传播，规范管理传播过程、时刻完善危机应对，才能够在全新传播时代把握区域形象构建与传播的主动性。此外，需要注意的是，政府的监管不代表强硬粗暴的抹杀，而是了解民情、倾听民意、善于引导，实现民众与政府、传统媒体与新媒体协力参与构建、传播美好区域形象的全新格局。

参考文献：

[1] 姜红．大众传媒中的安徽形象［M］．合肥：安徽人民出版社，2012.

[2] 万青．安徽省地市区域综合竞争力比较研究［M］．合肥：中国科学技术大学出版社，2009.

[3] 赵定涛，李丰．当代宏观管理新课题——区域形象管理及其展望预测［J］．预测，1997（11）．

[4] 韦瑾．关于旅游地形象重新定位和形象传播的探讨——以桂林为例［J］．西南民族大学学报，2007（1）．

[5] 禹贡，常立新．论区域形象识别系统——兼论常德区域形象设计问题［J］．武陵学刊，1995（10）．

[6] 耿幕．媒体中的安徽形象——对2008年中国青年报相关文本的分析［J］．青年记者，2009（6）．

[7] 周启瑞．发展视域中的湖南区域形象战略目标定位［J］．湖南社会科学，2008（6）．

[8] 王飞，冯年华，曾刚．区域形象研究的回顾与展望［J］．经济师，2006（3）．

[9] 黄华中，陈云龙．湖南区域形象建设对策研究［J］．经济研究导刊，2010（10）．

[10] 季晓燕．城市形象传播研究［D］．上海：上海师范大学，2009.

[11] 张渊．整合传播视野下城市形象传播研究［D］．重庆：重庆大学，2008.

[12] 许沂书．区域经济发展中的区域形象问题研究［D］．武汉：武汉大学，2005.

舆情回应：政府“媒介形象”的表征

——基于对安徽三起突发事件的考察

李 娟 刘 勇

摘要： 新传播时代，负面舆情时时发生，民意常常经由自媒体得以迅速表达，并对政府的决策与形象产生直接影响。舆情回应不仅是政府工作的重要组成部分，而且已成为政府“媒介形象”的重要表征。本文将舆情回应置于政府“媒介形象”建构的维度加以审视，结合三个具体案例，分析政府“舆情回应”的得失，继而提炼总结出“舆情回应”的理念与方法。

关键词： 舆情回应；政府；媒介形象；突发事件

媒介技术的变革正深刻地影响着政府、公众、传媒之间的关系。经由互联网、自媒体、移动终端，现实政治与民众的日常生活被无缝对接。很多时候，一起突发事件的发生、一项政策的制定与实施、一条普通新闻的发布，往往都会激起舆情的轩然大波。因此，及时专业地回应舆情，就成为政府部门的“必修课”。换言之，“舆情回应”业已成为政府“媒介形象”的重要表征。本文着力从政府“媒介形象”的维度出发，结合具体案例，来剖析舆情回应的理念与方法。

一、关系勾连：舆情回应之于政府媒介形象的意义

舆情是“由于各种事件的刺激而产生的，通过某一载体传播的人们对于该事件所有认知、态度、情感和行为倾向的集合”。在今天这样一个“风险社会”里，突发事件已成为常态，而媒介技术的高速发展、自媒体的自我赋权，

作者简介： 李娟，安徽广播影视职业技术学院副教授；刘勇，安徽大学新闻传播学院副教授。

基金项目： 2014 年度安徽省省级科研重点项目（SK2014A448）；“安徽省 2016 年高校优秀青年人才支持计划重点项目”（gxyqZD2016006）。

使“人人都是麦克风”成为现实。于是，公众对于政府的态度、评价、情感等能够迅速“显在化”，并直接影响政府决策和政府形象。“互联网把原本分散的公众连接起来，使他们在网络空间中获取政治信息，关注政治事件，感受政治生态，展开政治讨论，进行政治协商，直到参与到政治决策中。通过互联网引发自下而上的舆论风暴，民意臧否中展示的是大众政治的力量。”基于此，政府势必要对舆情进行及时、专业的回应，否则就会消解政府权威，瓦解政府在民众心目中的形象，甚至动摇政府的执政基础。

政府形象实质包含政府的“现实形象”与“媒介形象”两个层面。前者源自政府的工作实绩，后者来自媒介的呈现与政府的建构。“媒介形象”是指：“政府通过大众传媒所展示和传播的形象。它是由政府的现实形象转化而来的。政府的现实形象是其媒介形象展现的基础和依据。所以，政府的媒介形象展现首先与它自身的现实形象有关，同时也与大众传媒的报道方式、传播方式有关，与社会公众的接受与认同有关。”从理论上讲，政府的“媒介形象”与其“现实形象”并不能完全对等，但是，由于媒介所彰显的巨大影响力，很多时候，在大多数社会公众看来，政府的“媒介形象”就等同于其“现实形象”。因此，对于政府而言，树立良好的“媒介形象”，既是政府执政能力的体现，也是其获得民意广泛支持的基础。毫无疑问，影响政府“媒介形象”的因素很多，不仅包括政府的政绩和作为、传播策略与社会口碑，也包括其对于舆情的回应与处置的能力。这是因为舆情归根到底是一种社会情绪，它反映民意，体现社会大众的根本诉求，展示人们对于政府决策与形象、国家大政方针的意见与态度。政府形象本身就是公众对于政府的一种心理认知，这种认知常常就体现在舆情的方方面面。因此，能够及时、真诚、专业回应舆情，既彰显了政府的执政能力与应变能力，也从根本上凸显了政府对于民意的敬畏与尊重。从这个意义上说，舆情回应是政府“媒介形象”的一个重要表征。

有鉴于此，2016 年 7 月 30 日，国务院办公厅印发《关于在政务公开工作中进一步做好政务舆情回应的通知》，明确了政务舆情回应的主体：“对涉及国务院重大政策、重要决策部署的政务舆情，国务院相关部门是第一责任主体；对涉及地方的政务舆情，按照属地管理、分级负责、谁主管谁负责的原则进行回应，涉事责任部门是第一责任主体；本级政府办公厅（室）会同宣传部门做好组织协调工作；涉事责任部门实行垂直管理的，上级部门办公厅（室）会同宣传部门做好组织协调工作。对涉及多个地方的政务舆情，上级政府主管部门是舆情回应的第一责任主体。”同时，该通知更将舆情回应“制度化”——“各地区各部门要以政务舆情回应制度、回应机制、回应效果为重点，定期开展督查，切实做到解疑释惑、澄清事实，赢得公众理解和支持。”这些规定释放出的明确信号即是：政府已将“舆情回应”置于极端重要的地位，将之视为各级政府的主要工作之一，更为重要的是，国务院已将政务舆情回应情况作为政务公开的重要内容纳入政府的考核体系之中。

二、案例解析：政府舆情回应的“得”与“失”

真实的案例往往具有说服力。我们从2014—2016年安徽省热点舆情事件中选择三起与政府形象密切关联的代表性事件作为案例，在展示事件过程中，分析其舆情回应的得与失。

（一）及时专业的舆情回应有助于政府媒介形象的建构

2014年11月18日，人民网安徽频道发布的一篇题为《安徽省教育厅女干部骂保安是“看门狗”六旬保安气绝身亡》的新闻报道迅速引发舆论热议，该报道呈现的事实是：安徽省教育厅一位女干部在非工作时间，与某小区的一位保安发生口角，并骂保安是“看门狗”，最终该保安当场身亡。值得注意的是，尽管警方尚未公布进一步调查的结论，但女事主的“干部”身份一经曝光，舆情遂发生偏转，公众评论的重点主要集中在抨击官员腐败、质疑政府形象以及批判阶层矛盾等层面。于是，除了当事人被网友“人肉搜索”之外，其所在单位安徽省教育厅也成了舆论的众矢之的。

在媒体报道的第二天上午9时50分，安徽省教育厅官方微博连发两条微博，对此事做出回应：

“各位网友，我们已从媒体和公安部门了解到有关情况，目前公安部门正在进行调查处理。我们对保安赵宗伟师傅的不幸深表同情。目前，涉事者本人已暂停工作，正在配合调查处理。”

“省教育厅要求其认真学习有关法律法规和公务员行为规范，认真反思，深刻反省，积极配合调查，妥善处理好善后事宜。我们将根据公安部门调查结论，依据公务员法、行政机关公务员处分条例等对涉事者做出严肃处理。我们也将以此为戒，进一步加强对干部职工的教育管理。”

应该说，作为舆情回应，这两条微博可圈可点：

第一，及时回应舆论关切。由于此事发生在公务员的非工作时间与地点，因此此事与教育厅没有直接关联，但由于舆情的焦点已集中在其教育厅女科长的身份，故而教育厅在媒体报道的12小时内予以回应，可以说非常及时。

如果不做回应，任由舆情蔓延，则势必产生更大的负面影响。

第二，措辞合乎逻辑，讲究人情味。

两条微博一共六句话，202 个字，既言简意赅，又不失人文关怀。第一条微博三句话提供了三个信息，一是省教育厅对此事件的了解是通过媒体和警方，二是表达对逝者的同情，三是告知公众当事人的目前状况。第二条微博三句话也提供了三条信息，一是教育厅对当事人采取的初步措施，二是即将对当事人的处理方式，三是教育厅将加强对全体干部职工的教育管理。整体看，两条微博的行文逻辑非常清晰，既不是与当事人撇清关联，划清界限，也不是逃避自身的责任，而是有理有节地澄清事实、阐明观点，继而引导舆情的走向。

（二）缺乏诚意的正面回应必然引发负面效应

2015 年 1 月 31 日，《南方都市报》刊发《阜阳公共自行车单价近万遭质疑　官方回应：采购合法》，该报道称，律师殷思亮在其微博爆料阜阳花费 6488 万元采购 6500 辆自行车及配套服务，每辆自行车总成本达到 9981 元。这名律师由此质疑，“阜阳的公共自行车采购项目耗资过高”。对此，阜阳官方向南都记者回应：“采购合法合规，经得起考验。”与此同时，新闻报道中引用的阜阳市公共机构节能领导小组办公室负责人江志国的一段话，激发了舆情的偏向与聚焦。“江志国指出，殷思亮的质疑‘哗众取宠’，试图以这些自行车系统 5 年的运营成本偷换成车辆单价，以此制造舆论，他对这种做法‘嗤之以鼻’。”此后，伴随央视等媒体的介入，阜阳当地也不得不一次次面对舆情的拷问，一次次对“天价采购”进行回应。

后续报道表明，阜阳的此次采购，“6488 万元的采购包括 7800 套双立柱式锁车器、200 套站点控制器、1 套后台管理系统、6500 辆 9800 型公共自行车等多种配套设施，及 90 名员工 5 年的运行管理费用”。按照这样的回应，这次采购起码在形式上没有问题。于是，政府当然很委屈，也必然充满了疑问：明明是在为民众谋福利，明明政府有理，为什么在回应后，反而引发了负面效应？舆情不仅质疑“天价采购”，更要求调查采购背后的腐败，同时，官员的回应又处处显示出“习惯性傲慢”，仿佛只要政府有理，民众就无权质疑，且不论《政府信息公开条例》与《政府采购法》都有明确规定，普通公民对政府行为有知情权，政府也有公开信息的义务，单是这种言论本身，实质固化了民众对于官员骄横跋扈形象的想象。于是，尽管当地在此后接受多家媒体采访，频频进行舆情回应，但一时还是难以平息公众的质疑与愤怒。

事实上，在这次事件中，政府不仅第一时间回应了舆情的关切，而且派了分管此事的负责人接受记者专访，这些原本都是为政府形象加分的。但为什么会适得其反？原因就在于当事官员的表达过于傲慢，缺乏回应舆情所必需的诚意，这样，即使完全在理，也很难获得舆论的支持。

（三）缺乏专业与权威的舆情回应会引发更大的信任危机

2016 年 12 月 21 日，《江淮晨报》刊发了一篇题为《一合肥人在六安买了 44 套房　还拿了 80 万元购房补贴》的报道，该篇报道导语写道："六安市裕安区政府网站发布的一条公示信息引发热议，该公示显示，一名合肥人在六安市裕安区同一个小区购买了 44 套房子。按照当地的补贴政策，该房主共获得约 80 万元补贴。"

可以看到，这篇报道刊发前已经在网络上引起热议，此后，伴随其他机构媒体、平台媒体以及自媒体的转发与评论，加之"44 套房子、80 万补贴"等吸引眼球的表述，这一事件迅速成为舆情热点。舆情指向主要集中在两个维度：其一是官员腐败，人们笃信这一桩交易背后必然涉及腐败；其二是政策漏洞，如此不符合常规的交易却能够堂而皇之地登上是政府的"公示"，人们亦坚信这背后必然涉及政策层面的漏洞。当然，此二者都共同指向了政府，对政府"媒介形象"是一个明显而巨大的伤害。

与此同时，政府的舆情回应却显得既不专业，也缺乏权威性。对记者采访进行回应的居然是"六安市裕安区房地产管理局一名工作人员"，无名无姓，也没有职务，这起码表明，当地并没有派出权威人士进行回应。从这名工作人员的回应中，我们可以看到，他首先在"推卸责任"——"六安市裕安区房地产管理局一名工作人员称，房管部门不是该政策的制定者，'主要是执行，负责收集审核申请补贴的购房者提供来的材料。'这名工作人员说，购买 44 套房产的购房者提供的票据手续齐全，符合政策规定的补贴条件，所以补贴完全符合规定，没有问题。"这种表达的潜台词是：这件事与我们无关，我们的工作仅仅是审核。因为对方符合条件，所以我们没有责任。

更令人费解的是该名工作人员的后续说法——"不过，这名工作人员最后说，当初制定政策时没考虑太细，没有料到有人会买这么多套房子。针对此事，六安市裕安区相关部门在 20 日上午已专门召开会议，研究处理此事。'听说跟施工方还是开发商有债务关系，买这么多房子估计是为了抵债。'"这种说法隐含了三层意思，一是政策本身有问题，二是政府已专门召开会议，三是买房本身就是一种暗箱操作。最后一句话中的一个"听说"，就彻底颠覆了政府的权威性。从这个意义上说，"舆情变换一定程度上是政府作用的结果。政府的行为越变化多端，舆情也就变换得越明显越迅速，有时政府的行为会诱致舆情的大偏向和大范围的转换，如舆情焦点、言论空间的转移”。

上述工作人员的回应，不仅前后自相矛盾，而且回答随意，缺乏专业性，令舆情热度居高不下。最后，当地政府居然又删除了这条公示——“目前，这条公示信息的网页已经无法打开，但首批和第二批购房补贴公示信息还能查看。”此举似乎坐实了舆情的种种猜测，于是，钱权交易、暗箱操作等遂成为本次舆情的热词。

三、“舆情回应”：理念与方法

从上述的三个案例中，我们足以观测到舆情回应之于政府“媒介形象”的意义。与此同时，我们也尝试从中总结、提炼舆情回应的理念与方法。

（一）理念

如前所述，舆情回应已成为政府媒介形象的重要表征。因此，无论是政府官员，还是普通公务人员，首先都必须从这个高度去理解舆情回应的意义与功能，并不断强化以下三种认知：

1. 重视舆情就是尊重民意，舆情回应必须也应该成为政府工作的一个重要组成部分。

2. 规避负面舆情的根本途径在于政府的工作实绩与现实作为，舆情回应的目的是通过有诚意、专业化的沟通方式，化解危机，解决问题，从而实现政府与民众的相互理解，树立政府良好的“媒介形象”。

3. “舆情回应”是一个复杂的系统工程，不可能“毕其功于一役”，很多时候，需要统筹规划、部门协同、专业引路，根本上则需要政府真正敬畏与尊重民意。

（二）方法

从方法层面看，舆情应对的技巧很多，我们认为关键有以下三个方面：

1. 尊重事实，及时回应

负面舆情往往都指向政府，这似乎已成为公众的“刻板印象”。基于此，政府进行舆情回应的一个重要原则就是必须尊重事实，基于事实去处理问题，不能人为掩盖真相甚至欺骗公众，否则一旦真相公开，则必然引发更大的负面舆情，更会令公众对政府失去信任。与此同时，舆情回应也要注意时效性，

《关于在政务公开工作中进一步做好政务舆情回应的通知》就明确规舆情回应的时效是24~48小时，其中，特别重大、重大突发事件的政务舆情必须在24小时内回应，其他政务舆情则必须在48小时内予以回应。当然，许多重大突发事件的处置经验表明，舆情回应的时间越快越好，学术界甚至总结出“黄金四小时”的基本原则。

2. 诚意沟通是舆情应对的核心方式

舆情回应的目的就是消弭误解，化解危机。态度决定一切，每当发生突发危机事件，政府的态度往往决定了公众的满意度以及事件的最终解决。如果政府官员以及公务人员的态度缺乏诚意，或相互推诿，或隐瞒真相，或傲慢无礼，全然不顾公众的接受心理，这样连眼前的危机都无法解决，更遑论建构政府的“媒介形象”。因此，有诚意的沟通，首先是切实尊重民众，听取民意，感同身受地了解并理解民众的诉求，同时，提供政府的“行动信息”，即政府已经做了哪些事，正在做哪些事。这样，人们才能切实感受到政府处理危机的诚意，最终促进问题的解决和共识的达成。

3. 切实提升政府公务人员的媒介素养

作为现代公民的一种基本素养，媒介素养首先是一种“能力”，这种能力涉及三个有机组成部分：“全面认识媒介、批判性理解媒介、积极参与和使用媒介。”对于政府公务员而言，有无媒介素养，不仅关涉公务员自身的媒介形象，也从根本上影响着政府的媒介形象。因此，政府公务人员一方面要敬畏民意，理解媒介。民意是政府执政的基础，媒介是承载和彰显民意的平台。作为政府的一分子，公务员尤其是各级官员必须从心底敬畏民意，尊重传媒。另一方面，公务员要切实学习与媒介互动的能力。具体来说，政府部门应该定期进行公务员媒介素养方面的培训，当然，其内涵与外延都应超越“如何应对媒介”“如何应对记者”之类的应景式培训。可以就某一主题，集中调取相关媒体的报道进行专业化解读，也可以深度展示某一媒介事件的发展脉络，对关键节点进行剖析。这样，公务员就能逐渐掌握解读媒介的技巧，从而指导其实际工作。事实上，国务院在《关于在政务公开工作中进一步做好政务舆情回应的通知》中明确规定：“加大业务培训力度，利用2年时间，国务院新闻办牵头对各省（区、市）人民政府、国务院各部门分管负责同志和新闻发言人轮训一遍。”

参考文献：

[1] 曾润喜．网络舆情信息资源共享研究［J］．情报杂志，2009（8）．

[2] 李良荣，张盛．互联网与大众政治的勃兴［J］．现代传播，2012（3）．

[3] 丁柏铨．论政府的媒介形象［J］．西南民族大学学报，2009（2）．

[4] 王国华．突发事件网络舆情的动力要素及其治理［M］．武汉：华中科技大学出版社，2017.

[5] 刘勇．媒介素养概论［M］．北京：中国人民大学出版社，2015.

[6] 李娟．政府“媒介形象”的建构与公务员媒介素养的培育——基于“媒介化社会”的视角［J］．浙江传媒学院学报，2016（1）．

安徽农民的新媒体接触研究

——以安徽省旌德县为例

汪雪梅　黄伟迪

摘要：本研究针对安徽农村地区，以安徽省旌德县为例，围绕互联网、手机等新媒体在乡村日常生活实践中所扮演的角色展开田野调查。首先，农民群体的媒体接触行为在不同区域会存在一定的差异，本研究重点考察安徽农村地区的新媒体普及和使用情况。研究内容以安徽农民的新媒体接触行为为主，包括新媒体的普及状况，农民群体的媒介使用、信息需求等。其次，本研究深入到乡村生活的日常实践中，借助参与式观察和深度访谈，围绕农民群体媒介使用的具体情境进行"深描"，试图探讨新媒体在现代农民的日常生活中如何发挥作用。

关键词：安徽农民；新媒体接触；旌德县

现代社会是一个信息社会，尤其是互联网、手机等新媒体的出现给人们生活带来深刻影响，当然也包括对农民群体的影响。中国乡土社会的转型，以及新媒体在农村的广泛应用为本研究提供契机。已有的研究虽然表明新媒体的传播对当代农民的人际交往、思想观念、农村经济、农村社会建设等方面产生影响，但多是浅层次描述，并未深入探究。近几年，有学者采用田野调查方法考察中部、西部地区的新媒介使用状况，但由于各地农村经济社会分化及阶层分化的程度不同，中国乡村问题的研究不能忽略区域差异的因素，研究样本的选取也可能会出现不同的结论，关于该方面的研究还存在很大的发展空间。

作者简介：汪雪梅，北京师范大学艺术与传媒学院硕士研究生；黄伟迪：安徽大学新闻传播学院讲师，武汉大学新闻与传播学院博士研究生，安徽大学舆情与区域形象研究中心研究员。

基金项目：安徽省高校人文社会科学重点研究基地（安徽大学舆情与区域形象研究中心）招标课题成果（SK2015A020），课题名称：安徽农民的新媒介接触与乡村社会治理。

本研究重点考察安徽农民的新媒体接触行为，探讨在现代农民的日常生活中，新媒体究竟在哪些方面扮演着重要的角色，以及其如何发挥作用，比如文化生活、社会交往、政治参与、思想观念等，为全国性的农民新媒体接触研究提供第一手参考数据。

一、安徽农民的群体特征与媒介接触

（一）研究对象的群体特征与媒介环境

1. 研究对象的群体特征

孙村位于黄山东麓旌德县西部，以农业为主，二、三产业共同发展。笔者在孙村开展“安徽农民的新媒体接触研究”的实地调查，主要采用访谈法和问卷调查法。

本次调查共发放问卷 200 份，回收问卷 187 份，有效问卷 172 份。

如图 1 所示，年龄分布在 20～29 岁的受访者最多，接近 32%；其次是 50 岁以上受访者，接近 25%；因学校上课时间段，20 岁以下受访者最少，仅占 5.81%。从年龄来看，受访者样本选择较为合理，问卷调查具有研究价值。

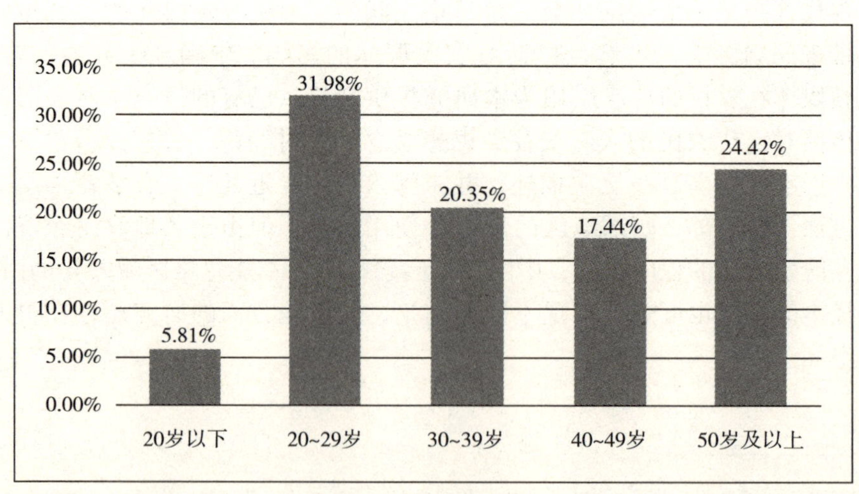

图 1　受访者年龄分布

如图 2、图 3、图 4 所示，初中学历的受访者比例最高，近 47%；小学及以下次之，接近 19%。职业情况为外出打工比例最高，占 31% 左右；学生最少，仅占 5% 左右。年均收入情况为 1 万以下最多，占 29. 07%；5 万以上最少，占 19. 77% 左右。分析可得，农村地区受访者的生活状况呈现低学历、低收入现象，且外出打工者居多。

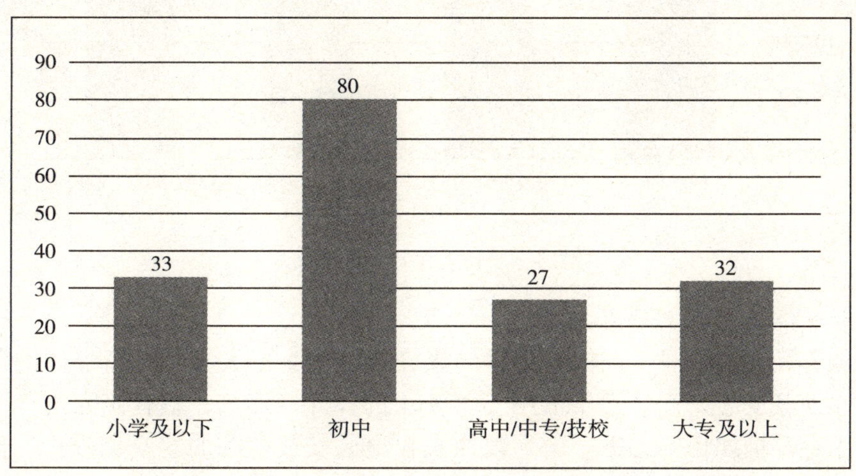

图 2　受访者学历分布

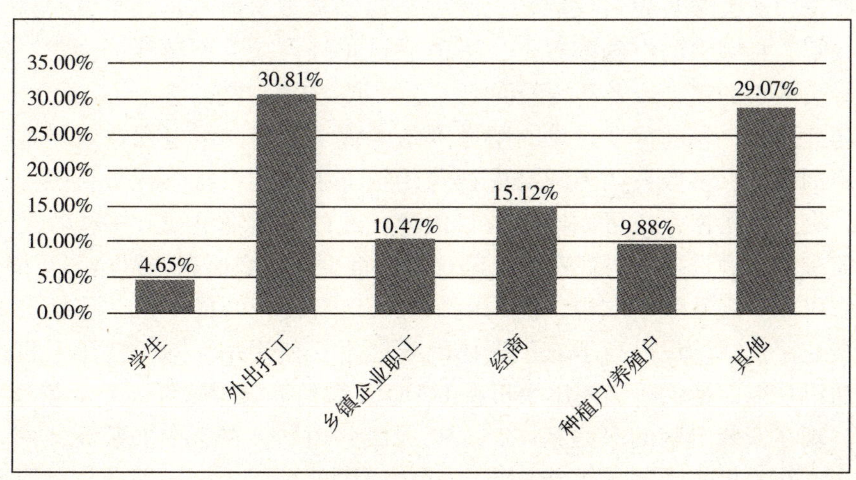

图 3　受访者职业分布

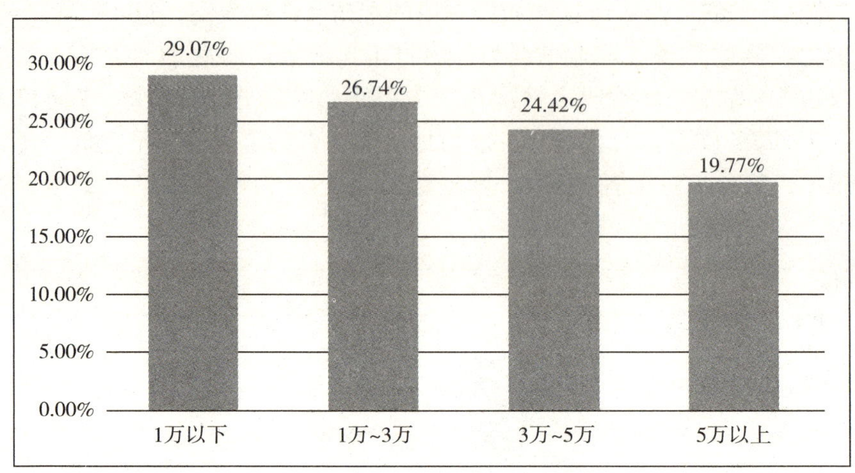

图4 受访者年均收入分布

2. 研究对象的媒介环境

随着社会的发展，人们所生存的媒介环境发生巨大变化。新媒体的迅速发展，使其成为人们日常生活中不可缺少的媒介。那么，笔者研究的样本的媒介生存环境如何呢？据了解，以往农村地区安装电脑的家庭比较少，但随着互联网的发展，孙村地区许多家庭都安装了电脑。移动、电信等通信公司在乡村大面积覆盖网络信号，为孙村地区提供了良好的上网环境，目前村民可选择安装的宽带有移动宽带、电信宽带，因移动网费会全额返还到手机上，经济实惠，故大多数农村家庭都选择安装移动宽带。但不足的是，农村地区没有网吧，且家中的电脑配置低，不能满足年轻人玩大型游戏的需求，因此他们会去附近的镇上或者县城的网吧，以满足其上网需求。

与此同时，移动宽带附带的赠送网络电视功能使网络电视在农村地区得到大范围推广。多数人认为网络电视与传统电视相比有很多优势，图像更加清晰，有节目指南，还可以回看节目内容。此外，网络电视有一些收费节目供有需求的家庭选择购买观看，但调查发现很少有家庭愿意花费这笔开销。

农民除了观看数字电视、使用电脑外，还会使用智能手机。移动公司的充话费送手机活动也提高了农民群体的智能手机使用率。除了使用手机最基本的通讯功能，他们还会使用手机上的QQ及微信等聊天软件，爱奇艺等视频软件。现在安装电脑的家庭基本都会买无线路由器，在家中安装无线网，并且很多人在手机里下载了万能钥匙，不用密码就可以上网。因此，获取网络的便捷，使手机在人们的日常生活中扮演了重要角色。

在大量使用新媒体的同时，人们越来越少使用以报纸和广播为代表的传统媒体。访谈得知，传统媒体使用率低的主要原因有：一方面，传统媒体接触渠道受限。农村很少有人主动订阅报纸，只有村委会每月订报，但其在使用管理上却不尽如人意，农民不能随时去村委会查阅报刊。至于广播，村里广播每天下午只播放3分钟天气预报，收音机也只有个别老人使用，而年轻人接触渠道更有限，开车群体只是在车内偶尔听听，平时并没有其他接触渠道。另一方面，新媒体带来的巨大冲击。相比传统媒体，网络媒体和手机媒体能满足人们使用传统媒体的所有需求，新媒体使用的方便便捷吸引了大量用户从传统媒体转移到新媒体上。

（二）农民群体的媒介接触

随着信息社会的到来，互联网、手机已被广泛使用，面对日新月异的信息社会以及新媒介带来的种类繁多的信息，农民群体是如何应对的呢？

1. 农民群体的新媒体接触行为与接触频率

2016年1月发布的《第37次中国互联网络发展状况统计报告》提出，截至2015年12月，中国网民规模达到6.88亿，互联网普及率达到50.3%，中国居民上网人数已过半。《报告》同时显示，网民的上网设备正在向手机端集中，手机成为拉动网民规模增长的主要因素。截至2015年12月，我国手机网民规模达6.20亿，有90.1%的网民通过手机上网。我国网民中农村网民占比28.4%，规模达1.95亿，较2014年底增加1694万人，增幅为9.5%。

根据问卷调查结果，受访者中各类媒介接触人数以及各类媒介接触频率如图5、图6所示。

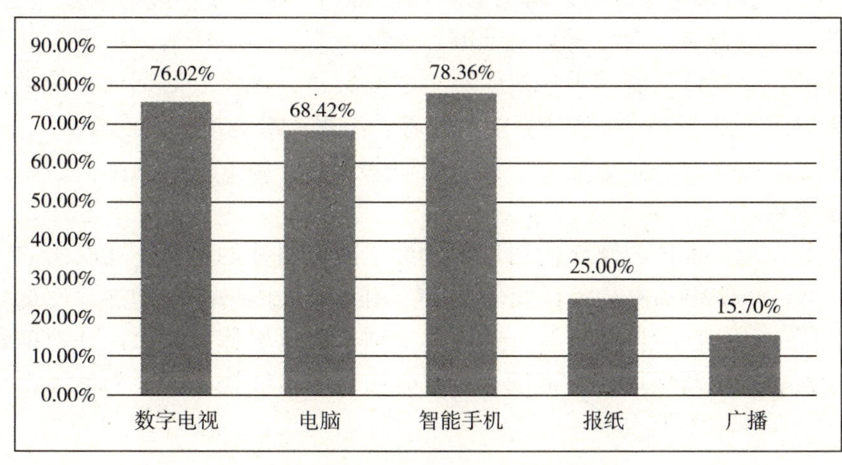

图5　各类媒介接触人数比例表

由图 5 可知，数字电视、电脑、智能手机在农村的普及率均为一半以上，其中智能手机位列第一，近 76%；数字电视次之；电脑使用率位列第三。而报纸、广播等传统媒介的使用率较低，远不及新媒体，分别占 25% 和 15.70% 左右。和全国数据反映的发展趋势相同，孙村地区网民上网设备也正在向手机端集中。

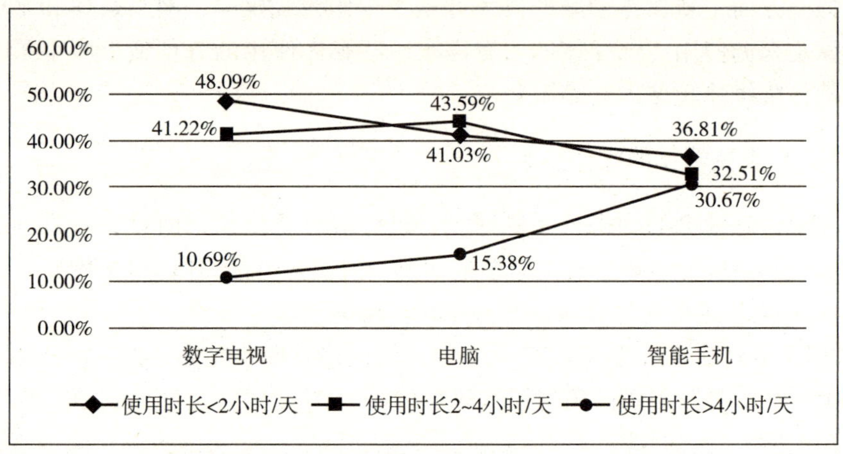

图 6 各类媒介接触频率比例表

如图 6 所示，就使用时长而言，无论是数字电视、电脑，还是智能手机，均有超过一半的人使用这些新媒体时长每天超过 2 小时；相比数字电视、电脑而言，人们每天使用智能手机的时间最多，接近 31% 的受访者使用时长>4 小时/天。笔者从与访谈对象陶丽的对话中得知，她今年 31 岁，有一个 5 岁的女儿，家中开店，女儿送去幼儿园后，就一直在店里待着。店里有数字电视、电脑，自己还用着苹果手机，当笔者问她每天用多长时间时，她说，店里没人时就一定要开着电视或者电脑，看看电视，逛逛淘宝，或者玩玩手机。晚上看完电视后也一定会玩玩手机，刷刷朋友圈才睡，现在的生活已经完全离不了手机。①

研究发现，农民的媒介使用环境发生了翻天覆地的变化。互联网的急速发展、Wi-Fi 使用率提高、智能手机大范围普及、网络应用增加，使得新媒体在安徽农村地区大范围普及，新媒体特别是手机媒体成为农民获取信息的主要手段；相比新媒体，以报纸、广播为代表的传统媒体的使用率和影响力

① 访谈时间：2016. 3. 20 下午 7 点；访谈地点：陶丽家中；访谈情况：笔者在陶丽家店中买东西时与其聊天。

明显减弱，逐渐从农民的日常生活中退出。

2. 农民对新媒体内容的选择偏好

随着新媒体的普及，农民越来越远离传统媒体而向新媒体靠拢。一方面因为传统媒体的资源有限，人们已很难接触到传统媒体，而新媒体传播已经渗入人们的日常生活中；另一方面是因为新媒体的功能丰富，更能满足人们差异化的信息需求。为更好了解农民对新媒体内容的选择偏好，下面分别研究农民群体对数字电视、网络媒体、手机媒体的内容选择：

由上图表可以得出，172 位受访人中，农民对数字电视内容的偏好选择依次为娱乐节目、新闻节目、体育节目、科教节目、其他，其中选择娱乐节目的受众数达 163 人，远超选择其他节目的人数。可知，农民群体对数字电视的使用主要是为了满足其娱乐需求。(图 7)

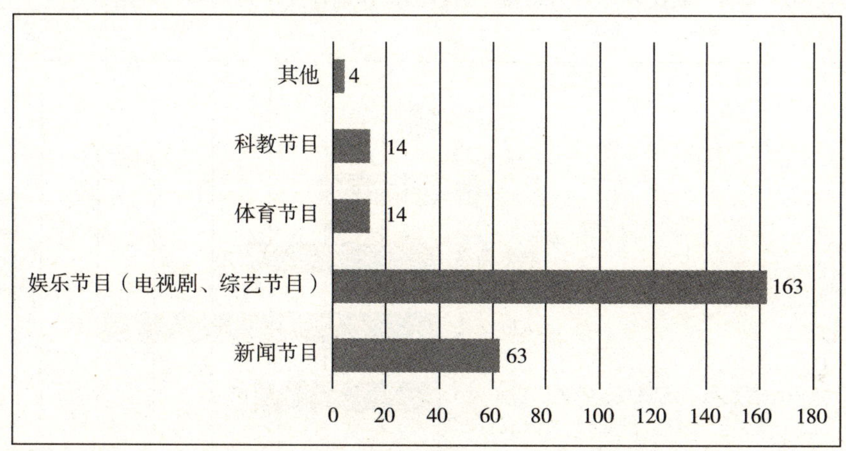

图 7　农民群体对数字电视内容的选择偏好（平行选项，多选）

图 8 数据显示，受访者对网络媒体内容的选择偏好依次为娱乐、获取信息、聊天、购物、其他，其中选择娱乐的人数达 135 人，远超选择其他内容的人数。与观看数字电视主要目的相同，农民群体对网络媒体的使用也主要是为满足其娱乐需求。

根据图 9 可知，农民对手机媒体内容的选择偏好依次为人际交往、娱乐、获取信息、购物、其他，其中选择人际交往的人数达 119 人，位于首位。无论是单纯利用手机进行电话短信交流，还是已经使用手机媒体如 QQ、微信进行人际交往，手机作为联系交流工具，人际交往功能依然是最重要的。

因此，新媒体在安徽农村地区已大范围普及，多数农民都已使用新媒体，但农民群体使用不同种类的新媒体的主要需求不同。农民观看电视和使用网

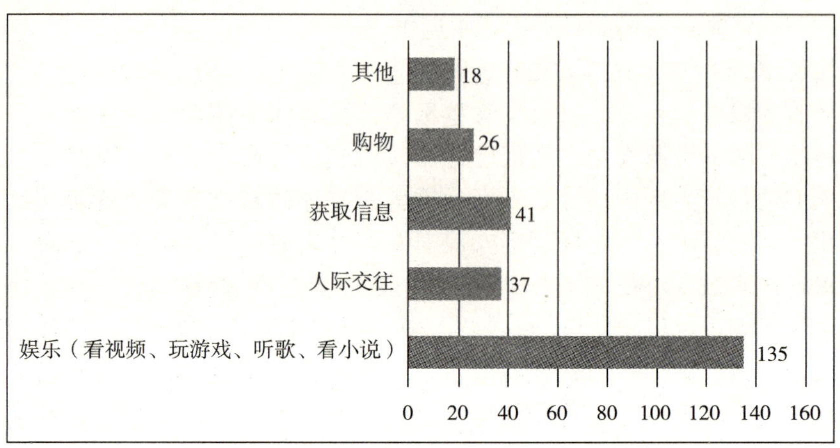

图 8 农民群体对网络媒体内容的选择偏好（平行选项，多选）

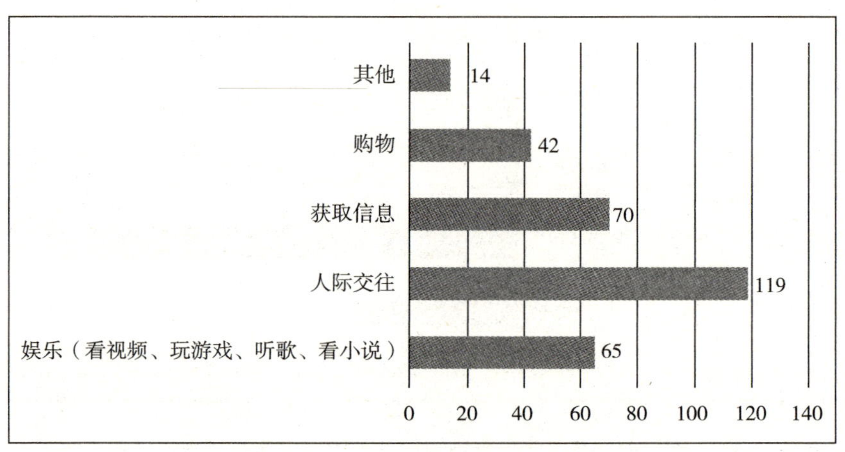

图 9 农民对手机媒体内容的选择偏好（平行选项，多选）

络媒体的主要目的是满足其娱乐需求，他们可以通过数字电视观看电视剧和综艺节目，通过网络媒体观看视频，还可以听歌、玩游戏；使用手机也为满足其娱乐需求，但不是主要目的，最主要的目的是人际交往，对 QQ、微信等社交工具具有很强的依赖性。

二、农民群体的媒介化生存

（一）娱乐

在笔者接触的研究对象中，他们使用新媒体的主要目的是娱乐，看电视喜欢看娱乐节目，上网也是为满足自身的娱乐需求。为具体了解受访者如何利用互联网，笔者对村民小徐（化名）进行了访谈：小徐是位家庭主妇，37岁，当笔者问小徐经常上网干什么时，小徐说会看电视剧，在网上看电视剧没有广告，还能连续看，很方便；当笔者问她会在网上关注新闻吗？她说一般不会主动去看，但她上网时会习惯性地登QQ，就算不玩也要登着，这时会弹出腾讯新闻的页面，她喜欢看视频页面下的内容，这一页面主要是一些社会上发生的新奇有趣的新闻，而且看视频比看字轻松。除了利用网络寻求娱乐之外，他们还会利用手机玩游戏、看视频、听歌等。① 在调研过程中，笔者发现农民群体已不再仅仅单纯的作为受者来接受信息，还会主动利用新媒体满足自身的娱乐需求，比如他们会根据自己的喜好选择性地下载内容，特别是当下非常流行的网络歌曲。

（二）通讯及交往

在笔者接触的受访者中，他们使用手机的主要目的是通信与交流，除了传统的打接电话和发短信外，他们还会使用QQ、微信、陌陌等社交软件。笔者在调研中发现：约96%的受访者使用QQ或微信；约71%受访者会经常登录，QQ或微信等新媒体社交工具在农民群体中普及率非常高。刘园告诉笔者，她2005年初中毕业后才申请了QQ，那时手机还不是智能手机，不能上网，但她会去网吧上，当时玩QQ觉得是一件很新鲜的事，不过现在玩QQ的时间分了一大半给微信，经常会在微信上和别人语音聊天。②

同时，笔者对受访对象的具体使用情况进行调研发现：随着新媒体特别是社交工具的广泛普及，农民群体更倾向于和家人、朋友的交往，比如在受访对象的QQ群或微信群中，家人群占的比例最高，接近28%；其次是同学群和同事群，而陌生人所组建的群最少，仅6%。同样，近38%的受访对象选择和家人、朋友聊天（图11），而在社交工具流行之初乐于和陌生人聊天的现象逐渐消失。因此，农民群体在新媒体社交的过程中主要偏重于强关系的熟人交往。村民张涛告诉笔者，他之前很喜欢和陌生人聊天，在网上可以随便说，满足了自己的虚荣心，但现在的他反而更喜欢在朋友圈看看认识的人发的东西。不过，他在家中会使用“摇一摇”来找附近的人，觉得大家是

---

① 访谈时间：2016.3.22上午9点；访谈地点：小徐家中；访谈情况：小徐到笔者家中串门时笔者与其聊天。

② 访谈时间：2016.3.22下午3点；访谈地点：商店；访谈情况：笔者在商店购物时碰到刘园正在玩微信，对其进行访谈。

老乡，感觉要亲近一些。①

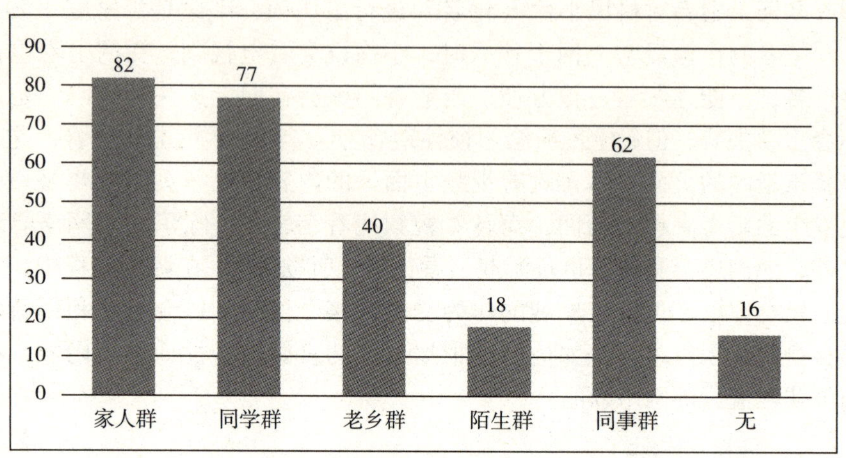

图 10　受访者 QQ 群或微信群分布（多选）

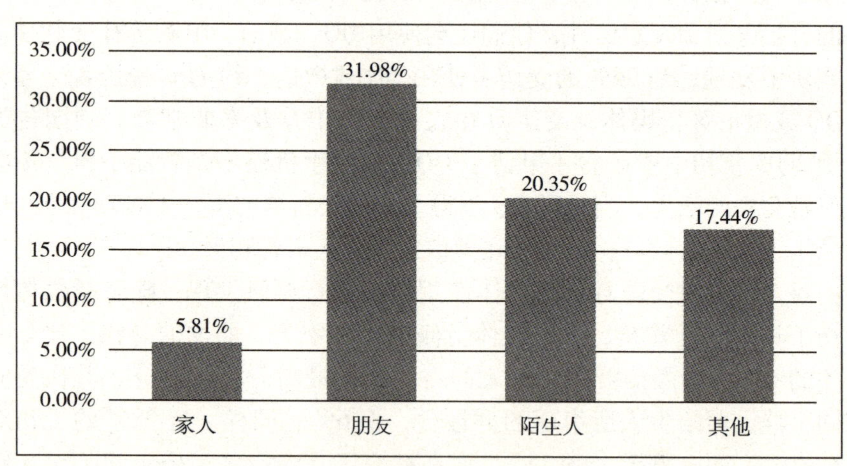

图 11　受访者聊天对象分布（多选）

（三）获取信息及工具性使用

随着信息社会的到来，人们对信息的需求以及获取信息的渠道更加多元化，新媒体成为获取信息的重要渠道。村民王红告诉笔者，她会在网上购物，而且不仅是逛逛淘宝买些东西。她的儿子在外地读私立学校，每半个月就要

① 访谈时间：2016. 3. 23 上午 10 点；访谈地点：村委会旁；访谈情况：笔者碰到张涛在村委会旁的石凳上玩手机，对其进行访谈。

去学校看一次，现在高铁通了，她就在网上购票，当笔者问她是不是在 12306 上买时，她说她不知道 12306，都是在百度上买的（图 12）。①

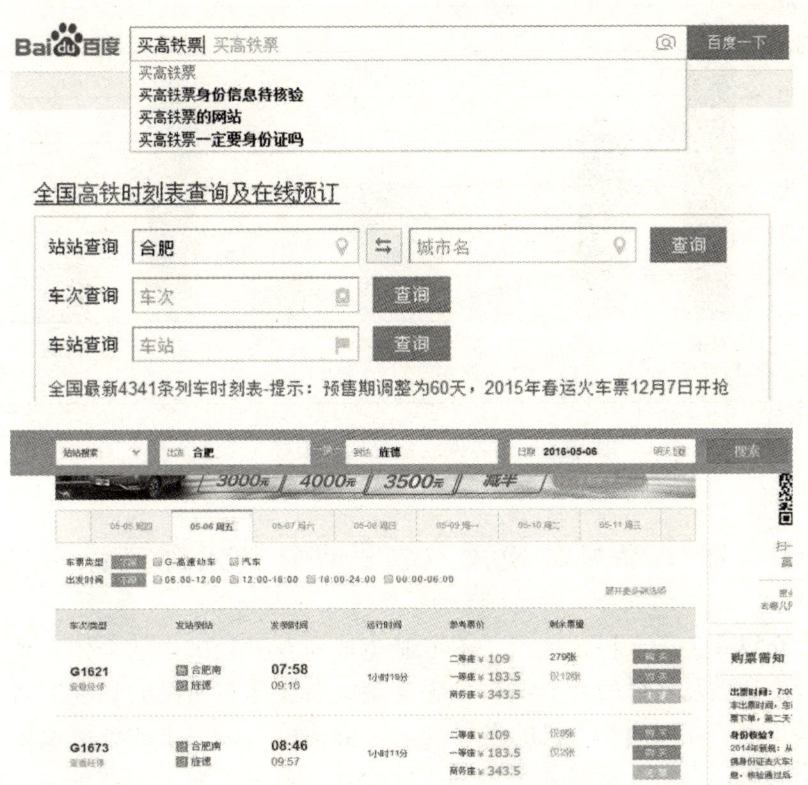

图 12　王红示范在网上买高铁票的过程

互联网的使用能为农民的生活提供便利，以前农民需要去县城购物，去火车站买票，现在这些都可以利用新媒体在网上解决，节约了生活成本。为了更好地了解农民群体对于互联网的工具性使用，笔者对受访对象所关注的信息类型进行了调研（图 13），我们发现，农民群体借助网络媒体经常关注的信息中，娱乐体育类内容最多，其次是生活类、时政新闻类，而对农产品贸易信息的关注最少。这一方面印证了农民群体在日常生活中对新媒体传播有很强的娱乐诉求，另一方面说明农民群体对于新媒体的工具性使用主要集中在日常生活领域，比如购物、购票等，而对于更加深层的工具性使用还十

① 访谈时间：2016. 3. 25 下午 8 点；访谈地点：王红家中；访谈情况：笔者特意到王红家对其进行访谈。

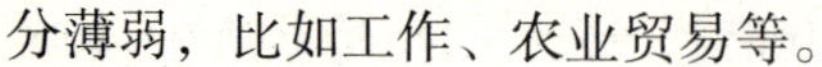
分薄弱，比如工作、农业贸易等。

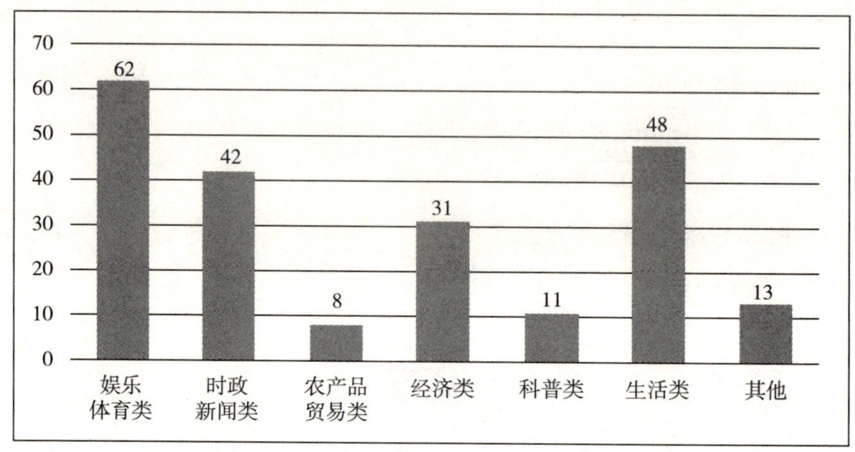

图 13　受访者网络信息选择偏好（多选）

三、新媒体使用与农民群体的人际交往

大众媒介进入乡村社区后，不可避免地与乡村社区中的个体、乡村社区的日常生活以及乡村的社会结构发生互动。新媒体在农民的日常生活中扮演着重要角色，互联网及手机的发展为农民群体的人际关系的维持及拓展提供了便利的工具支持。新媒体平台的人际交往，可以简要分为两种，一种是以亲情、友情为基础的人际交往，加强亲友之间的联系；一种是希望拓展自身人际关系，与陌生人联系的人际交往。网络所构建的虚拟空间对人们的人际关系产生重要的影响，其优势在于互动性增强、时效性提高、个体主体性增强，而且在无线网络的环境下，网络聊天是免费的，不会产生流量费，这些都有助于农民群体使用新媒体进行人际交往。

（一）维系关系：现实社会关系在网络中的复制

新媒体的虚拟人际交往是在现实关系基础上，将现实生活中的亲友关系复制到新媒介空间中，通过新媒体传播渠道来加深巩固原有的社会关系。

1. 基于血缘的亲人交往

为具体了解农民的手机新媒体使用状况，笔者对农民小王（化名）进行了一次访谈，并且观察了小王的家人微信群，了解小王微信群里的聊天内容。

小王是一名在校大学生，他的家人微信群里共有 27 人，包括自己的长辈

（叔叔、姑妈、姑奶奶等），还有自己的弟弟妹妹。小王是被自己的表姑妈邀请加入群的，当时群里只有 7 个人，后来小王把自己的爸爸、妈妈、姑妈也拉入群里，随着人数的增加，群里人员扩充到现在的规模，如图 14 所示。

据了解，小王的家人群里最多的活动就是抢红包，且规定抢的最少的接着发红包，以此确保游戏能接着玩下去。他说：平时群里没什么人讲话，大家都在潜水，一发红包就都出来了，如图 15 所示。

图 14　小王的家人群里成员

图 15　小王家人群里聊天内容

小王告诉笔者，微信群加深了家人之间的交往与联系，比如小王的表姑妈嫁人已经 10 年了，现在在杭州开店，平时忙也很少回家，本来家人之间联系很少，但是现在加入微信群后联系多了起来，前不久表姑妈还邀请了一家人去杭州玩，图 16 就是小王一家人在杭州聚在一起吃饭的场景；家人还经常在群里发一些以前的老照片，现在家人都生活在不同地方，照片唤起亲人关于过去美好时光的共同回忆，感触很深，如图 17 所示。①

① 访谈时间：2016. 4. 3 下午 1 点；访谈地点：笔者家中；访谈情况：叶某到笔者家中与笔者父母交谈时，笔者对其进行访谈。

图 16　小王家人聚会场景

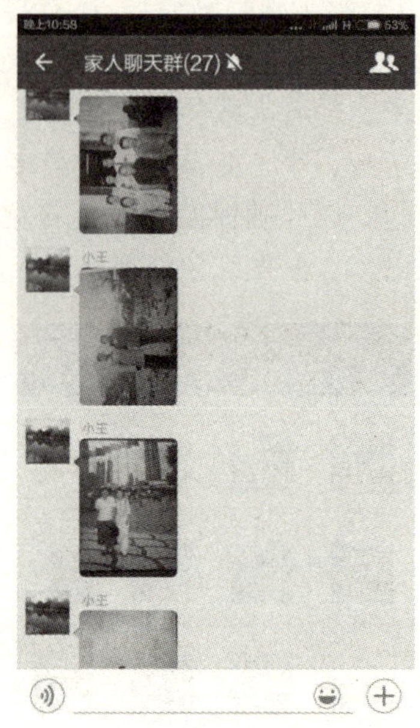

图 17　小王家人群里回忆老照片

笔者调查发现，基于新媒体的人际交往不仅存在于学生家庭，许多子女外出打工的家庭也会使用新媒体联系，村民陈某家就是这样。陈某夫妻二人现在家务农，并且照顾 2 岁的孙子，儿子和儿媳外出打工，家里也买了电脑，装了宽带，儿媳特意帮他们申请了一个 QQ 账号，花了很长时间才教会他们怎么使用 QQ 视频。①

手机媒体将现实生活中的人际关系复制到虚拟空间，在网上使用 QQ、微信等软件交流，外出务工者可以通过视频动态了解家中状况，新媒体使用无形中加强了他们与家人之间的联系，进行感情的延伸；同时，虚拟空间的情感交流又加强现实生活的人际交往，网上聊天可以突破时空阻碍，长时间不联系的亲友通过网络重聚在一起，使现实生活中的交往更加频繁。

2. 基于地缘、业缘的友人交往

农民群体的人际关系网除了基于血缘关系外，还基于地缘、业缘关系，包括他们的邻居、牌友、舞友、工作伙伴。只要手机通讯录中的友人号码申请了微信，便会提醒可以申请添加为好友，许多人的微信好友都是来自这里。

① 访谈时间：2016. 4. 2 下午 7 点；访谈地点：老陈家中；访谈情况：老陈家中电脑 QQ 出故障打不开，找笔者帮忙看看，笔者对其进行访谈。

近几年广场舞在农村地区兴起，喜爱跳广场舞的人形成一个新的小团体，她们的朋友中也多了舞友这一类型。许老师今年64岁，退休在家，她是村里广场舞队的组织者，最初学舞就是在网上学的。广场舞将本来生活没有交集的人联系在一起，形成一个新的社交团体。新媒介对她们的作用绝对不止这些，她们不仅在网上跟着视频学习，还会将歌曲下载到手机中，利用手机媒体播放音乐视频；她们会在淘宝上共同挑选服装，购买舞服；她们会主动在网上寻找最新流行的广场舞；她们互相之间利用微信沟通交流，分享学舞进展。此外，跳广场舞的人之间的关系已经不仅仅是舞友关系，她们会分享一些好听的歌曲、有趣的信息，通过交流发现共同的兴趣爱好，并衍生出许多其他关系，比如牌友，她们会约着一起去打麻将；比如婚恋，聊天中发现舞友家中有未结婚的年轻人适合自家亲戚，便为两人说媒。总之，她们之间的关系通过新媒体得到不断增强。

新媒体成为农民群体人际交往的重要媒介，不管是基于血缘的亲人关系，还是基于地缘、业缘的友人关系，都可以通过QQ、微信等社交工具在虚拟空间中进行关系的复制。并且，新媒体传播和交往有助于情感的发酵升温，反过来会进一步促进现实生活中的人际交往。

3. 代际交往：文化反哺

调查发现，农民群体基于新媒介的人际交往除了亲友之间的社会交往，更多集中在两代人之间的代际交往。比如笔者的受访对象叶某，生于1971年，有一个女儿，前年考上大学，应女儿要求家里买了电脑，装了移动宽带。当笔者问他什么时候开始用QQ时，他说：“女儿考上大学后，帮我在手机和电脑上都下了QQ，还给我申请了一个QQ号；不过我不经常用QQ，现在我用微信和女儿聊天，可以语音，我微信里有几个朋友，还有家人。去年家人搞了个家人聊天群，把兄弟姐妹几个都加进去了，天天在群里抢红包，挺好玩的。”①

同时，笔者对叶某的女儿进行了访谈，她告诉笔者：“我现在基本都不打电话，我爸学会用微信后，每天晚上都要给我发微信。”② 应笔者要求，叶某的女儿给笔者看了自己和妈妈的聊天记录，如图18所示。

可以看到，叶某和女儿的聊天是从下午16：36分开始的，中间间歇聊

---

① 访谈时间：2016.4.3下午1点；访谈地点：笔者家中；访谈情况：叶某到笔者家中与笔者父母交谈时，笔者对其进行访谈。

② 访谈时间：2016.4.5下午8点；访谈地点：叶某家中；访谈情况：清明放假叶某女儿回家，笔者对其进行访谈。

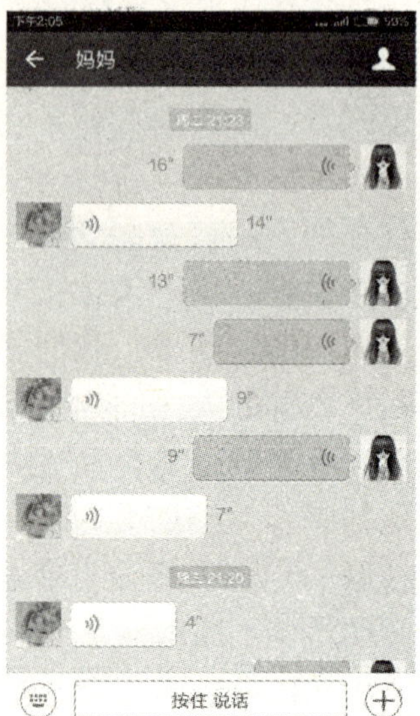

图 18　叶某与女儿聊天记录

天，之后一直持续到晚上 21：23，她告诉笔者："我觉得微信还是挺好的，以前我可能一个礼拜才打一次电话回家，感觉打电话时没什么话好讲。但现在几乎每天都和家里联系，在微信上散扯反倒比以前更有话聊，至少加强了我跟家人之间的联系。"她还告诉笔者，自己身边来自农村的同学基本上都和家人聊微信，比如同寝室的两个来自农村的女生也会和家人聊微信，在他们的家人群里也会抢红包。并且，农村地区的聊天方式主要是发语音。在他们的聊天记录中，笔者还发现了这样的内容：

叶某的女儿告诉笔者，图片是爸爸的彩超，爸爸体检发现甲状腺结节，因为不放心在县城的医院做手术，她教妈妈在网上发图片给她，帮爸爸去合肥大医院问问手术情况（如图 19）。农村地区的聊天不单单是语音，也使用图片、视频等形式。传统媒体时代是无法看到实物的，需要通过邮寄的方式，现在新媒体可以突破地域的限制，传递丰富的信息内容。

基于新媒体的代际交往的动力主要是离家在外的子女与原生家庭的沟通，无论是在外读书，还是在外务工，他们往往会教授父母使用新媒体的技能，教他们语音、发图片、传视频，然后双方通过新媒体进行交流。现代农村家庭的模式多是多对一模式，父辈愿意将更多精力投入子女身上。同时，以往由于子女的人际关系圈比父母丰富，并能够接触到新鲜事物，从而与父辈所处的封闭空间产生隔阂。从文化传播的角度看，基于新媒体的代际交往有助于形成文化的反哺：一方面，随着信息社会的到来，网络具有丰富的信息资

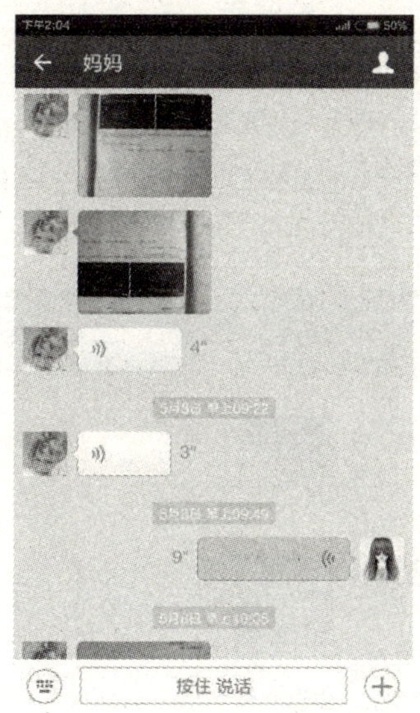

图 19　叶某与女儿聊天记录

源，但是其对使用者知识水平、使用能力等具有一定的要求，这对农村家庭中的父辈而言，是一种挑战，父母可能无法适应外界社会的快速发展，而子女在新媒体使用方面具有较好的知识和技能，教父母如何使用新媒体，反哺给父母新文化、新知识，帮助父母适应外界环境；另一方面，网络空间的交流更加自由，去权威、去中心化的传播过程在一定程度上消解了农村地区父权社会的权力结构，子女对父辈们的文化反哺有助于缩减两代人之间的代沟，加强交流。

（二）扩大交往：朋友、恋人

新媒体作为一个自由的媒介平台，除了将社会中的现实关系复制到虚拟空间中，还会给陌生人的交往提供机会。网络中的人际交往因为是在虚拟空间中完成的，所以存在一定程度的自我想象，但是相比以前大家通过 QQ 在网上采用广撒网的方式结交网友，农民群体更偏向于使用微信的“摇一摇”或者“附近的人”来结交新网友。相比原始 QQ 查找陌生人的方法，这是基于地缘的另一种人际交往方式，知道距离对方多远，这种方式让人觉得更加亲近，更有安全感。

在笔者的受访对象中，小吴和老公小王就是通过微信“摇一摇”认识的。小吴说，她是过年在家的时候摇到小王的微信号，小王是隔壁村的，双方互加好友后，就一直聊天。小吴在浙江打工，小王在上海，两人在微信上聊得来，小王提出让小吴去上海，小吴就把工作辞了去找了他，不久小吴怀孕了，两人便结了婚，整个过程加起来也才半年时间。并且小王的嫂子也是小王通过微信“摇一摇”认识之后，介绍给自己哥哥的。然而笔者在小吴的朋友圈里发现，她更多是在传播一些消极负面的情绪，比如后悔结婚，对不起儿子之类的，很少发老公的照片（图20）。①

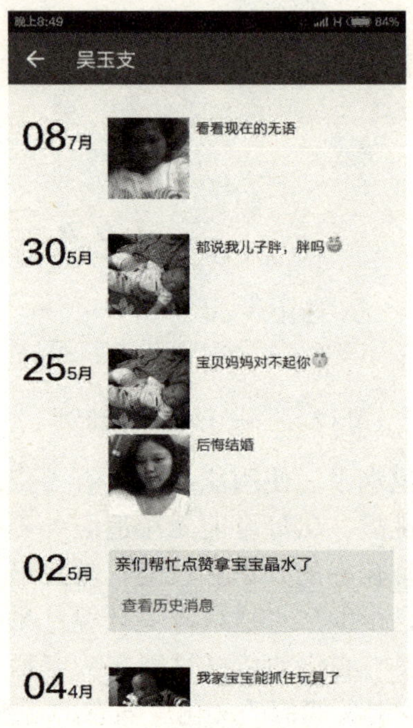

图20　吴玉枝微信朋友圈内容

农民群体利用新媒体进行人际交往，不仅仅是将现实生活中的人际关系复制到网络的虚拟空间中，进行原有关系的维系，还在使用过程中结识了陌生人，并且将其发展成网友，甚至恋人，扩大了自身的人际交往。然而，新媒体传播在极大的促进农民群体人际交往的同时，也出现一定的问题。新媒体推动下的人际交往方便、快捷、自由，但往往使得他们发展的新的人际关系因为缺乏深入的了解，而更容易出现变故，虚拟环境中的人际交往在向现实生活中延伸时，往往出现不稳定的情况。

---

① 访谈时间：2016.4.8 下午7点；访谈地点：笔者家中；访谈情况：吴某带儿子到笔者家中玩时，笔者对其进行访谈。

四、小结

随着网络技术的快速发展，新媒体在安徽农村地区已大范围普及，多数农民都已使用新媒体，农民群体接受信息的范围越来越广，获取信息的能力也越来越强。新媒体主要满足了他们娱乐、交往和获取信息三个方面的需求，其中，娱乐需求居于首位，比如利用手机玩游戏、看视频、听歌。并且，农民群体不再是作为单纯的受者被动地接受信息，而是主动利用网络来满足自身的诉求。

新媒体传播极大地促进了农民群体的人际交往。不管是基于血缘的亲人关系，还是基于地缘、业缘的友人交往，新媒体将现实生活中的人际关系复制到虚拟空间，并且网络中的情感交流促进了现实生活的人际交往。同时，新媒体传播有助于农民群体的代际沟通，离家在外的子女借助新媒体与原生家庭的沟通出现文化反哺的特征。一方面，子女教父母如何使用新媒体，反哺给父母新文化、新知识，帮助父母适应外界环境；另一方面，网络空间的交流更加自由，去权威、去中心化的传播过程在一定程度上消解了农村地区父权社会的权力结构，子女对父辈们的文化反哺有助于缩减代际隔阂。最后，农民群体借助新媒体进行人际交往，不仅是将现实生活中的人际关系复制到虚拟空间中，进行原有关系的维系，而且还在网络空间中结识陌生人，将其发展成网友，甚至恋人，扩大了自身的人际交往。但是，基于新媒体交往而生成的新的人际关系因为缺乏深入的了解，而更容易出现变故，虚拟环境中的人际交往在向现实生活中延伸时，往往出现不稳定的情况。

参考文献：

[1] 李铁锤．中部农民对新媒体的占有与认知情况调查——以江西农村为例 [J]．新闻知识，2009（2）．

[2] 第 37 次中国互联网络发展状况统计报告 [R]．中国互联网络信息中心，2016.

[3] 关琮严．媒介与乡村社会变迁研究述评 [J]．探索思考，2012（08）．

记忆与重构：媒介记忆视角下的地名更改

——以徽州与黄山为例

许珊珊

摘要：地名作为传播媒介的一种，在传播地域文化、凝聚集体记忆上具有重要作用。徽文化作为三大地域文化之一，具有广泛的传播力和影响力。从媒介记忆的视角，在“黄山改回徽州”讨论中所提到的三种媒介记忆的代表：古诗词文献中的徽州形象记忆，现代传媒中构建的徽州形象以及在大媒介景观中的地名更改讨论中，去分析徽州的媒介记忆是如何形成，又是如何引发情感共鸣和记忆重叠的。古诗词对徽州的记忆建构来自于个人塑造，与个体生命经验密切相关，依赖于人的口口相传，历经岁月洗礼形成记忆，流传百世。随着现代化媒介技术的进步，徽州的媒介记忆构建的广度和深度得到极大幅度的扩充。从线下到线上，主体从个体到众人，集体开始成为建构的主体，从多元化视角对徽州形象给予阐释，并对更名事件进行讨论。进而在大媒介景观下，将徽州更名事件置于国内众多地名更改事件中，进行探讨。媒介记忆所建构的形象并非一成不变，在不同时代，人们对徽州形象都会结合时代背景和需求进行新的书写。而此次黄山与徽州更名讨论的本质，不仅是对古徽州文化的追溯，更是新时代传统文化与经济发展方式平衡的一次探索和尝试。

关键词：媒介记忆；徽州；黄山；地名更改

引　言

“徽州”这个名称在历史上沿用了866年之久，“一生痴绝处，无梦到徽州”是汤显祖对徽州的赞美。在口口相传中，以“徽州”为核心的地域塑造

作者简介：许珊珊，安徽大学新闻传播学院硕士研究生。

了灿烂而独具特色的徽州文化（简称“徽文化”），成为中国三大地域文化之一，凝聚着上百代人的历史记忆和文化情怀。然而，1987 年，“徽州”被一夜之间改成了“黄山”，“徽州”从此变成黄山市的一个片区——徽州区。在消失的 29 年里，“徽州”这个具有厚重历史底蕴的古迹不复当年之名，成为无根之地、无水之源。2016 年 4 月 13 日，《人民日报》发表评论《地名是我们回家的路》，称：“像‘徽州’这样重要的历史地名，不妨考虑恢复。毕竟，没有‘徽’，哪来‘安徽’？”此文一出，激起了一片舆论浪潮，黄山更名为“徽州”的声音越涌越烈。对此，黄山市民政局公开答复表示将深入调研并尽早提出建议。那么，关于徽州的记忆是如何被构建的？又是如何在现代传播中在舆论中兴起的？如何形成了官方与民间两个舆论场的共振？这是本文试图探索的问题。

一、关于媒介记忆

记忆的形成离不开媒介的建构和传播。如果说媒介是人体的延伸，那么媒介记忆就是人类记忆的拓展和外包。有关媒介记忆的研究是记忆研究与媒介研究的交叉领域。有学者指出，所谓媒介记忆，是指媒介保留某些信息的能力和属性。从狭义的角度看，媒介记忆是现代社会大众媒介对于社会历史事件的一种独特的记忆方式。它采用媒介对于信息的惯有模式，通过专业化的采集、编辑和报道手段对社会事件或历史事件进行存储和记忆。而从广义的媒介来理解，媒介作为信息的载体，几乎囊括了人类社会发展至今所有的信息记载方式。

人类通过媒介可以将过去的事件和信息一如既往地在现实中再现和还原，并以此影响人类的个人记忆、集体记忆与社会记忆。个人记忆是记忆亲力亲为的事，是个人用群体眼光回忆的过程，而群体记忆通过个人记忆得以实现并表现出来。

从媒介发展的演进历程看，有学者认为，记忆对媒介的依赖是逐步加深的，尤其是当电子媒介出现后，个体记忆、社会记忆对媒介的依赖程度越来越高，形成了不同于传统媒介的新媒介记忆。但新媒介与人的记忆关系并非更紧密，而是将记忆从人的心灵与生命体验中剥离，以记忆的媒介化、碎片化等方式呈现后，又被新媒介与网络关系重塑，现象上是新媒介与个体记忆的关系，本质上却反映出现代性的各种特征。

有学者提出，从某种意义上说，我们的记忆决定“我们是谁”，而这其中绝大部分是由基因决定的，是基因决定了我们能成长为怎样的人，也决定了我们能适应怎样的自然规律。本文建立在广义上的媒介记忆基础上，探讨在徽州地区诞生以来，关于这片空间的媒介记忆形成过程，也即“徽州是怎样的”的认知过程。对徽州的认识直接影响着人们对它的认同感和归属感的确立。伴随着媒介形态的演进，徽州的媒介记忆形成历经了从文人墨客个人留下的古诗词中进行构建与传播；再到大众传媒阶段，批量化和大规模的生产中纸媒的想象和重构；再到如今新媒体盛行的当下，线上与线下相结合的生产者和受众共同参与的讨论和众议，形成了舆论场上官方和民间双方的互动和博弈并得出共同结果的阶段。这一过程历经了由个体记忆、媒介记忆再到社会记忆的形成过程，范围从个体到群体再到整个社会，不断扩大，最后达成文化共识，乃至形成情感共振。

二、古诗词中的徽州记忆

随着城市的出现，人类的记忆逐渐受到地域化情感因素的影响。古代媒介技术有限的情况下，文人骚客通过诗词歌赋的方式将个人记忆渗透其中，形成传世作品，在后代世人的传诵中将记忆和情绪传达。譬如：“郴江幸自绕郴山，为谁流下潇湘去”（秦观《踏莎行·郴州旅舍》）、“夜发清溪向三峡，思君不见下渝州”（李白《峨眉山月歌》）、“故人西辞黄鹤，烟花三月下扬州”（李白《黄鹤楼送孟浩然之广陵》）等。此时的诗词歌赋成为形成个人记忆的主要媒介。后人通过对前人留下作品的揣摩和解读，能够产生类似的情感体验，想古人之所想，感古人之所感，形成地方记忆的延续。更重要的是，这些作品被众多人分享后，在代际相传中情感得到不断深化和加强。经过时间的沉淀和发展，人们对于地名的归属与认同就有可能形成一种共同记忆，形成一个地区特有的集体记忆，乃至成为某种地域文化的代名词。

在徽州，其地域文化形成和构建的早期，在如今尚存的诗词中可窥视其形成脉络。“一生痴绝处，无梦到徽州”（汤显祖《游黄山白岳不果》）是不可不提的对徽州情结阐释的最佳写照。在古诗词里，地理上的徽州被描述成一个山清水秀、具有世外桃源之气的风景胜地，甚至有“行遍徽州皆是诗”的说法。“山连吴越云涛涌，水接荆扬地脉长”（游芳远《题石耳绝顶》）、“青山向晚盈轩翠，碧水含春傍槛流”等，这些诗句呈现了作为家园的徽州是如何值得留恋的景况，对徽州乡土的认可和赞誉在各个朝代的文人墨客中不断得到重复和多角度展现，实际上是对徽州这片地域认知达成共识，“徽州”

作为一个地理上的共同体得以构建。

社会学领域认为关系的形成由地缘网、业缘网、亲缘网构成。在《乡土中国》中，费孝通提出在稳定的社会，地缘是血缘的投影，是互不分离的。“生于斯，死于斯”把人和地的因缘固定了。“世代定居是乡土社会的常态，不流动的空间是熟人社会产生的根源。”固定关系群体在固定的土地上，这样的既定事实是徽州产生独有地域文化的基础。在这样一个相对独立的地域社会，地域文化得到发展。早在南宋淳熙《新安志》的时代，徽州就有“山限壤隔，民不染他俗”的说法。程朱理学、新安文学等影响了后续数代人。“处处楼台藏野色，家家灯火读书声”“深巷重门人不见，道旁犹自说程朱”等诗句，是为写照。在文化兴盛的基础上，民俗得以流传，乾隆特为歙县鲍家祠堂题赠：“慈孝天下无双里，锦绣江南第一乡。”透过古人个体记忆的滥觞，可窥见徽州作为独立的社会地域，文化和民俗的共同体也由此产生。“丽鸟飞来合羽落，归来尚欠徽州情”，是对该共同体的认可和归属感的说明。

综合以上，徽州地域的形象在这些长短句中日趋饱满生动，地理认知、文化继承、民俗流传上形成了一个共同体。

三、现代传播中的徽州记忆

相比口口相传的诗歌、依靠个人记忆的力量塑造文化认知，现代化媒介技术的进步则让记忆构建的广度和空间得到极大幅度的扩充，纸媒中的徽州记忆建设主体和受众从个体到众人，集体开始成为建构的主体。在纸媒之后，数字化技术、网络技术更是赋予媒介记忆以“个人记忆延伸”的重要地位，使得媒介记忆与个体记忆之间的关系变得更为紧密。这时候，也出现了对记忆建构观点的分化，官方和民间两个舆论场成为两个建构视角。

法国的哈布瓦茨在《论集体记忆》中认为，集体记忆是一个特定社会群体成员共享往事的过程和结果，并将个体记忆与集体记忆定义为“通过社会群体建立他们个人生活中心的工具”。集体记忆与社会记忆的研究中记忆并不是抽象的，这些为社会成员所共享的记忆必须通过他们的不断使用而被识别，而这一过程离不开媒介的参与。大众媒介在日常生活中的主导地位，使得他们在集体记忆与社会记忆的建构和塑造中起到了决定性作用。还有学者指出，议程设置对媒介记忆的形成具有重要因素。媒介对议程的把握直接影响受众对于记忆的建构和接受。现代传播中对徽州的记忆建构主要经历了三个阶段。

第一阶段在 1987 年，国务院发布文件将徽州改为黄山所引发的讨论，历史上将其称为“徽州改名事件”。这一时期我国的媒体尚在“宣传者、组织者、建设者”的阶段，大众传媒单方面向大众传递信息，受众处于被动接受来自官方对徽州的记忆构建。在纸媒中，《人民日报》作为党的喉舌，对于徽州记忆的建构先后发表《徽州古建 古镜悠远》《徽州文化的今生》《徽州民居》等文章，一直以来将徽州作为拥有诸多“世界自然和文化遗产”的中外驰名的旅游和文化圣地进行呈现，内容多是强调对徽文化的保护和挖掘，以客观叙述为主。对行政规划的调整问题并没有正面展现。受众对更名的声音属于失语状态，被动地成为“沉默的大多数”。

第二阶段，随着自媒体的兴起，民众在互联网上发出呼声。2014 年，在申请恢复徽州名称的公开信中，徽州当地人称“我是徽州歙县人，在经历了这么多年黄山后，感觉自己没有归属感，徽州才是我们世世代代徽州人的根”，发出了文化寻根和身份归属的呼喊。对此，官方从经济角度给予回复，称更名后的黄山地区为当地的经济发展带来显著推动作用，更名是成功的举措。对于更名后“到了黄山不见山”的行政区域的困惑则表示会通过细化命名的方式加以解决。这一时期，民间和官方对徽州的记忆建构处于分裂阶段。民众诉求更多的是追忆过去、传承至今的徽州文化情缘，以及对乡土身份认同的渴望，而官方构建的则是一个因为更名而成功塑造了经济发展的现代版图。

2016 年，在全国第二次地名普查开展之际，黄山重新更名为徽州的讨论引爆了关于徽州记忆的第三阶段。2016 年 4 月，《人民日报》发表评论《地名是我们回家的路》，文章称“像‘徽州’（今黄山市）这样重要的历史地名，不妨考虑恢复”。此文一出，一石激起千层浪。这时候的《人民日报》对徽州的记忆构建添进了情感元素，用充满温情的句子表达“回家的路再远，也很近”，激起了民众一直以来的徽州情结。可以说，官方的评论文章，将个人记忆、集体记忆与社会记忆“召唤”出来，激起了民众感情色彩的爆发，形成一种记忆重叠，借助情感共鸣将其注入舆论场。纸媒空间的讨论蔓延到线上，引起网络中的舆论热潮。以微博为代表的新媒体成为集体记忆产生的重要场域。在网友的讨论中，汤显祖的诗词“一生痴绝处，无梦到徽州”成为古徽州情怀的凝结被反复提及。有网友说道：安徽作为徽文化的代表，如果没有“徽”，何来“安徽”？随后，在《人民日报》官方微博发起的关于恢复徽州的“黄山市恢复老名字徽州，你支持吗”投票讨论中，71.4% 的网友选择“我要老地名，要敬畏文化，敬畏历史”以示支持。而在之前，微博中被热议的吐槽全国“坑爹”改地名名单上，徽州被改为黄山也名列榜单之上。对于热热闹闹的恢复徽州之名的讨论，黄山市民政局通过媒体表态：将深入调研，认真调研更名一事。正面回应了来自民间的呼声，与民间舆论形成了对话。这样的一致性实现了某种程度上的官方与民间舆论场的共振。媒体中对徽州的集体记忆开始上升到社会记忆并形成共识高度。

徽州这个地名的在场和官方的提出，就如同镶嵌在相框里的老照片，重新勾起现代化浪潮中人们的充满人文历史和古老记忆的古徽州情怀和记忆。从古诗词时代传承的徽州情结再次呈现于众人目光的焦点处。有学者指出，集体记忆在本质上是立足现在而对过去的一种重构。网络上对徽州更名的讨论中，网友更多的是从文化回归的角度，追忆徽州丰富的历史资源和传统文化，强调行政规划的调整让徽州失去了独有的文化属性。另一个角度则是从当地人的视角，强调徽州命名和行政区域的变化造成了身份的迷失。作为“失去家园的人”，提出回到家乡的诉求。而对于1987年徽州改为黄山的媒介记忆，网络中的讨论并没有考虑更多，将其仅仅定为单纯追求经济收入，大肆破坏“徽文化”的行政手段。“只有把记忆定位在相应的群体思想中，我们才能理解发生在个体思想中的每一段记忆。”实际上，徽州改成黄山的社会历史背景也不能忽视。通过旅游名片的打造，确实为当地政府和人民带来了较多的收益。而现在想改回“徽州”，除了情感归属和文化回归外，也许是旅游城市到达瓶颈后试图争取更多的文化资源？这是记忆建构场域里鲜有提及的。

四、媒介景观中的徽州记忆

对于黄山更名为徽州的讨论中，“是否要重回徽州称谓”成为徽州的媒介记忆目前构建的重点。从历史上看，改革开放后人民物质水平不断提高所带来的旅游热，是各地改名的一大原因。湖南大庸市改张家界市，云南中甸县改香格里拉，襄樊改襄阳，荆沙改荆州，都是这一风潮的产物，其根本目的在于通过挖掘当地特色旅游资源，进而推动经济发展。对于该现象，有评论认为，地名一旦更改，历史的空间就无法准确复原，国家民族和家族个人的记忆就会断裂消失。以更改地名来换取经济发展是一种短视行为，破坏的是长久的文化、地方和民族归属感。从目前的发展趋势来看，黄山改回徽州，可以为当地提供强有力的徽文化资源。在黄山作为对外旅游宣传名片的推动力日益消耗、经济拉动开始走向下坡路的当下，黄山改回徽州将对当地旅游业的后续发展注入一股动力。对此，网络中也有不同的声音。《人民日报》调查显示，热评中有网友认为“改不改并不重要，关键是把传统文化传承好”。考虑到城市更名带来的巨大行政成本，还有网友认为“新地名也用习惯了，再改回去劳民伤财，没必要”，不必在名头上过于用心思。如果百姓安居乐业，新名字同样能够叫得响。虽然网络中普遍支持徽州的地名占了上风，但改名字的想法在具体行政操作上的难度，是横在人们文化记忆诉求面前难以跨越的障碍。

1979 年，邓小平在视察黄山时提出“要把黄山的牌子打出去”，徽州这个凝聚了 800 余年记忆的古地从此被更名为黄山。更名初衷确实是将经济效益极端化地推向首位，文化底蕴相对隐没。这在当时有其可理解的历史原因，也是符合发展需求的。到如今，重提地方文化，以正“徽州”之名，则有着如今的时代背景。在快速扩张和现代化的过程中，城市发展日趋“千城一面”，高楼林立、现代化建设成为标配，审美疲劳和认知高度同质化成为城市传播的瓶颈。此时，个性化和特色反而成为一个新的突破口。如何找到属于城市自己的特别之处？重新回头在历史中寻求合理性也就不足为奇了。

时代在发展，媒介的记忆还在不断书写，关于徽州的媒介记忆还在不断塑造过程中。在哈布瓦茨看来，存在着一些事情被记忆、另一些事件被遗忘的核心力量或因素，他将之统称为社会或社会框架。“社会记忆活动并不是由个体完全自如随意支配的，个体的记忆要受到某种社会强制力的控制。”“依靠社会记忆的框架，个体将回忆唤回脑中。”组成社会的各类群体，每时每刻都能重构过去。在重构过去的时候，历史和记忆也被重新书写和扭曲。本文在讨论徽州的媒介记忆是如何被构建的过程中，或多或少地也被纳入重新书写的场域中。

社会记忆的宏大叙事是个人所不能够掌控的，个体和当下能做的是避免媒介的失忆。媒介固然是记忆的重要载体，但人作为信息接收的主体，决定了对信息的选择性接受、选择性理解、选择性记忆和选择性行动。因而，在信息传播的全过程中承担着一个更加主动的角色。每一次讨论和呼吁，每一次历史的重温都是对徽州记忆的完善。梳理那些记忆微光，保留那些濒危记忆，是对徽州记忆更合适的储存和处理方式。

结　语

美国社会学家保罗·康纳顿指出，社会记忆是为支持现存社会合法化而存在的。无论过去更名为“黄山”，还是现在在媒介记忆中重寻“徽州”，追溯其历史的合法性与合理性，试图换回“徽州”的名称，究其根本，都是城市在寻求一种更为合理的发展方式。城市的名称是其在文化上的一个注脚。

更名行为的目的，是试图在经济发展和历史传承两者中寻找平衡点，实现历史和现在的统一。在全国大范围内，徽州的命名和更改只是一个缩影。以管窥豹，本文试图以这样一个“地方性知识”关照类似现象。在地名争夺的背后，更多反映了处于转型期的中国各地发展路径、历史和现代传承的思考。正如美国的格尔茨所言：“我们需要的不只是地方性知识，我们更需要一种方式来把各式各样的地方知识转变为它们彼此间的相互评注，以一种地方知识的启明，照亮另一种地方知识隐翳掉的部分。”

参考文献：

[1] [法] 莫里斯·哈布瓦茨. 论集体记忆 [M]. 毕然，郭金华，译. 上海：上海人民出版社，2002.

[2] 邵鹏. 媒介作为人类记忆的研究——以媒介记忆理论为视角 [D]. 杭州：浙江大学，2014.

[3] 邵鹏. 论媒介记忆的维度、机制及其镜像 [J]. 新闻前哨，2012 (7).

[4] 费孝通. 乡土中国 [M]. 北京：人民出版社，2015.

[5] 张莉. “消失”与“重现”：新媒介环境中的记忆呈现 [J]. 新疆财经大学学报，2015 (9).

[6] 邵鹏. 媒介记忆与历史记忆协同互动的新路径 [J]. 新闻大学，2012 (10).

[7] 刘晖为. 徽州改名黄山17年争议不断——中国行政区划与地名史上的一个典型案例 [J]. 中国方域杂志，2003 (5).

[8] [美] 塞缪尔·亨廷顿. 文明的冲突 [M]. 北京：新华出版社，2013.

[9] 周海燕. 媒介与集体记忆研究：检讨与反思 [J]. 新闻与传播研究，2014 (9).

[10] 潘忠党，於红梅. 阈限性与城市空间的潜能——一个重新想象传播的维度 [J]. 开放时代，2015 (3).

[11] John Friske. Introduction to Communication Studies [M]. Routledge, 1990.

[12] 凤凰网. 黄山市民政局回应“复名徽州”：将尽早提出建议 [EB/OL]. http：//ah. ifeng. com/a/20160415/4459038_ 0. shtml.

“边际人”：城市空间变迁下的居民交往研究
——基于“安徽西大门”叶集镇的调查

曾固叶　宋晨露

摘要： 城市化是现代社会不可避免的议题，行政区划调整或者地名更换俱是推动地区发展做出的强制性措施。社会结构、社会空间是客观性的，然而人作为社会的主体，在这种空间变迁背景下既是被动的又是主动的，他们是被换身份的人，也是要主动适应新身份的群体。作为局内人，因生活空间发生转变导致这一群体交往心理、交往行为发生了变化。本文的案例地是处于三省五县交界且远离六安市区约70千米的叶集镇，2016年3月份该地成为六安市第三个市辖区，在对当地居民的交往行为进行研究时，发现当地居民在向市区融合的过程，他们的人格带有强烈的“边际性”，成为城市化过程中的“边际人”。

关键词： 空间变迁；人际交往；边际人；身份；城市

一、引言：小镇归属

伴随着城市化进程的浪潮，全国范围内都开始了频繁的行政区划调整，安徽省也不例外。在2016年年初，国务院即批复同意对我省部分行政区划进行调整，铜陵市和六安市调整范围最大，包括将原安庆市枞阳县划归铜陵市管辖，设立铜陵市铜官区、义安区，将原六安市寿县划归淮南市管辖，同时设立六安市叶集区，将原霍邱县的叶集镇、三元镇等划归叶集区管辖。2016年2月28日，叶集区政府举行立区大会并发布通知，证实这一事件

作者简介： 曾固叶，安徽大学新闻传播学院硕士研究生；宋晨露，安徽大学新闻传播学院硕士研究生。

基金项目： 本研究受到安徽大学舆情与区域发展协同创新中心资金资助。

属实。

因经济、文化的融合问题所引起的行政区划调整日益变得寻常，叶集作为一个只有 300 多平方千米的小镇为何能脱颖而出，成为六安市的第三个市辖区呢?

在调研过程中，笔者注意到事实上关于叶集的“归属”当地居民争论已久。经过对当地贴吧、社交媒体信息的整理，占据主导地位的几种观点是：1. 划到六安市区，这也是最后的结果；2. 划到金寨县；3. 保持试验区现状（只有少数人这么认为)。也就是说划归至六安市辖区是早先民众预想的一种。在调研过程中，有 67.63% 的受访居民表示对于这件事没有意外，更加证明了居民实际上早已猜测这一“归属”问题①。这种现象之所以存在，事实上与叶集的地理环境和历史发展有莫大的关系。

从地理位置来看，叶集位于安徽省六安市西部，坐落在大别山脚下，是安徽省、湖北省和河南省三省五县交界地，是六安市也是整个安徽省的“西大门”，在地理环境上有重要的地位。它是安徽省与河南省、湖北省两个省份的来往大门，在人际交往和文化交流上起着重要的作用。另外，312 国道、宁西铁路、沪陕高速穿境而过，合武高速、沪汉蓉高速铁路与之紧邻，是东进西出的咽喉、贯穿南北的节点。交通上的便利使得这座“西大门”名副其实，区域内经济增长超过周围县镇。(图 1)

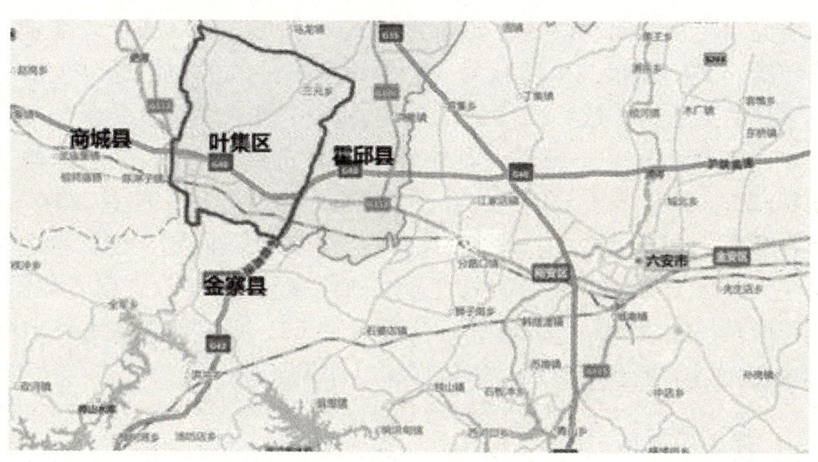

图 1　叶集地理位置

① 本次研究的调研时间为 2016 年 4—5 月，调研地点是安徽省叶集镇，素有“安徽西大门”之称。

从历史沿革来看，叶集的发展历程也尤为曲折。自1912年民国元年以来，截至1984年叶集区和叶集镇合并为副县级镇，72年间三次成立为“叶集区”，又三次被撤销区建制，直至1999年成为“叶集试验区”，经过17年发展，成为市辖第三区。也就是说，它经过了17年的准备和发展才去掉了“试验”的帽子，有了合法地位。（图2）

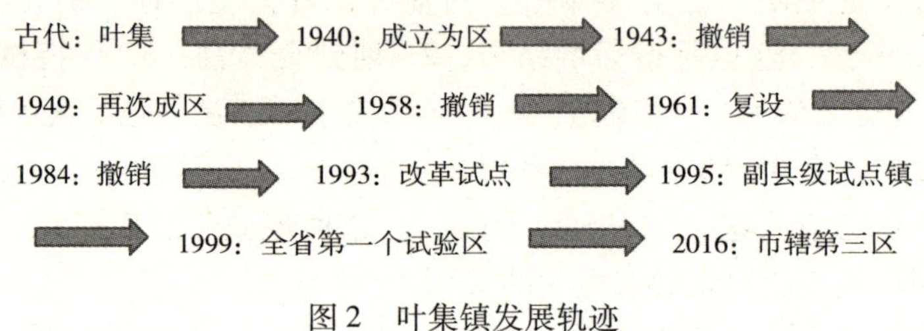

图2　叶集镇发展轨迹

二、研究方法说明

（一）问卷调查法

本研究对受众的问卷调查主要分为三个部分：1. 受众的个人信息，包括性别、年龄、文化程度；2. 受众对于叶集设区事件的关注情况，包括受众了解这一事件的渠道、对这一事件的认知等；3. 这一事件对于受众在交往方面影响的主要体现。为保证研究的有效性，在前期邀请了15位志愿者进行检测。实际调查阶段，共发放问卷300份，实际回收273份，问卷有效率91%。

问卷共设21个问题，19个封闭式问题2个开放式问题，包括单选、多选和填空三大类。为保证研究的有效性，在前期邀请了15位志愿者进行前测。实际调查阶段，共发放问卷300份，实际收回273份，问卷有效率91%。调查群体主要包括学生、上班族、个体户和退休人员。

（二）深度访谈法

本次研究的访谈对象包括当地常住居民20人，从茶棚村、叶南村、绳铺村、北关村以及未名广场附近这5个不同地点进行。外出务工人员20人，对当地外出务工人员的访谈由亲戚联系进行电话访谈或网络聊天方式进行，并对访谈对话进行记录。所有调查对象均会选择不同年龄层次。

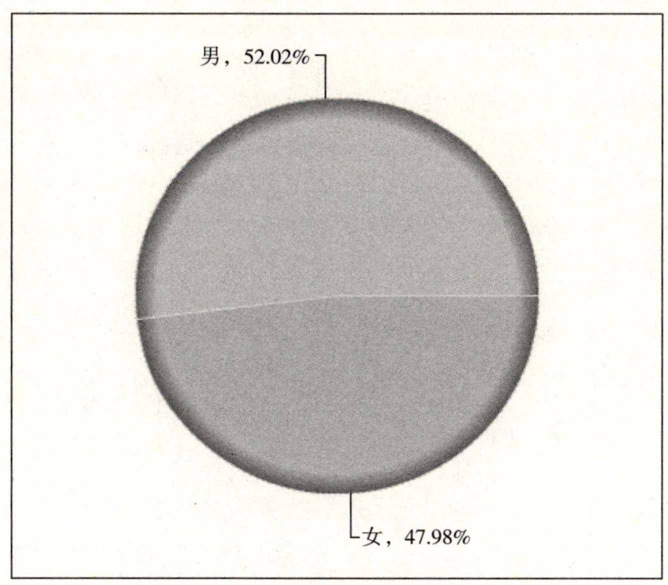

图 3　受访者性别分布图

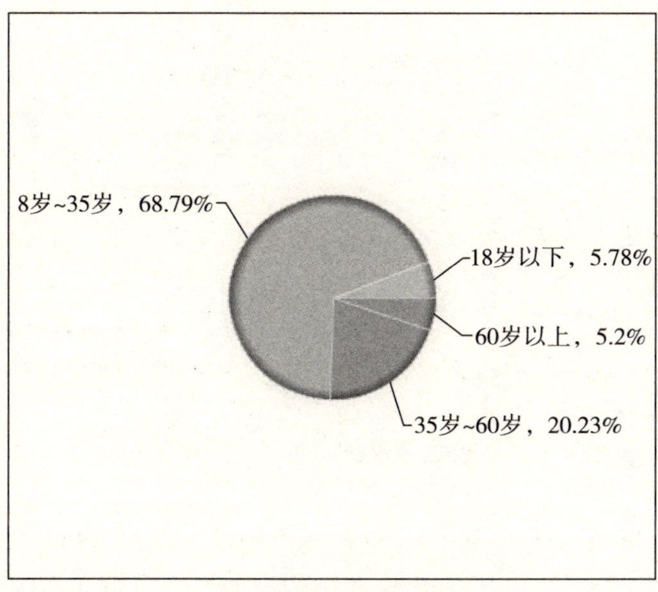

图 4　受访者年龄分布图

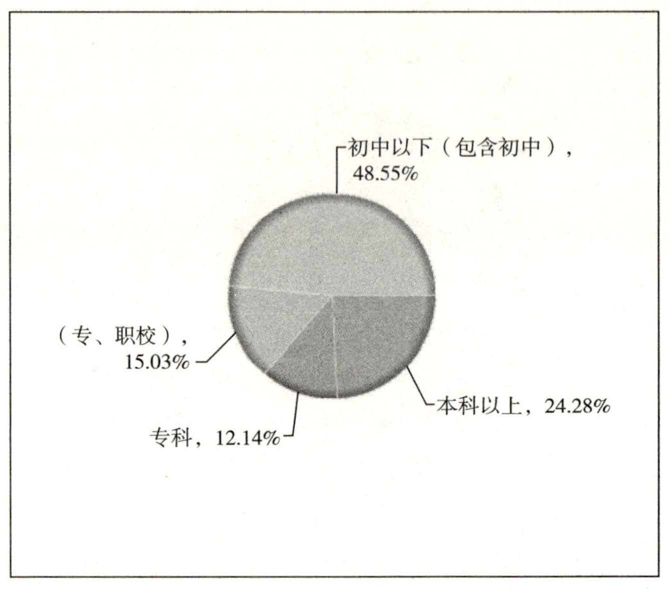

图5　受访者受教育程度分布图

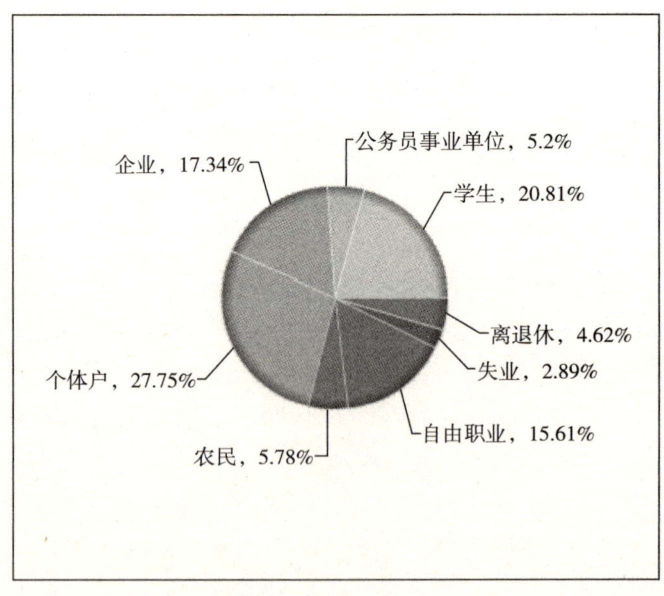

图6　受访者职业分布图

三、故土不再：当地居民对“撤镇设区”事件的认知

叶集“撤镇设区”作为一个典型的社会事件，当地居民自然而然地成为这起事件的受众。当传闻终于不再是传闻，变成板上钉钉的事实，作为事件中心的居民对于此事件如何看待呢？而且在叶集“撤镇划区”之后，其行政区域也较之前有所变化，在原叶集试验区基础上，增加了三元镇、孙岗乡，即叶集区的居民在数量和区域分布上都有增加，据统计，现在的人口总数达到了16.4万。相应地，由于当地居民有外出务工传统，常住居民人口总数近年来大幅度溢流，对于这一群体来说，乡土变迁，他们的态度和认知是什么情况，这两种所处不同地域的群体在这一事件上的看法是本研究的起源。

2016年2月28日，在原政府大楼举行的立区大会开启了新区的发展历程（图2）。同时，叶集政府网改为叶集区人民政府网，六安政府网中关于本市的行政区划也做了相应修改。

2016年4月笔者和团队在该地区进行了调研。对于叶集设区这一基本事件，有82.08%的受访者表示知道，其中有部分受访者提到还去立区大会现场观看（图7），只有17.92%的受访者不知道这一事件。（图8）

在知道这一事件的受访者中，有53.76%的受访者是通过和朋友亲戚聊天所知。这也和叶集本身城市化水平较低有关，至今，生活在叶集街道和乡村的居民还保留着晚饭后散步聊天或者在邻居家门口唠嗑的生活习惯。据受访者L小姐所谈，她所在的村子里，到了春夏季节，大家都喜欢吃完饭或者端

图7 立区大会现场

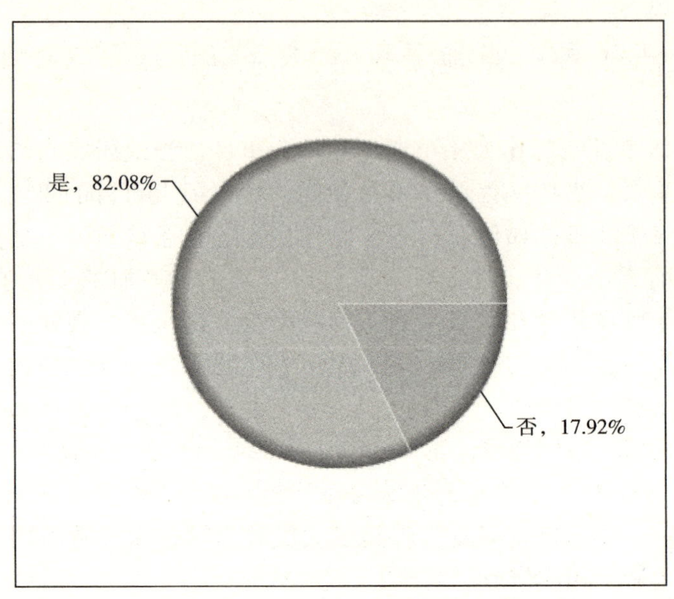

图8　受访者了解情况分布图

着饭碗站在邻里家门口聊天唠嗑。① 第二个原因就是前文已经提到的，划区一事作为话题已经很久，居民潜意识里认为政府正式举行仪式的重要性不再。调研的数据也可以提供参考，只有32.37%的受访者对此事件表示意外，有67.63%感觉不意外。不意外的受访者称，不意外是因为，这件事早就有“说法”了，只是一直没落到实处。有一位自小生活在叶集的保安大叔称：“叶集早在1952年就已经被叫作‘叶集区’了，到了80年代才改为镇。后来又叫试验区，但我们还是习惯叫作叶集区，所以也不意外。有啥好意外的呢？一直都是这样叫的。”② 另外也有部分受访者认为叶集现在发展得很快，划到市区是迟早的事。另外有31.21%的受访者和42.77%的受访者是通过网络新闻和微博微信所知。（图9）

虽然事件的发生已有前兆，然而居民在这个区域里生活，整个事件对于他们来说，他们都是事件的接收方、被告知者，也是承受方。近年来安徽省内的行政区划调整规模有大有小，因为调整带来的影响涉及经济、文化、教育等多个方面，这种影响如何衡量是整个社会所关注的议题。有52.6%的受

① 2016年4月28日对L小姐进行访谈，地点：叶集镇绳铺村。

② 2016年4月28日对保安大叔进行访谈，地点：叶集镇广场景苑小区。

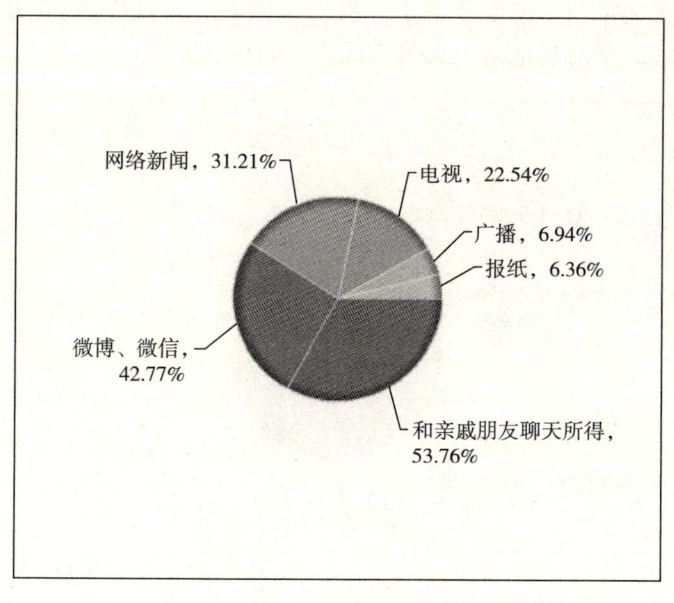

图 9 受访者了解渠道分布图

访者认为的确是产生了有力影响，持积极态度，有 47. 4% 的受访者认为并没有产生好的影响，持消极态度。相对来说，认为会对生活产生积极影响的比重稍大。而这些积极影响，受访者有 37. 57% 选择了交通改善，28. 9% 的受访者认为生活水平会提高，另外有 24. 86% 的人认为教育水平也会随之改善。另外还有 35. 26% 的受访者觉得这一事件的性质是良性的，但是具体会产生哪些影响他们不清楚（图 10）。认为没有产生有利影响的人主要有 24. 86% 的受访者认为消费水平提升是难以接受的。他们解释，叶集的发展水平并不算高，社保等水平也没有提到市区的标准，最大的一点是当地常住居民的工资水平维持在 2000 左右，难以承受这么高的水平，比如现在在搞“叶集大建设”，附近村庄的地都被政府征收了，住在市集附近的人必须买蔬菜和水果，调研过程中，笔者询问了水果店老板，像时下流行的草莓、香瓜等一般质量的物价都在 5 元左右一斤，相较于作为安徽省会的合肥来说，这个物价也是不遑多让的。[①] 另外有 15. 03% 的受访者表示如此规划之后会打破原来的社会格局，也有 13. 87% 的受访者表示环境会变差，受访者 Y 阿姨称，以前她家屋后的沟渠里流着浅水，现在倒满了垃圾，夏季一到就发出阵阵恶臭，她家住在南街叶集高中内。居住在叶南村的 L 大伯也表示有这种情况，到了夏季，原

① 该水果店位于叶集镇农贸市场，无店名。

来从史河流至他家门口的水全干了，被居民倾倒的垃圾代替。[①] 还有 43.93% 的受访者认为此举对当地来说无多大改善。（图 11）

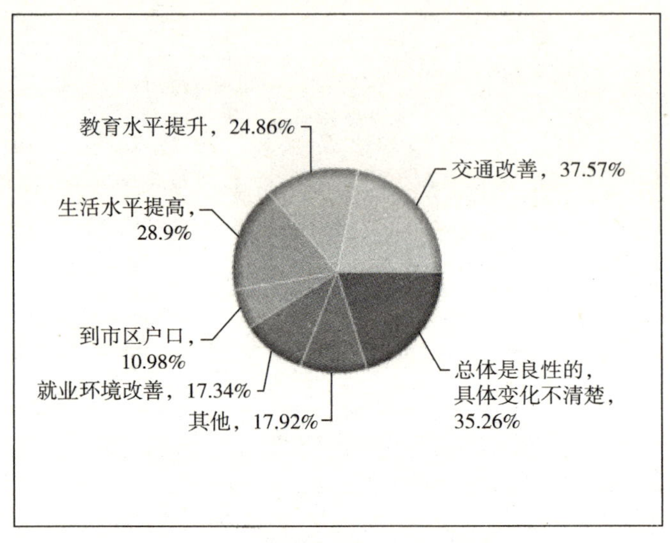

图 10　受访者有利影响选择分布图

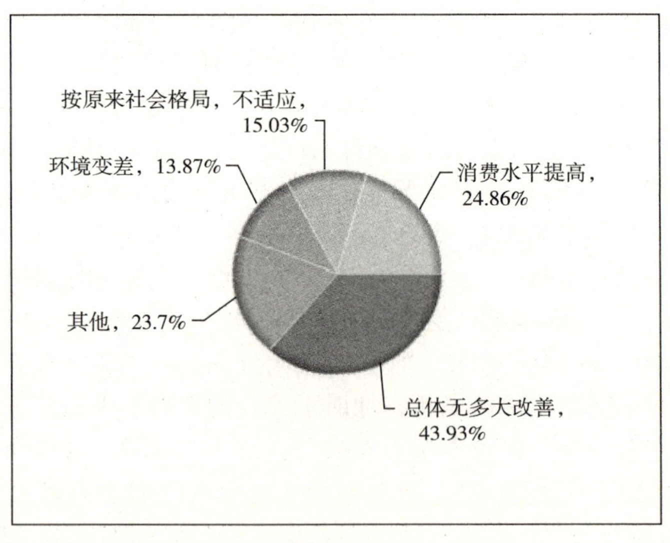

图 11　受访者不利影响选择分布图

① 2016 年 5 月 3 日对 Y 阿姨进行访谈，地点：叶集高中。

四、"两个世界"：作为"边际人"的居民

地理位置上的优越性使得叶集的繁华程度超过周围县镇，形成一个弱县强镇的区域分异格局。然而也是这种独特的地理位置让笔者认为此项调研尤其必要。从前文叶集的地图我们看到，叶集处于一个三省五县交界的地域，它距离六安市区约 72 千米，而据六安市政府统计所得，六安城区面积约 60 平方千米，六安市区距省会合肥也仅有约 70 千米。也就是说叶集在成为市辖区后，其在地理上的位置实际处于远离市中心的地位，而且区域内的居民在日常生活中和市区（指金安区、裕安区）居民的交往在地域上依然有阻隔。

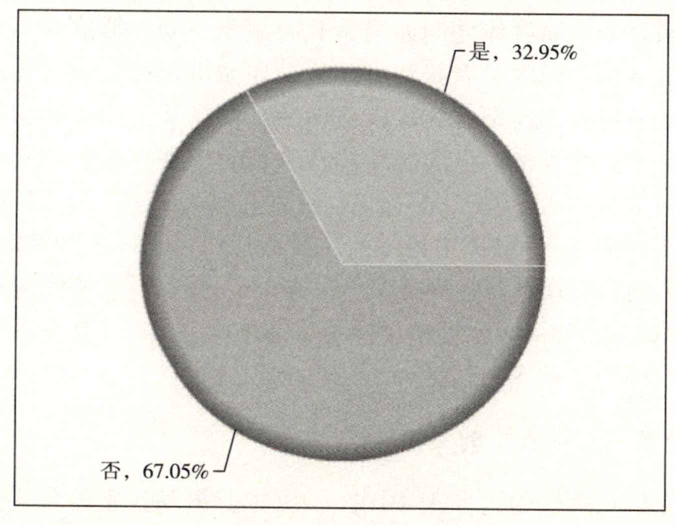

图 12　受访者意见分布图

也就是说，在叶集没有"撤镇设区"之前，实际上它已经处于一个边缘地位。优越的边界位置以及便捷的交通、相对发达的经济发展使得这个小镇远远繁华于临近两省的同等级县区，这也使得两省的居民开始往叶集迁入，由此形成了一个包含了多种社会身份在其中的交流圈。

而"撤镇设区"后，在走向区域融合的过程中，必然会产生文化和交流的碰撞。城市社会学芝加哥学派的鼻祖帕克早在十九世纪二十年代研究人口流向大城市时，就发表过《人类的流动与边际人》一文，他指出边际人"生活在两个世界，在这两个世界中，他或多或少都是一个外来者"。

对于叶集居民来说，尤其是在这个小镇上，混杂着当地居民、鄂豫两省

居民以及外出务工人员三种群体，这三种群体实际上都处于一个“边际人”的地位。对于当地居民来说，他们生活在叶集这个被规划的新区中，也处于整个六安市区的社会区域，对于迁入的鄂豫两省居民来说，他们还保存原来的社会人格，地理上、心理上的阻隔显然存在，他们生活在叶集区、六安市两个世界中。对于在外的务工群体来说，他们有着“六安人”的身份标签，但又身在流入地，是确确实实的外来者。

（一）“边际人”概念

Marginal man 又称“边缘人”或“过渡人”。在社会文化变迁或地理迁徙过程中产生的一种转型人格，指处于两个或两个以上群体之间的，具有中间性和边际性的人们。美国学者帕克于 1928 年曾用此描述黑白混血儿。他认为，边际人因处于不同群体之间而通常具有烦躁不安、敏感好斗、拘束自私等一系列心理特征。国内学者张鸿雁认为，在城市化过程中，无论是到城市生活、就业的乡村人，还是受到城市文明冲击的乡下人，都会发生传统性和现代性在社会成员的人格、生活态度和社会行为中共存状态，使得他们的人格不可避免地带有“边际性”，相应地，这种具有人格和社会心理的边际性的人就称作“边际人”。一般将“边际人”分为历时态边际人和共时态边际人，历时态边际人通常出现在社会转型期，又称作“过渡人”。本研究中，所指的“边际人”指共时态边际人，即由于两种或两种以上不同文化在单个个体中的交织重叠，也称作“边缘人”。

（二）作为“边际人”的当地居民

费孝通先生在著名的《乡土中国》一书中曾提到他家的灯笼明明写的是“江夏费”而户籍上却是“江苏吴县”（今江苏省吴江市），包括他出生在云南的孩子从未在吴县待过，也得随着他在户籍一栏填上“江苏吴县”。中国人一直有着“根”的思想，可以说，乡土的记忆是深深地扎根在每个人的心上。对于乡土的感知，定义着我们的身份，如何认识自己是进行交往和传播的前提条件。

在人文主义地理学中，“地方”被定义为一种“感知的价值中心”，以及社会与文化意义的载体。主观性与日常生活的体验是建构地方最为重要的特征。从这个意义上讲，地方经由人类主观性的重新建构与定义，超越了空间实体单纯的物质性。地方意义在于无意识的能动性使其成为人类存在的中心以及在整个社会和文化结构中定位自身的一个坐标体系。

调研过程中我们发现，在所得的 273 份样本中，在被问到觉得“划区”事件是否有必要的时候，有 75. 72% 的受访者觉得是有必要的，只有 24. 28%

的受访者觉得没有必要。（图 13）然而当地居民对于自己的身份以及由新身份造成的在人际交往上的影响呈现出两种不一样的情况，有 20.81% 的受访者表示和金安区、裕安区的居民在身份上有区别，但是相应地有 57.8% 的受访者表示和非市区居民（指附近其他县镇乡村）没有这种身份差别，没有交往优势（图 14、图 15）。也就是说，在叶集设区这一大背景下，叶集居民认为即使在地域上，他们属于六安市区，然而在心理上，总体来说，他们并没有将自己看成是纯正的市区居民。有不少受访者表示，在公共服务等方面，叶集这一新辖区和市区的差距还很大，所以自己和“那些人”的生活状态有差距，在身份上就感觉不一样。而且受制于地理原因，他们认为叶集的发展不能依托市区这个“大腿”。也正是因为这一原因，他们在和周边的非市区居民，包括附近的乡镇居民，交往时没有身份上的优势，因为大家处于一样的生活状态，生活环境在一个层次上。在叶集未名广场一位摆地摊的 L 大爷说，像他这种年纪，一直生活在这个地方，不会和市区的人有接触的机会。另两位居民，Z 先生和 W 小姐表示名义上身份改变了，实际上接触的人还是以前那些，感觉不到有差异。[①] 认为和六安市区居民有差别在一定程度上反映了和非市区居民无差别，这种无差别的身份意识引致了拥有市区居民身份的叶集居民在和非市区居民交往时的无优势心理。相对来说，他们还是认为自己是未调整前区域的“土著”，沿袭着之前的交往心理。

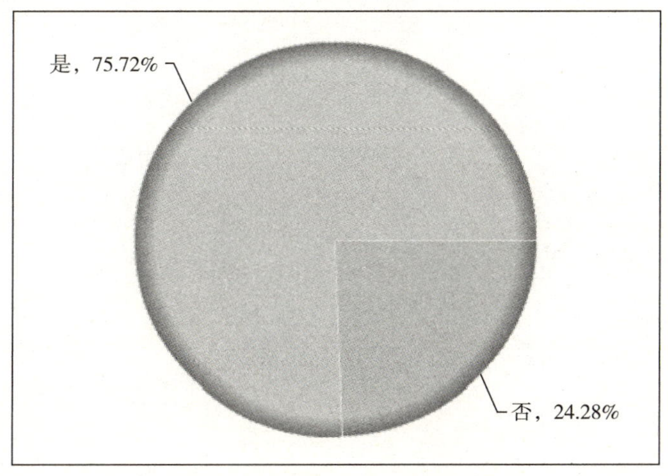

图 13　受访者事件必要性看法分布图

① 2016 年 4 月 29 日对 L 大爷进行访谈，地点：叶集未名广场。

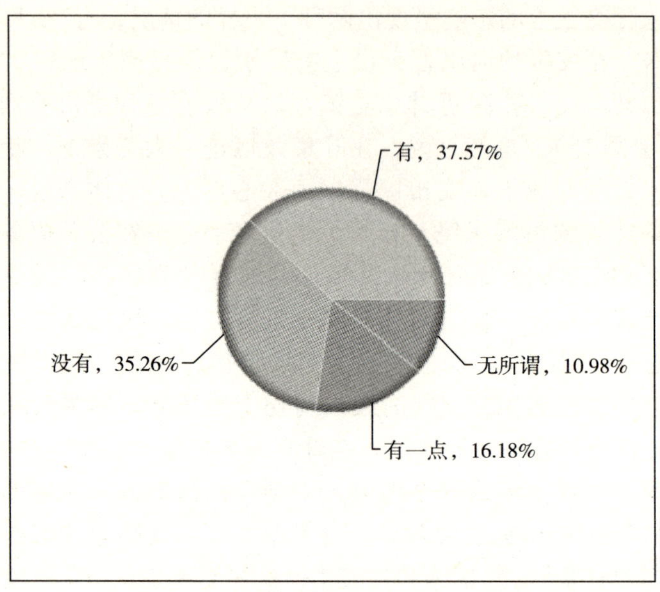

图 14　受访者认为和市区居民不同情况

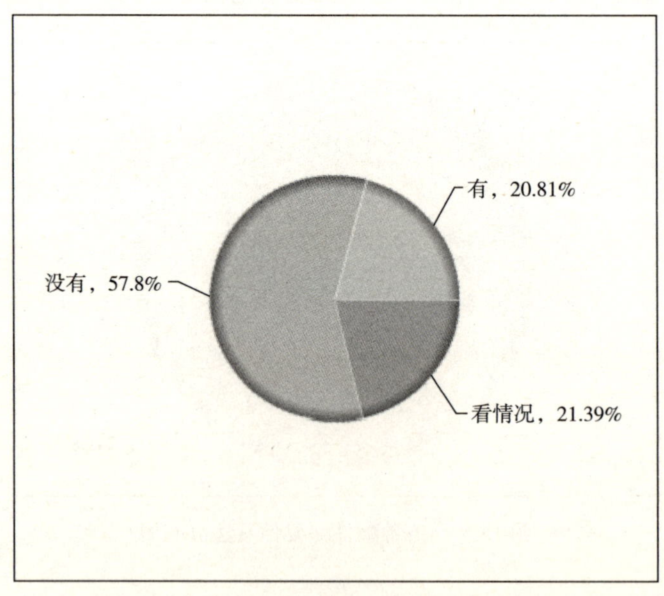

图 15　受访者认为和非市区居民不同情况

考虑到叶集当地有大量外出务工人员，对于这一群体来说，工作上的流动性导致他们在流入地的边际性更强，而叶集在撤镇设区之后，他们在家乡的身份被重新建构，这一群体是如何处理三种不同地域上的身份碰撞的？在调查中，针对这一群体也发放了问卷。① 其中有32.95%的受访者是外出务工人员，67.05%的受访者是非务工人员。笔者将“是否是外出务工人员”作为自变量，将“认为和市区居民不同”作为因变量，进行分析，可以得出结论（图16），叶集当地常住居民较当地外出务工人员更加注重这种身份上的转变。笔者又将“是否是外出务工人员”作为自变量，将“和市区居民交往不同”作为因变量，进行第二组检验，做比较分析，发现在和非市区居民交往时，叶集当地常住居民更加倾向于大家处于一种平等的地位，常住居民认为在日常生活中要和市区居民交往的机会多一点，自然有这种身份上的比较。而对于外出务工人员来说，他们更注重的是外地人和流入地本地人的关系，受访者Q先生说。②

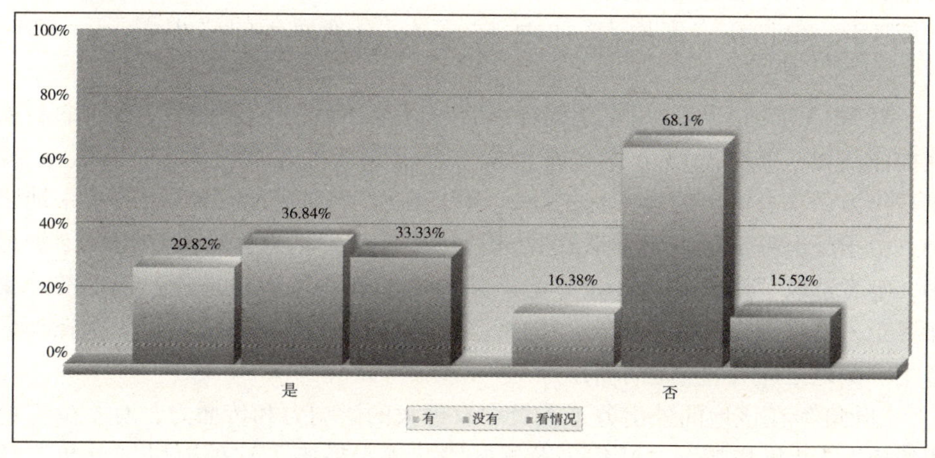

图16 外出务工人员与市区居民身份差异认知情况

（三）外出务工人员：流动的“边际人”

作为一个“差异人群”，学界和业界对于外出务工人员这一群体进行了大量的研究，总体而言，都逃不过对流动人口的乡土感知、对流入地的感知、融合和交往心理等方面。外出务工人员的“流动者”“外来者”身份是外界

---

① 外出务工的人员的问卷主要以网络调查为主，以链接形式发放在微信、微信群中。

② 2016年5月8日对Q先生进行访谈。由于Q先生在江苏，采取的是电话访谈形式。

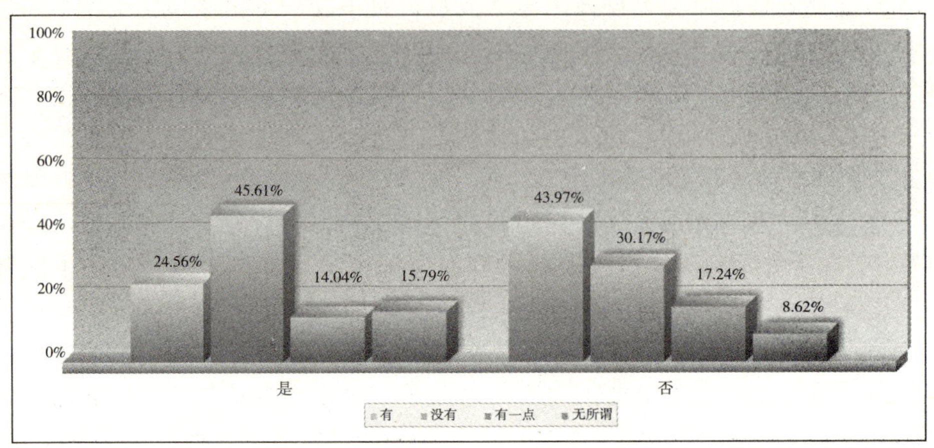

图 17　外出务工人员与市区居民交往的态度分析

对他们的标签，他们是城市化大背景下的“边际人”。对于叶集籍的外出务工人员来说，他们在“安徽人”的大帽子下，有着属于的“小帽子”，即叶集人。

据 2013 年国家统计局安徽调查总队对全省 381 个行政村的 3706 个农村家庭抽样调查，推算 2013 年第二季度全省外出农民工总数为 1152 万人，六安正是作为劳动力输出的集中地之一，而叶集是六安的劳动力输出的集中地之一。由于外出务工员主要分散在长三角地区和珠三角地区，其中以江浙沪最多，笔者选取了江苏省吴江市作为调研地。在调研过程中发现，该地的叶集籍务工人员呈现出家族一起务工的特点，即往往姐妹或者兄弟几个都在外面务工。两地之间有直达班车来往。

“叶集”在该地的外出务工人员中有极大的影响力和传播力，有不少“叶集饭店”“叶集烧烤”“叶集土菜馆”“叶集水果店”这种冠以“叶集”店名，由叶集人开的店面。受访者 W 先生称，他不是叶集人，是河南籍务工人员，在他的认知里，“要是叶集的就会说叶集人，不是叶集的在交谈中就直接说自己是安徽的”。在被告知叶集现在划到六安市区后，Z 先生称，“那不得了了！”“难怪大家都在朋友圈里转叶集的事情”。[①]

Z 先生所说的朋友圈关于叶集段子是这样的。同属于外出务工人员的受访者 Q 先生、X 先生都表示自己经常能在朋友圈中看见有关叶集的搞笑视频，如“奥巴马来叶集过完端午节后”“奥巴马正月从叶集回去”等用叶集口音

① 2016 年 5 月 8 日对 Z 先生进行访谈，采取电话访谈形式。Z 先生家位于河南省固始县。

在朋友圈里火爆转载的视频段子。X 先生表对于这种段子，他只要看见了就会转，通过搜索他的朋友圈发现，仅去年 4 月份转发的三条朋友圈，都是关于叶集的（图 18）。他说，“里面都是用家乡话讲的，也确实是叶集的特色，很有意思，比较喜欢看”，“转到朋友圈也是想让朋友们都看看叶集是什么样的，我是个卡车司机，其他地方的朋友很多”。[①]

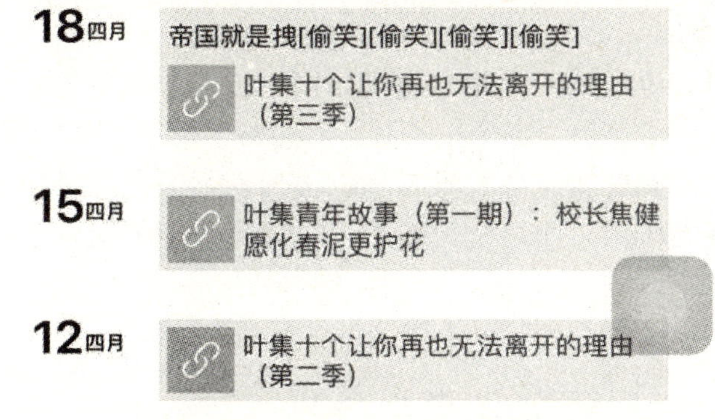

图 18 受访者的朋友圈截图

浏览 Z 先生的朋友圈后，笔者发现，他的朋友圈也有类似内容，还会进行评论、评论包括“笑死人”，“移民过去”等内容。他表示，自己虽然户口不是叶集，但平时接触的朋友有很多是叶集人，长久下去，自己口音有点变化，在聊到叶集的时候也会向朋友们表示羡慕。平时玩微信的时候看见这种段子也会转发，比如他看“奥巴马正月从叶集回去”这个搞笑视频的时候，他的心里对于叶集人是羡慕的。毕竟他所在的河南省固始县并没有这种带有叶集特色（指特色小吃、饭菜和俚语等）的搞笑视频等，即使有，影响力也不大。他说，“感觉平时也看不到。”

家乡在叶集附近的大顾店乡的 S 先生说，一起务工的朋友中，有人给他家儿子介绍女朋友时，女方基本都会问一句“是叶集人吗?”，或者询问有没有在叶集买房子的意向，也就是说，对于是否能够定居在叶集是一项衡量婚事的标准。S 先生的伴侣 L 阿姨告诉我们：“前几年这种情况基本上没有，就看家庭条件怎么样，现在叶集发展得越来越好了，以后孩子还是市区户口，

① 2016 年 5 月 8 日对 X 先生、Q 先生进行访谈，采取电话访谈形式。X 先生家位于叶集北关村、Q 先生家位于叶集镇叶南村。

女孩子们都想嫁到那边去，或者结婚时一定要在那边买房。”①

实际上可以发现，叶集在外务工人员在当地已经形成了一个“叶集圈”，类似于南京的“安徽村”一样，他们在城市社会形成了以地缘为基础的边际群体。他们以这个边际群体中的个人身份和流入地的居民进行交往乃至融合。而从前文的数据可以看出，对于在外务工群体来说，他们没有叶集当地常住居民那样计较自身和六安市区居民的区别，因为他们处于更大流动区域内，他们是边际群体中的一员。但“撤镇设区”事件对他们的影响是毋庸置疑的，S先生的情况在调研过程中并不是个例。

但边际人格的边际性并不是指消极作用，正如齐美尔等人认为，边际人的边际性不但产生了负担，也产生了财富。相对于留在家乡的父老乡亲来说，流动在外的群体会有更加开阔的眼界和广博的人际关系，对推动区域现代化发挥着无可置疑的作用，而这个区域不仅是指流入地，也是指像叶集这样的劳动力输出地。

五、结语

从乡土社会向城市社会的变迁是人类历史发展的必然趋势，这一过程伴随着乡土社会中以血缘、地缘和亲缘为纽带的人际关系的消解和以业缘为纽带的现代人际关系的形成。由于行政区划调整而成为“边际人”的叶集居民并不是个例，在城市化浪潮的背景下，全国范围内都存在承担着“边际人”角色的民众。

舒尔茨认为城市空间是人和人为环境互动的产物，是人类为了一定目的而聚集在一起的共同场所。人们在这有限的聚集地实现相互的交流和生活，成为城市居民所共享的社会的空间。城市与人不可分离，城市因人而存在，无人不发展。作为城市主体的居民，城市的融合依据的是城市居民的包容，在这一过程中，人与人之间要融合、人与城市之间要包容、城市与人之间要理解、城市与城市之间要尊重。“城市一体化”是空间和关系上的融合一体，并不是空间和人际关系各自独立的一体，“边际人”作为城市化过程中出现的一种产物，他们为城市的发展做出了巨大的贡献，城市本身也应对他们予以关照和爱护。

米尔斯曾说，我们都说是历史创造了民众，实际上民众也是历史的制造

① 2016年5月8日对S先生进行访谈，采取电话访谈形式。S先生老家在六安大顾店的乡下。

者。一个地方的历史与记忆，是由民众来书写的，一座城市，也是需要民众书写与记忆才能存在。民众与城市是相互依赖的。在唐朝，长安能成为世界级大城并非意外，是因为民众开放的心理和文化的传播。在今天，能否将地域上分离的两个空间建设成融合的一体，实现真正发达的“六安市”同样需要开放的心理和文化的传播。

参考文献：

[1] 费孝通. 乡土中国 [M]. 北京：人民出版社，2008.

[2] 费孝通. 江村经济 [M]. 北京：商务印书馆，2001.

[3] 帕克等. 城市社会学——芝加哥学派城市研究 [M]. 北京：商务印书馆，2012.

[4] 张鸿雁. 城市·空间·人际——中外城市发展比较研究 [M]. 南京：东南大学出版社，2005.

[5] 阿布都哈德. 地域认同与社会交往——乌鲁木齐的阿图什人 [M]. 北京：中央民族大学出版社，2007.

[6] 周燕. 成为新城人：社区身份认同的型塑 [D]. 上海：华东师范大学，2007.

[7] 曾文. 转型期城市居民生活空间研究——以南京市为例 [D]. 南京：南京大学，2015.

[8] 朱竑，钱俊希，吕旭萍. 城市空间变迁背景下的地方感知与身份认同研究——以广州小洲村为例 [J]. 地理科学，2012 (1).

[9] 朱竑，冯镭. 行政区变更对居民地域认同感及文化身份的影响——以广州市东山区为例 [C] //地理学与生态文明建设——中国地理学会2008年学术年会论文摘要集，2008.

[10] 汤菁. “融城”与“融心”——“巢湖撤市”背景下“新城市共同体”的建构 [C] //“传播与中国·复旦论坛”(2012) ——可沟通城市：理论建构与中国实践论文集，2012.

[11] 张惠琴. 河南省农村外出务工人员的心理健康状况调查与分析 [J]. 西北人口，2009 (3).

[12] 吴莉萍，周尚意. 城市化对乡村社区地方感的影响分析——以北京三个乡村社区为例 [J]. 北京社会科学，2009 (2).

[13] 苏琦. 新生代农民工心理弹性与心理健康的关系及相关的对策研究 [D]. 开封：河南大学，2011.

[14] 郭庆．农民工的社会信任与城市融合研究——以上海为例［D］．上海：华东师范大学，2013.

[15] 叶鹏飞．探索农民工城市社会融合之路——基于社会交往“内卷化”的分析［J］．城市发展研究，2012（1）．

[16] 路晓佩．新生代农民工社会交往困境分析——以河南省N镇为例［D］．长春：吉林大学，2012.

[17] 林李月，朱宇，许丽芳．流动人口对流入地的环境感知及其对定居意愿的影响——基于福州市的调查［J］．人文地理，2016（1）．

[18] 周长城．农民工群体的内部差异：社会流动与社会网络——基于深圳市龙岗区的个案研究［D］．武汉：武汉大学，2011.

[19] 谢涤湘，文吉，魏清泉．“撤县（市）设区”行政区划调整与城市发展［J］．城市规划汇刊，2004（4）．

[20] 赵要伟．新世纪以来长春市行政区划调整对城镇化发展的影响效应研究［D］．长春：东北师范大学，2014.

[21] 诚君，洪银兴城市经营中的市场、政府与现代城市治理：经验回顾和理论反思［J］．改革，2003（4）．

[22] 李皓，弓弼，樊俊喜．浅谈人性化景观设计与城市公共空间活力营造——以西安大唐通易坊商业街景观改造设计为例［J］．安徽农业科学，2008（10）．

[23] 李慧．空间变迁与环境行为的研究［D］．青岛：中国海洋大学，2010.

[24] 许坤红．社区变迁与地域身份认同［D］．武汉：华中师范大学，2009.

[25] 田经燚．返乡农民工家乡认同感实证研究［D］．武汉：华中农业大学，2010.

[26] 黄湘莲．公民社会、公民性与公民文化建设［J］．北京师范大学学报（社会科学版），2005（2）．

[27] 张小明，刘慧灵．区域经济一体化进程中行政区划改革与重构——以长江三角洲区域为例［J］．北京科技大学学报（社会科学版），2009（2）．

[28] 张俊．安徽部分行政区划调整　枞阳划归铜陵管辖［EB/OL］. http：//news. xinhuanet. com/politics/2016-01/04/c_ 128594379. htm，2016-01-04.

[29] 六安政府网．六安市情县区篇［EB/OL］. http：//www. luan.

gov. cn/content/detail/52131b13682e0918d44ae2ea. html，2016-04-21.

［30］六安政府网．六安市情环境篇［EB/OL］. http：//www. luan. gov. cn/content/detail/52131b13682e0918d44ae2e6. html，2016-04-21.

［31］六安史志．第十一章城市建设第一节城乡建设［EB/OL］. http：//www. luan. gov. cn/content/detail/529e0eee8744b855a9cb84cb. html，2007-04-19.

［32］安徽省统计局．安徽农村劳动力转移状况平稳　外出就业意愿仍然较高［EB/OL］. http：//www. stats. gov. cn/ztjc/ztfx/dfxx/200904/t20090423_34753. html，2009-04-30.

微信：城市全职妈妈建构自我认同的平台

贾　南

摘要： 高速发展的社会带来了方便快捷的生活，也带来了各种现代性社会问题。一部分女性在生育前后离开职场投入育儿，成为“全职妈妈”。“回归家庭”的妈妈们在选择了母职之后，不可避免地陷入公共生活缺失的困境。社会化媒介的诞生和普及应需求而生，也在深刻塑造我们的生活模式和社交模式。微信出现的短短几年时间里，就在全职妈妈们群体中获得了广泛的推广使用。本文通过问卷调查法和个案分析法，结合定量与定性研究，深入探究全职妈妈们的微信使用偏好，分析其心理需求，认为微信的诸多特性天然地契合了全职妈妈群体的使用偏好，满足了她们建构自我认同的需求。

关键词： 全职妈妈；自我认同；新媒体；微信

引言：城市全职妈妈自我认同危机

在当今社会，女性和男性平等参与就业已经成为被社会普遍接受的社会模式。现代高知女性追求自由，实现自我价值的诉求越来越强。对于当今社会活跃的70、80甚至是90后职场女性来说，工作与育儿的矛盾已经愈发激烈。一方面高强度的工作压力已经使她们叫苦不迭，另一方面社会化的育儿设施严重跟不上需求。在20～35岁职业正处于上升期时，牺牲掉部分经济利益和个人事业回到家庭的母亲们，看似是自身理性选择的结果，其本质更多的是面对社会现实的无奈之举。

作者简介： 贾南，安徽大学新闻传播学院硕士研究生。

基金项目： 本研究受到安徽大学舆情与社会发展协同创新中心经费支持（Y01002368）。

一、城市全职妈妈的新媒体使用现状

笔者加入一些全职妈妈的QQ群、微信群，并在微博上与许多全职妈妈互相关注。随机抽取一、二、三线城市的102名全职妈妈作为研究对象，发放问卷进行调查。报告表明，有94.12%的受访者经常使用的社交软件是微信，与之相比，经常使用微博和手机QQ的分别占比44.12%、31.37%。

在长时间使用微信的受访者中，32.36%最主要使用微信“朋友圈”功能发布照片和文字，27.45%偏爱使用微信的聊天功能，另外这96位受访者完全没有使用“摇一摇”和“雷达加朋友”功能；而在偏爱聊天功能的28名受访者中，有21人的微信联系人中至少有2个及2个以上常用的聊天群。当问到是否曾在微信朋友圈中发布孩子的照片和生活片段时，64.71%的受访者表示了肯定；其中更有65.15%的受访者表示喜欢别人为其发的内容点赞或评论。在长期使用微信的96个全职妈妈中，有38个正在或曾做过微商或兼职微信代购。

二、城市全职妈妈微信使用个案分析

借助于上述问卷报告，笔者认为微信已经成为城市全职妈妈们实现交流沟通的一个最优先的选择。那么，全职妈妈们具体是怎样使用微信的呢？笔者用以下几个典型案例进行说明。

（一）朋友圈的情感分享与交流

Z女士的每天日程安排如下：早上六点起床，准备孩子的早餐，开车送孩子上学；十点左右买菜回家、做家务、自用简单午餐后短暂休息；下午两点去孩子学校附近做瑜伽，四点半接孩子放学；晚上到家准备一家三口的晚餐；晚饭后监督孩子做作业、陪练琴……这是一张常见的全职妈妈“作息时间表”，主题只有一个——陪伴孩子健康成长。

Z女士，36岁，孩子10岁，丈夫经营一家商业装修设计公司，属于中高收入阶层。公婆年纪很大，父母又不在一个城市。从孩子出生，Z就辞掉原本收入尚可的秘书工作，承担起抚养孩子的全职。她的生活圈子比较狭窄，除亲戚和至交好友外，孩子的老师、同学家长以及全职妈妈群是她保持联系的主要社交圈。她是微信的忠实用户——孩子三餐饮食的营养搭配，带孩子去参加什么活动，帮孩子买了什么书都是她热衷于分享的内容，也获得了朋友圈中同为全职妈妈们的积极互动，引来了大量评论和点赞，并获得了朋友圈“好妈妈”的称号。除此之外，她还关注了一些育儿公众号，经常将一些育儿知识分享到朋友圈。朋友们的回复点评也是她很关注的，“很喜欢看朋友们的点赞和点评，我会觉得有人关注的感觉很不错，觉得朋友的回复也很贴心”。

（二）微信群聊与群体活动

W女士，32岁，孩子2岁，丈夫在一家大型国企从事海外客户维护。家境优越，公婆还未退休，父母也不在一个城市。辞职前，她在一家新能源企业的营销部工作。孩子出生后，她也是一人负责起孩子的抚养。每天除了照顾宝宝的生活，还要带宝宝去参加各种早教班。而早教班上宝宝的表现是她最爱发到朋友圈的内容，让朋友们分享宝宝成长的一点一滴。

早教班有许多同龄宝宝的妈妈们，她们在带孩子上有更多的共同话题。群里每天话题不断。柴米油盐的琐事她们都可以聊得津津有味。至于宝宝生活中出现了什么难题，发到群里，马上就会有人给出对策。她们偏好发送语音信息，不用打字，方便省时。

除了日常的闲聊，她们还经常相约一起带孩子出去短途游玩。“今天天气真好，＊＊公园一日游，宝妈带着宝宝走起。”“各位小伙伴们，快来巴布豆家庭早教包，＊＊区＊＊＊宝宝体验店领取免费的早教包。”她说：“我们这些妈妈们很喜欢聚在一起，一来我们这些宝宝妈妈们共同话题很多，再说孩子们在一起玩得更开心，都是独生子女，在家里一个宝宝太孤独了。”说起和之前的同事有没有联系，她说：“虽然辞职之后，就感觉和之前的同事的生活越来越远，但还是会互相关注的，她们羡慕我不用上班整天陪孩子，我反而很怀念孕前上班的日子。等孩子上幼儿园了，我还是准备回去工作的。”

（三）微商微店的自主创业

L女士，28岁，孩子3岁，从事导购工作10年，辞职前是某化妆品品牌专柜的店长。因家庭原因，她必须独自承担孩子的抚养。“那段时间真的是觉得整个人极度抑郁，有时孩子生病，老公都要怪我。他觉得我在家就是带带孩子，做做家务，还把孩子弄生病了，是我没有尽到责任。”

前年她投入资金，做起了微商。虽然收入不高，但是她觉得和朋友之间有了更多的沟通交流。当问到丈夫对她做微商是否支持时，她停顿了一下说：“他只在开始的时候给了我500元，之后就再也没有给过钱。但是自从我做了微商之后，他见我整天忙着维护客户关系发货送货，就主动帮我分担了一些家务，有时还会不声不响地帮我把货提回来。”最近又看到她在朋友圈发的一段感悟：“老公真好。今天帮崽崽（长沙话，指小孩子）买了单车，他主动要给我报销。我的衣服和崽崽买的玩具、家里的水电，老公都包啦。我只用出菜钱。我只要带好崽崽，搞好我的小事业，这样的生活就满足了。我们是相亲相爱的一家人。”这段文本透露了一种幸福与满足。借助于微信的营销平台，L女士也逐步找回了昔日的自信。

三、微信：全职妈妈建构自我认同的平台

日复一日的家务劳动是一种孤独的、无报酬的劳动，很难获得高度的社会认同，同时自我会产生与高速发展的社会脱节的焦虑。于是，如何在小家庭的藩篱和育儿的琐碎艰辛中寻找个体的自我认同和社会认同，成为妈妈们调整心态的重要的人生一课。

本文将自我认同界定为个体在社会生活中与某些人联系起来并与其他人区分开来的自我意识，它至少包括以下四个方面：1. 主我和客我的统一；2. 现实我与理想我的统一；3. 过去自我、现在自我和将来自我的统一；4. 自我与他人的联系和区别。基于此，笔者将自我认同的建构进一步细化为以下四点予以论述。

（一）主我和客我的统一

主我起着支配自我活动的作用，而客我是自我的镜像，是想象中的自我。伊·谢·科恩在《自我论》中认为“我是谁?”这个问题是内省的、主观的、个人内部的，这主要不是认识，而是自我表现、自我交流，是由己及人的过程；主要不是诉诸理性而是诉诸直接体验、直觉经验。[1]人随着自我意识的发展，逐渐反思自己的内心世界，试图分析自己的情感和心理，希望从外界获得认可，从而确认自我价值感。这种心理使他们需要充分的自我反思、自我表达以及社会交往，在反思、表达与交往中建立起自我认同。

在微信朋友圈里，全职妈妈通过文本、图片、视频来建构自我。这一过程中，她们会思考关注自己微信的家人、朋友对这些信息可能会做出的反应，而根据他人对自己的可能存在的看法来调整自己建构自我的行为，也就是“客我”（ME）在影响“主我”（I）的建构。通过微信记录每一个值得记录的瞬间，并且与朋友分享这一切，像是日记，但传统的日记只能体现“私密

的自我”，缺乏他者眼中的“自我”。微信记录中，他人眼中的“我”就像一面镜子，可以投射“自我”。关注着朋友的评论，与朋友的互动交流有利于主我和客我的相互调适，可以根据他人眼中欣赏与肯定的形象，对自我做出相应的调整。

Z女士使用微信就是一个这样不断调适自我的过程：大家认可其现实生活中育儿的经验和成果，于是关注她发布的信息、分享的心得，并给出评价。而朋友的评价也是一个镜子，映射出大家期望的她的形象，并对她如何在微信上表现自我指出了一定的方向。而在主我和客我不断同化的过程中，她的自我定位日益明确，自我认同逐渐形成。

（二）现实我与理想我的统一

现实我是指自我目前的状态，理想我是指现实我通过努力希望达到的境界，理想我与现实我存在一定的距离。笔者引戈夫曼的“拟剧交往理论”中的“舞台”概念，认为微信给全职妈妈提供了一个表现的舞台。如果将现实生活比作“后台”，那么微信上的个人呈现就是“前台”。

每个人都有理想的自我形象。有的全职妈妈的理想是做一个贤妻良母，把家庭打理好，让丈夫可以安心工作，孩子健康成长；而有的全职妈妈的理想是职场上的成功。不管是单纯地利用微信平台和朋友互动交往，还是发产品做代购做微商，其深层的目的，都是追求自我的成长，实现自我的理想。这些自我期望都投射到微信信息的“符号上演”中。

（三）过去自我、现在自我和将来自我的统一

这是一种建立在时间的坐标轴上的自我认同的连续性和统一性：发在微信朋友圈的每一张照片、每一句话以及朋友的评论都能够永久保存，就像是妈妈和孩子的共同的成长日记。闲暇时，翻阅自己的微信相册，一遍遍地回顾自己是如何从职场转身，如何面对孩子的落地，孩子是如何一天天长大——自传是个体过去“自我”的一段叙事史，亦是个体现实“自我”的建构史。

（四）自我与他人的联系和区别

米德在《心灵、自我与社会》中提到：“个体经验到他的自我本身，并非直接地经验，而是间接地经验，是从同一社会群体其他个体成员的特定观点，或从他所属的整个社会群体的一般观点来看待他的自我的。”[2] 自我与他人的联系体现了个体的群体归属感，而自我与他人的区别则体现出自我的独立

个性。

全职妈妈通过微信平台，建立起一个个微信群，与群中朋友的互动，也许只是日常的闲聊，但这些闲聊促进了群内妈妈们之间的情感交流，因为身份相近，这些全职妈妈们共享着很多相同的信念与看法。从某种意义上来说，这是她们为自己寻求到的新的群体，形成一定的群体认同。在微信朋友圈中，全职妈妈透过与同样身份的妈妈的交往、与不同身份的职场朋友的交往，根据同辈群体对自己的评价，可以逐渐加深对自我认同，而在与不同群体如职场女性的身份界定中，其群体认同也可以逐渐形成和定型。

结　语

新媒体时代，我们走进全职妈妈们的生活状态以及了解他们使用新媒体的现况，更有利于应对来自技术对人际关系中自我认同建构的冲击，也是对现代社会中家庭关系塑造的一种追问和思考。关于这一课题，本文仅仅从传播学的角度来解读，当然其中必然也包含着社会学和心理学等学科逻辑关系，从这一方面而言，研究全职妈妈的自我认同的建构才刚刚开始。

参考文献：

[1]［苏］伊·谢·科恩．自我论：个人与个人自我意识［M］．终景韩，范国恩，许宏治，译．北京：生活·读书·新知三联书店，1986.

[2]［美］治·H. 米德．心灵、自我与社会［M］．赵月瑟，译．上海：上海译文出版社，1997.

附录一 《中国经济信息社与安徽大学联合发布〈2016 年度安徽政务舆情回应指数及评估报告〉》

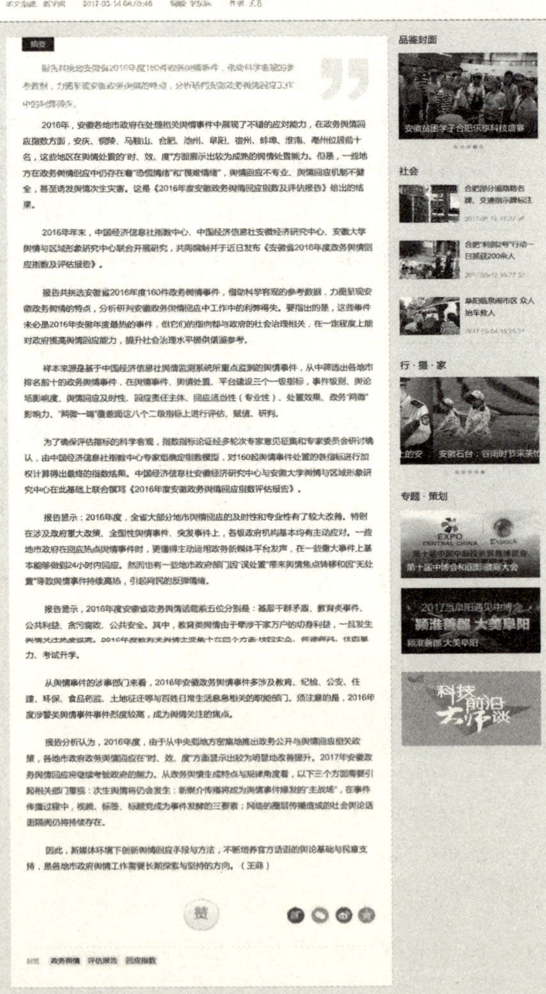

安徽 新华网安徽 > 新闻中心 > 滚动 > 正文

中国经济信息社与安徽大学联合发布《2016年度安徽政务舆情回应指数及评估报告》

分享至手机

2017-03-14 08:53:46

摘要

报告共挑选安徽省2016年度160件政务舆情事件，借助科学客观的参考数据，力图呈现安徽政务舆情的特点，分析研判安徽政务舆情回应工作中的利弊得失。

2016年，安徽各地市政府在处理相关舆情事件中展现了不错的应对能力，在政务舆情回应指数方面，安庆、铜陵、马鞍山、合肥、池州、阜阳、宿州、蚌埠、淮南、亳州位居前十名，这些地区在舆情处置的"时、效、度"方面展示出较为成熟的舆情处置能力。但是，一些地方在政务舆情回应中仍存在着"恐慌情绪"和"畏难情绪"，舆情回应不专业、舆情回应机制不健全，甚至诱发舆情次生灾害。这是《2016年度安徽政务舆情回应指数及评估报告》给出的结果。

2016年年末，中国经济信息社指数中心、中国经济信息社安徽经济研究中心、安徽大学舆情与区域形象研究中心联合开展研究，共同编制并于近日发布《安徽省2016年度政务舆情回应指数及评估报告》。

报告共挑选安徽省2016年度160件政务舆情事件，借助科学客观的参考数据，力图呈现安徽政务舆情的特点，分析研判安徽政务舆情回应中工作中的利弊得失。要指出的是，这些事件未必是2016年安徽年度最热的事件，但它们的指向都与政府的社会治理相关，在一定程度上能对政府提高舆情回应能力，提升社会治理水平提供借鉴参考。

样本来源是基于中国经济信息社舆情监测系统所重点监测的舆情事件，从中筛选出各地市排名前十的政务舆情事件，在舆情事件、舆情处置、平台建设三个一级指标，事件级别、舆论场影响度、舆情回应及时性、回应责任主体、回应适当性（专业性）、处置效果、政务"两微"影响力、"两微一端"覆盖面这八个二级指标上进行评估、赋值、研判。

为了确保评估指标的科学客观，指数指标论证经多轮次专家意见征集和专家委员会研讨确认，由中国经济信息社指数中心专家组确定指数模型，对160起舆情事件处置的各指标进行加权计算得出最终的指数结果。中国经济信息社安徽经济研究中心与安徽大学舆情与区域形象研究中心在此基础上联合撰写《2016年度安徽政务舆情回应指数评估报告》。

报告显示：2016年度，全省大部分地市舆情回应的及时性和专业性有了较大改善。特别在涉及政府重大政策、全国性舆情事件、突发事件上，各级政府机构基本均有主动应对。一些地市政府在回应热点舆情事件时，更懂得主动运用政务新媒体平台发声，在一些重大事件上基本能够做到24小时内回应。然而也有一些地市政府部门因"误处置"带来舆情焦点转移和因"无处置"导致舆情事件持续高热，引起网民的反弹情绪。

报告显示，2016年度安徽省政务舆情话题前五位分别是：基层干群矛盾、教育类事件、公共利益、贪污腐败、公共安全。其中，教育类舆情由于牵涉千家万户的切身利益，一旦发生舆情关注热度较高。2016年度教育类舆情主要集中在四个方面：校园安全、师德师风、校园暴力、考试升学。

从舆情事件的涉事部门来看，2016年安徽政务舆情事件多涉及教育、纪检、公安、住建、环保、食品药监、土地征迁等与百姓日常生活息息相关的职能部门。须注意的是，2016年度涉警类舆情事件事件烈度较高，成为舆情关注的焦点。

报告分析认为，2016年度，由于从中央到地方密集地推出政务公开与舆情回应相关政策，各地市政府政务舆情回应在"时、效、度"方面显示出较为明显地改善提升。2017年安徽政务舆情回应将继续考验政府的能力。从政务舆情生成特点与规律角度看，以下三个方面需要引起相关部门重视：次生舆情将仍会发生；新媒介传播将成为舆情事件爆发的"主战场"，在事件传播过程中，视频、标签、标题党成为事件发酵的三要素；网络的圈层传播造成的社会舆论话语隔阂仍将持续存在。

因此，新媒体环境下创新舆情回应手段与方法，不断培养官方话语的舆论基础与民意支持，是各地市政府舆情工作需要长期探索与坚持的方向。（王菲）

赞

政务舆情 评估报告 回应指数

品鉴封面

安徽贫困学子合肥乐享科技盛宴

社会

合肥部分道路路名牌、交通指示牌标注

合肥"利剑2号"行动一日抓获200余人

阜阳临泉闹市区 众人抬车救人

行·摄·家

专题·策划

附录二　安徽大学舆情与区域形象研究中心简介

安徽大学舆情与区域形象研究中心成立于2010年12月，是安徽大学“211工程”三期重点建设项目。中心以安徽大学新闻传播学院为龙头，以“深耕安徽、辐射全国、舆情研判、形象建构”为基本定位，协同政、产、学、研优势资源，面向安徽经济社会发展的重大需求，紧扣社会转型期的新现象、新问题与新矛盾，着重在舆情监测与研判、民意调查与分析、区域形象建构三个研究方向开展研究，为政府公共政策的制订提供决策咨询，为区域形象的建构提供舆情研判，为地区软实力的提升提供智力支持。

中心拥有国内领先的网络舆情监测软件系统和安徽省内最大的电话调查实验室，设备总资金300余万元。

中心可以对国内特别是安徽省的舆情进行常态监测，定期发布监测调查报告或年度调查报告。同时，针对国家大政方针、政府的重大决策、重大公共事件等进行专项调查，现已形成一批具有代表性和影响力的研究成果。

“十二五”期间，中心承担国家社科基金项目4项（重点项目1项）、省部级项目3项、横向课题8项，召开全国性学术研讨会3次，完成省政府有关单位委托研究课题2项，发布各类研究报告50余份。

中心现已成为安徽省教育厅人文社科重点研究基地、安徽大学协同创新中心，每年举办“舆情与社会发展论坛”“安徽舆情热点事件年度研讨会”

等多种形式的学术活动，定期出版《舆情与社会发展论坛论文集》《安徽舆情与社会发展年度报告》，编辑提交舆情与区域形象等方面的研究报告或决策参考。

学术资源

安徽大学新闻传播学院雄厚的科研力量为中心的发展提供了丰富的学术资源，新闻传播学院下辖的国家级实验教学示范中心与本中心优势互补，已成为安徽大学教学科研的两大重要平台。同时，中心积极与复旦大学传播与国家治理研究中心、中国人民大学新闻与社会发展研究中心、中山大学大数据传播实验室、人民网舆情监测室、新华社安徽分社等国内知名机构开展学术交流与合作。

人才资源

安徽大学舆情与区域形象研究中心现有专兼职研究人员 19 人，其中教授 4 人，具有博士学位 10 人，“教育部新世纪优秀人才支持计划” 2 人。聘请复旦大学传播与国家治理研究中心主任李良荣教授，教育部“新闻传播与媒介化社会研究基地”主任、复旦大学新闻学院童兵教授，北京师范大学新闻传播学院执行院长、中国人民大学新闻与社会发展研究中心主任喻国明教授，美国威斯康星-麦迪逊大学传播艺术系潘忠党教授，中山大学传播与设计学院院长、大数据传播实验室主任张志安教授，人民网副总编辑、舆情监测室秘书长祝华新先生等为中心特聘研究员，这些专家学者的加入扩大了中心的学术影响力。

技术资源

中心下设网络舆情监测实验室和访谈调查实验室。网络舆情监测采用国内领先的“互联网舆情监测系统”，该系统应用到信息采集、智能检索、自然语言理解、数据管理等关键技术，可以有效辅助开展互联网舆情监测分析工作，对海量网络信息进行全方位的掌握，对监测对象舆情发展进行分析研判。民意访问调查采用 CATI 系统（计算机辅助电话调查系统）、CAPI（计算机辅助面对面调查系统），可以迅速直接地进行民意调查，及时掌握社会民情动态。

（扫描二维码关注安徽大学舆情与区域形象研究中心微信公众号）

编 后 记

炎炎酷暑开始这本报告的编务工作，及至处暑初步完成。动手撰写这篇“后记”之时，恰逢中国互联网信息中心发布第40次《中国互联网络发展状况统计报告》。该报告披露：截至2017年6月，中国网民规模达到7.51亿，占全球网民总数的1/5。互联网普及率为54.3%，超过全球平均水平4.6个百分点。这些数据不仅表明作为高维媒介的互联网正在激活个体，网络社会、新传播时代业已来临，更隐含着当今社会舆论生成与演化的复杂性，与之相伴生的，则是舆情治理的正当性、专业性等诸多问题。

有鉴于此，作为安徽省教育厅人文社科重点研究基地的“安徽大学舆情与区域形象研究中心”，自2010年成立以来，始终坚持“深耕安徽、辐射全国、舆情研判、形象建构”的基本定位，长期致力于舆情分析、民意调查和区域（行业）形象研究三大领域，紧扣安徽经济社会发展的核心问题和重大需求，努力勾连“产”“政”“学”“研”，为实现社会善治提供智力支持。

2013年年底，我们整合校内外力量，先后与中国人民大学舆论研究所、复旦大学传播与国家治理研究中心、中山大学互联网与国家治理研究中心、人民网舆情监测室、新华社安徽分社等学术机构和实务部门协同，成立了“安徽大学舆情与区域发展协同创新中心”。以此为契机，我们进一步凝练了研究方向，开启了“新型智库”的转型之路。

此后，两个中心每年都会联合出版《安徽舆情与社会发展年度报告》，迄今已出版3部。其汇集了我们当年的调研报告与专项研究论文，是对两个中心年度科研成果的一种专业化检视。

《安徽舆情与社会发展年度报告（2016）》分为“特稿”“舆情调查”“专

题研究”三个部分。其中，“特稿”收录了《2016年度安徽省政务舆情回应指数评估报告》《2016年度安徽省舆情分析报告》等4篇针对安徽的专题调研与分析报告；“舆情调查”囊括了中心2016年开展的9项针对合肥市民的电话调查研究成果；“专题研究”则由围绕安徽舆情与地域形象的11篇专题论文组成。本书收录的调研报告与研究论文各具特点，遴选标准也较为严格，简言之，就是“问题意识”“学术视野”“现实关怀”“区域特色”。

尤其值得一提的是，《2016年度安徽省政务舆情回应指数评估报告》系“安徽大学舆情与区域形象研究中心”“安徽大学舆情与区域发展协同创新中心”首次与新华社安徽分社、中国经济信息社安徽中心联合开展研究、共同发布的面向安徽的大型研究报告。该报告选取2016年安徽省160件政务舆情事件作为研究对象，借助科学的数据与专业的分析，建构“舆情回应”的安徽指数，一经发布即引起社会各界的强烈反响，国内主流媒体也争相报道。可以说，这是我们寻求协同创新、迈向新兴智库的一次有益探索。

此外，《安徽舆情与社会发展年度报告（2016）》还收录了9项立足合肥本地的电访调研成果。这些调研，主要运用CATI系统（计算机辅助电话调查系统），对2016年合肥市的主要热点事件、民生话题等进行了系统专业的调查与研究。每一项调研都受到多方关注，也获得省内外新闻媒体的广泛报道。

多年来，“安徽大学舆情与区域形象研究中心”“安徽大学舆情与区域发展协同创新中心”始终强调做“顶天立地”的研究。为此，我们既鼓励中心的专兼职研究员、硕博研究生围绕舆论的生成与演化机制、民意调查的原理与路径、政府（区域）形象的建构理路等开展学理层面的探索，也要求每一项研究都紧扣安徽省乃至国家经济社会发展的现实问题与根本诉求，使我们的研究更接“地气”。“专题研究”中所收录的11篇研究论文就集中体现了我们研究团队的这种学术追求。

《安徽舆情与社会发展年度报告（2016）》能够顺利出版，我们首先要感谢每一位作者的辛勤付出，特别要感谢人民网舆情监测室刘鹏飞副秘书长多年来对我们工作的无私襄助。其次，我们要感谢安徽大学新闻传播学院全体师生的大力支持，感谢中心学术部主任李小军老师、行政秘书曹丹丹、科研秘书周彤、张冰清以及中心学工部各位研究生小伙伴的无私奉献。再次，合肥工业大学出版社朱移山副社长始终关注并支持本套书的出版，责任编辑张慧女士也为本书出版做了大量编校工作，在此深表谢忱。最后，我们还要衷心地感谢所有关心、支持、帮助“安徽大学舆情与区域形象研究中心”与“安徽大学舆情与区域发展协同创新中心”的朋友们。

刘 勇

2017 年 8 月 23 日

（作者系安徽大学新闻传播学院副院长、安徽大学舆情与区域形象研究中心执行主任、安徽大学舆情与区域发展协同创新中心执行主任。）